DUMONT

REISE-TASCHENBÜCHER

Deutsche Weinstraße

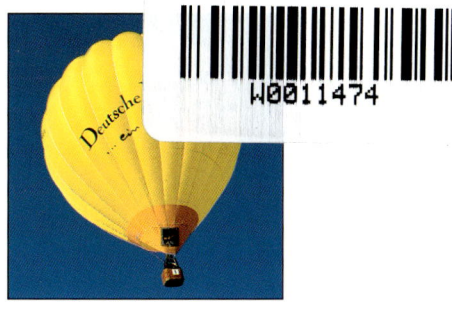

W0011474

In der vorderen Umschlagklappe: Deutsche Weinstraße – Der Norden

In der hinteren Umschlagklappe: Deutsche Weinstraße – Der Süden

Gisela Atteln

Deutsche Weinstraße

DUMONT

Umschlagvorderseite: Handweinlese, Weisenheim am Sand
Umschlaginnenklappe vorn: Fachwerkarchitektur in Neuleiningen
Umschlaginnenklappe hinten: Landschaft bei Gleisweiler
Umschlagrückseite: Weinfest in Gleiszellen; Faßboden im Hof des
Weinkabinetts, Kallstadt
Abbildung S. 2/3: Weingut Kloster Heilsbruck in Edenkoben

Über die Autorin: Gisela Atteln, geboren 1944, studierte Germanistik,
Musikwissenschaft und Geschichte und lebt als freie Journalistin und
Autorin in Schifferstadt (Pfalz).

Mein Dank gilt insbesondere **Herbert Hartkopf** (Edenkoben) und **Hans-
Joachim Schatz** (Edenkoben) für ihre Mitarbeit. Außerdem danke ich
Helmuth Bischoff (Heidelberg), Günter Weißkopf (Schifferstadt) und
Beate Kukatzki (Schifferstadt) für viele wertvolle Hinweise und An-
regungen.

Gisela Atteln

Die Deutsche Bibliothek – Cip-Einheitsaufnahme

Atteln, Gisela
Deutsche Weinstraße/Gisela Atteln
Köln: DuMont, 1997
    (DuMont Reise-Taschenbücher; 2142)
    ISBN 3-7701-3472-9
NE: GT

© 1997 DuMont Buchverlag, Köln
Alle Rechte vorbehalten
Satz und Druck: Rasch, Bramsche
Buchbinderische Verarbeitung:

Printed in Germany ISBN 3-7701-3472-9

Inhalt

Unterwegs von Nord bis Süd

Nördlich ja, von Norden keine Spur

Große Namen im Zentrum

Eden ist nicht nur ein Wort –
Auf der ersten Etappe der Südlichen Weinstraße

Im Wasgau –
Auf der zweiten Etappe der Südlichen Weinstraße

Nützliche Tips und Adressen

Land
und Leute

»Ein reiner Hauch weht von den Ber-
gen her. Das Rot und Gold des Wein-
laubs flackert noch am Stock, wenn
auch die Traube nun geerntet ist.
Noch lagert Sonne auf den sanften
Hängen, die rebhuhnfarben schon
gesprenkelt sind, der Himmel ist von
heiterm und bewegtem Blau. Viel
Weiß mischt sich hinein, als ob kein
Ende noch des Sommers sei.«
Martha Saalfeld,
Weinlese am Hämmelsberg, 1963

Pfälzer Naturen

Offene Menschen in süd-
ländischer Landschaft

Kleine Weinkunde
nicht nur für Weinkunden

Pfälzer Küche – Schöpfen
aus der Fülle der Natur

Landschaft bei Wachenheim

Den Pfälzern auf der Spur

Stichwort »Pfalz«. Was fällt Ihnen spontan dazu ein? – Saumagen? Oggersheim und der Kanzler der Einheit? Gemütlichkeit? Feste? Oder »Betzeberg« und 1. FC Kaiserslautern? Vielleicht noch Ludwigshafen und die BASF? Der Rhein? Speyers Kaiserdom? Oder Wein und nochmals Wein? Zum Wohl die Pfalz!

Stimmt alles. Der Rhein ist fast hundertprozentig die Grenze nach Baden und Hessen. Kaiserslautern steht für die Westpfalz jenseits des Haardtgebirges, von den Vorderpfälzern diesseits zum Ärger der Betroffenen auch »Hinnerpalz« genannt, mit dem leichten Geruch von ›Hinterwäldler‹. Aber das ist nicht bös gemeint.

Mentalitätsunterschiede sind natürlich wie überall festzustellen, von Region zu Region, von Dorf zu Dorf. Aber wie steht es mit dem Wir-Gefühl? Gibt es *den* Pfälzer?

»Vun de Lung uff die Zung!« – das ist Credo und Selbsteinschätzung zugleich und gilt vor allem für die Bewohner der Vorderpfalz, von den Rheinauen über die Ebene bis hin zum Rand des Pfälzerwaldes. Überwiegend dort verläuft die Deutsche Weinstraße, von Bockenheim bis Schweigen. Dort dreht sich nicht alles, aber sehr vieles um den Wein als Wirtschaftsfaktor, Landschaftsprägung und Lebensauffassung. Dem Wein wird die Eigenschaft zugesprochen, schnell die Zunge zu lösen. Gewiß formt das auch die Menschen: Man sieht sich selbst als offen, reaktionsschnell, geschickt, pfiffig, mit einer Prise von Bauernschläue.

Mit seiner Meinung hält man nicht hinterm Berg, für Fremde oder Zugereiste mag ein Disput unter Pfälzern zunächst wie ein Kulturschock sein. Der Eindruck aber, daß die Kontrahenten sich demnächst gegenseitig die Köpfe einschlagen werden, täuscht. Alles heiße Luft – hinterher sind sie wieder die dicksten Freunde. Apropos Freundschaft. Kontakte sind schnell hergestellt, vielleicht etwas oberflächlicher als anderswo, aber herzlich und ohne Falsch. Ein ideales Reiseland schon aus diesem Grund. Man ist nicht lange allein, wird sofort an- und aufgenommen. Aber Vorsicht! Gegen Besserwisserei und intellektuell verbrämten Hochmut ist dieses Volk allergisch. Das wird mit barer Münze zurückgezahlt. Gut Freund mit allen, Toleranz als Prinzip. Man kann das durchaus auch negativ als Charakterschwäche sehen – möglichst nicht anecken, sich durchs Leben wursteln. Darin ist sicher ein Körnchen Wahrheit. Den Menschen hier steckt das Grenzlandtrauma noch immer in den Knochen. Die ganze Geschichte hindurch war man Auf- und Durchmarschgebiet von Truppen wechselnder Herrschaften, die sich am Besitz der kleinen Leute schadlos hielten, die Schauplätze ihrer Fehden und Kriege verwüsteten, ausbeuteten, Hun-

»Die Freuden der Pfalz«, kolorierte Lithographie

ger brachten, Dörfer zerstörten und entvölkerten.

Insbesondere im 18. Jh. und 19. Jh. trieb die Not viele Pfälzer in die Emigration. Andererseits retteten sich immer wieder Verfolgte und Vertriebene hierhin, Hugenotten und andere, ließen sich nieder und wurden Pfälzer. Ein Völkergemisch also. Besondere Charakteristika ja, *den* Pfälzer gibt es sicher nicht. Aber allen eigen ist die Lust am Feiern. Liegt es am milden Klima? Am Zauber der Landschaft? Jedes kleinste Dorf ist vom Festbazillus befallen. Einen Grund gibt es immer – wenn nicht, dann wird er eben erfunden. Wer an die Weinstraße reist und nicht mitfeiert, ist selber schuld.

›Steckbrief‹ Deutsche Weinstraße

Länge und Lage: 85 km, von Bockenheim bis Schweigen, zieht sich die Deutsche Weinstraße auf einem hügeligen Relief der Vorderpfalz durch das größte geschlossene Weinanbaugebiet Deutschlands. Im Osten von der Rheinebene begrenzt, hat sie nördlich von Grünstadt Anteil am Rheinhessischen Tafel- und Hügelland, verläuft südlich davon bis zum Queichtal entlang der Haardt, danach am Rand des Wasgau, der sich auf französischer Seite in den Vogesen fortsetzt. Haardt und Wasgau im Westen der Weinstraße sind Teil des Biosphärenreservats »Naturpark Pfälzerwald«, des größten zusammenhängenden Waldgebiets Deutschlands.

Verwaltung: Die Bezirksregierung Rheinhessen-Pfalz mit Sitz in Neustadt ist in Rheinland-Pfalz für die Gemeinden an der Weinstraße zuständig. Weitere Verwaltungsebenen sind die Landkreise Bad Dürkheim und Südliche Weinstraße sowie die kreisfreien Städte und schließlich die Verbandsgemeinden.

Bevölkerungsdichte (im Vergleich): Rheinland-Pfalz: 200 Ew./km^2, Weinanbaugebiet Pfalz (Mittelhaardt und Südliche Weinstraße): 286 Ew./km^2.

Städte: Kreisfreie Stadt Neustadt (53 778 Ew.), Kreisfreie Stadt Landau (39 842 Ew.), Bad Dürkheim (18 221 Ew.), Grünstadt (13 218 Ew.), Bad Bergzabern (8086 Ew.), Annweiler (7497 Ew.), Edenkoben (6383 Ew.), Freinsheim (4799 Ew.), Wachenheim (4307 Ew.), Deidesheim (3722 Ew.).

Wirtschaft: An erster Stelle Weinbau, Anbaugebiet Pfalz (1996): 3347 Haupterwerbsbetriebe, 23 764 ha bestockte Rebfläche; Obst- und Gemüseanbau (Rheintal): Zuckerrüben (Offstein, Südzucker), Tabak (Südliche Weinstraße), Spargel (Erpolzheim, Dudenhofen); Tourismus; mittelständische Industrie; Erdölförderung bei Landau (Wintershall/BASF).

Hier wächst alles

Das Gebiet um die Deutsche Weinstraße liegt im Wind- und Regenschatten des Pfälzerwaldes. Vorwiegend Südwestwinde fallen föhnartig über der Hangzone ab, wobei sich häufig Wolkenlücken entlang des Haardtrands bilden. Weniger Wolken bedeuten mehr Sonnenschein und höhere Temperaturen. Diese lassen sich messen: Das Jahresmittel beträgt 10,1 °C.

Mandelblüte bei Frankweiler

Die Natur aber ist das beste Meß-
gerät – hier wächst alles!

Nicht umsonst wird die dem
Pfälzerwald vorgelagerte Landschaft häufig mit der Toskana ver-
glichen. Es ist nicht nur das Wech-
selspiel zwischen sanft gerundeten
oder steil aufragenden Hügeln und
tief eingeschnittenen Bachtälern,
es sind nicht nur die Perlenschnüre
anmutiger Dörfer und Städte, die

Wandern und Bücken

Nationalfeiertag, 3. Oktober 1996, an der Deutschen Weinstraße. Es ist sonnig und warm, und die Menschen strömen ins Freie, Frischluftfans und notorische Stubenhocker. Es locken die Wälder, die Höh'n. Die Haardt ist ein einziges Volksfest. Schon im blumenbunten Heuchelheim (Südliche Weinstraße), noch in der Ebene, Blech an Blech: viele Badenser von jenseits des Rheins, Saarländer, aber auch ›Nordlichter‹. Radler-Pulks schlängeln sich unbekümmert hindurch. Ein sonnenbeschirmter Stand am andern entlang der Straße, überquellend von Obst, Wein und Nüssen. In engen, farbenprächtigen Höfen rückt man zusammen. Der »neie Woi« (neuer Wein) will getestet werden. Die Eiligeren stoppen am Rand, machen das Verkehrschaos perfekt – niemand regt sich auf, die Stimmung bleibt heiter-gelassen – und decken sich für zu Hause ein mit Früchten aus dem Paradies. Überall Leute mit kleinen Plastikkanistern, denen das Vorgefühl des Genusses auf der Stirn geschrieben steht. Der »Neie« ist ein alljährlicher Kult. Er wird nicht allein getrunken. Er schmeckt nur in Gesellschaft. Die Folgen einsamen Besäufnisses wären auch entsetzlich: frisch aus der Kelter, jung noch eher Traubensaft (»Süßer«), später »Bitzler« (wegen des Kribbelns auf der Zunge), schließlich »Federweißer« und nicht minder

eine solche Assoziation hervorrufen. Es ist nicht nur das Licht von unvorstellbarer Leuchtkraft, wenn an heißen Sommertagen die Luft über der Ebene flimmert. Es ist auch und vor allem die mediterrane Vegetation: Reben so weit das Auge reicht, in den Gehöften der Weinorte Zitronenbäume und Feigenbüsche *(Ficus carica)*, die Parks der Kurorte und die Villen der großen Weingüter üppige südländische Gärten. Ende März hüllen sich Alleen und Wiesen in den zartweißen und -rosa Hauch der Mandelbäume. Die harte, rosa blühende Davidsmandel ist eine Zierpflanze, die Frucht der weißen Süßmandel wird gesammelt und für Backwaren verwendet oder von der Firma Biffar (Deidesheim) zu kandierten Früchten verarbeitet. Die Edelkastanie *(Castanea sativa)* fühlt sich an den Rändern des Pfälzerwaldes und in den Ortschaften gleichfalls heimisch. Das ›Sonnenland‹ bringt eine Vielfalt mittelmeerischer Pflanzen hervor, Exoten wie Hibiscus- und Oleanderbüsche, Christusdorn *(Gleditsia triacanthos)*, Judas- *(Cercis siliquastrum)* und Maulbeerbäume *(Morus nigra* und *Morus alba)*. Die Liste mediterraner Gewächse ließe

gefährlich, gärt er im Körper nach. Eingeweihte wissen um die Symptome exzessiven Konsums. Beim Aufstehen zieht's die Beine weg, als gehörten sie einem nicht mehr, Aufruhr in den Gedärmen, ›dicker Kopp‹ am nächsten Tag.

Draußen in den Wingerten bedienen sich Ausflügler direkt am Rebstock: Riesling oder Silvaner, Portugieser oder Spätburgunder erschmecken nur Experten auf Anhieb – Morio-Muskat, Scheurebe oder Gewürztraminer sind unverkennbar, in natura wie später in der Flasche.

Wandern und Bücken! Hochsaison für ›Jäger und Sammler‹! In Tüten und Rucksäcken wird das aufgelesene Gut verstaut: Walnüsse von den Schattenspendern am Wingert und die ersten reifen »Keschde« oder »Maroni« von den Edelkastanien am Haardtrand. Aus ihrer stacheligen Schale gepuhlt und in der Pfanne geröstet, sind sie köstliche Beigabe zum »Neie« – ebenfalls ein Kult. Von der Maroni- zur Maronenjagd! Pilzsammler tragen reiche Beute heim.

Bunt sind schon die Wälder. Nachmittags strömen die großstädtischen Wandervögel nach ihrem Streifzug durch Waldesklüfte, Pfälzerwald-Vereinshütten, Forst- und Naturfreundehäuser in die Weinorte. Rucksack, Anorak, Kniehose, Bergstiefel, Stock und zuweilen ein flottes Hütchen sind Erkennungszeichen der »Heckeschisser«, wie sie liebevoll von den Einheimischen genannt werden. Sie sind dem Pfälzerwald das ganze Jahr über treu, nicht nur am Nationalfeiertag.

sich mit Zedern aller Art, Mammut- und Ginkgo-Bäumen fortsetzen.

Weitere südländische Indikatoren sind Wildpflanzen, die sich, seitdem die Wingerte (Weinberge, Weingärten) nicht mehr ›besenrein‹ gehalten werden, langsam ihr natürliches Terrain als Begleiter der Kulturrebe zurückerobern, wie der Storchschnabel *(Geranium rotundifolium, Geranium molle* und *Geranium sanguineum),* die Traubenhyazinthe *(Muscari comosum)* oder die Osterluzei *(Aristolochia clematis).* Die Wildtulpe *(Tulipa sylvestris)* ist nur noch an wenigen Standorten zu finden, etwa bei Mörzheim. Im Ödland der Trocken- und Halbtrockenrasen hat sich auf dem Grünstadter Berg das Adonisröschen *(Adonis vernalis),* im Naturschutzgebiet Hohefels oberhalb Asselheims, das auch geologisch interessant ist, die Küchenschelle *(Pulsatilla vulgaris)* erhalten.

Beim Obstanbau dominiert der Apfel, gefolgt von Zwetschgen, Süßkirschen und Birnen. Die Kirschblüte bei Freinsheim und Weisenheim am Sand ist ein Frühlingserlebnis besonderer Art. Aber auch Pfirsich, Aprikose, Mirabelle und viele andere Obstsorten sind in der Vorderpfalz zu Hause. Neu-

Kirschblüte bei Erpolzheim

erdings werden im Zuge des Land-
schaftsschutzes wieder verstärkt
Streuobstwiesen angelegt. Im Norden sind ihnen bis heute Refugien
erhalten geblieben.

Die Weinstraße und ihr Umfeld
ist eine von Menschen gestaltete
uralte Kulturlandschaft. In den Gärten und auf den Feldern der Ebene
bis zu den Rheinauen werden
65 % des rheinland-pfälzischen Ge-
müses erzeugt, im Freiland gedeihen alle Sorten – auch Auberginen,
Paprika und Zucchini. Hier ist zugleich die Korn- und Kartoffelkam-
mer der Region. Nicht zu vergessen die Zuckerrüben, die an Ort
und Stelle – bei Offsteins Südzuk-
ker – verarbeitet werden. Beim Ta-

bakanbau, der Spezialität der Südlichen Weinstraße, liegt die Jahres-
produktion der Sorten Virgin, Bur-
ley und Geudertheimer bei rund
2500 t.

Zu Gast bei der Fauna

An heißen Tagen kann man sie
beim Sonnenbad beobachten – die
Mauereidechsen *(Lacerta muralis)*
auf der Kropsburg (St. Martin), Rietburg (Rhodt), Burg Landeck (Klingenmünster) und überall da, wo
Mauern und Felsen sich aufheizen.
Sie und die Zauneidechse *(Lacerta
agilis)*, eine Bewohnerin von
Busch- und Grasland, sind noch
häufig anzutreffen. Anders die
Smaragdeidechse *(Lacerta viridis)*,

die größte einheimische Echsenart, die man auch an der Weinstraße mit der Lupe suchen muß.

In Mauerspalten und Gewölbedecken von Burgruinen verstecken sich kleine Draculas. 9 von 17 in der Pfalz heimischen Fledermausarten, darunter Mausohr *(Myotis myotis)* und Langohr *(Plecotus auritus)*, beziehen Ganzjahres- oder Winterquartiere auf der Hardenburg, wo man die Negativfolgen fugenloser Restaurierung inzwischen erkannt hat.

Die Flurbereinigung der 60er Jahre und die intensive Bodennutzung haben gewaltige Lücken in die Artenvielfalt gerissen. Aber man hat dazugelernt! So wird der monotone Singsang der Zaunammer *(Emberiza cirlus)* vielleicht doch nicht verstummen, da nun verstärkt Biotope den Brutbestand dieses ursprünglich mediterranen Vogels sichern, der sich an sonnigen, buschreichen Hängen besonders wohl fühlt. Ebenfalls südländisches Flair verbreiten in Parks und Gärten Stieglitz *(Carduelis carduelis)* und Girlitz *(Serinus serinus)*. Die unsinnige Jagd auf Greifvögel ist glücklicherweise abgeblasen. Nun kreisen sie im Frühjahr und Herbst wieder über den Hängen und nutzen die ideale Thermik. Fast jedes Elsternest in den Oberleitungen ist inzwischen von einem Turmfalkenpaar besetzt. Für die Wühlmaus-Spezialisten Turmfalke *(Falco tinnunculus)* und Mäusebussard *(Buteo buteo)* wurden in den Wingerten eigens ›Sitzkrücken‹ errichtet.

In den Buntsandsteinfelsen der Südpfalz nistet der fast ausgerottete Wanderfalke *(Falco peregrinus)*, und seit einem Jahrzehnt läßt sich auch die Rohrweihe *(Circus aeruginosus)* wieder an der Weinstraße sehen.

Die Zeiten, als »Böhämmer« (Bergfinken) in den Wäldern um Bad Bergzabern als Delikatesse galten, sind Schnee von gestern. Nur das »Böhämmerfest« der Kurstadt erinnert noch an die Jagd auf die nordischen Wintergäste. Der Elwetrittch hingegen, einem schrägen Pfälzer Vogel besonderer Provenienz, wird noch an manchen Plätzen aufgelauert (s. S. 118).

Wo man den Wein bettet …

Die Deutsche Weinstraße und ihr Umland sind sozusagen das ›Himmelbett‹ für die Weine der Pfalz. Gebaut bzw. angelegt haben es die römischen Besatzer um das 2. Jh. n. Chr. Das Leben auf den Wein- und Landgütern (Ungstein, Wachenheim) im rauhen keltisch-germanischen Raum und fern von Rom ließ sich mit der Droge Wein gewiß besser ertragen. ›Frisch überzogen‹ haben es die neuen Herrn, die Franken. 843 soll Ludwig der Deutsche bei der Reichsteilung die Bistümer Worms und Speyer wegen der elysischen Freuden dieses Landstrichs beansprucht

Lebendige Weingeschichte

Vom Kammert zum Zeilenspalier

»Bier ist von Menschenhand, Wein ist von Gott«, sagte Martin Luther, der einen guten Tropfen zu schätzen wußte. Als göttliches Phänomen könnte man Deutschlands ältesten Weinberg in Rhodt (s. S. 157) bezeichnen, über den anno 1591 der pfalzgräfliche Renovator Christoph Wagner schrieb: »Rodaner Wein, sonderlich der von lauter tramunder, so in der haselhecken gewachsen, übertrifft und hat das lob vor allen Wein so an dem izt erzelten gebürg von Basel bis gein Cöln wächst«. Karl Friedrich, Markgraf von Baden, wachte mit Argusaugen über seinen linksrheinischen Besitz und erließ daher 1752 für den »Flecken Rhod« ein »Gebot gegen das Weinschmieren«: »Wir setzen und wollen demnach, daß alle und jede Vermisch- und Verfälschungen des Weines lediglich und ohne alle Ausnahme verboten seyn sollen«. Einer der ›ehrwürdigen‹ Traminer-Wingerte ist, nunmehr 400 Jahre alt, als Naturdenkmal erhalten geblieben. Der 8 a große Weinberg am Ortsrand Rhodts (der Winzergenossenschaft Rietburg gegenüber) überlebte Krieg und Hungersnöte, Schädlinge und Pilzkrankheiten und erbringt, je nach Witterung und Reifeverlauf, noch immer eine Ernte von 150–500 l besten Mostes.

Die mächtigen Rebstöcke winden sich knorrig und bodennah, und es läßt sich kaum rekonstruieren, welche »Erziehung« sie einst genossen haben. Nördlich von Bad Dürkheim favorisierte man den »Bockschnitt« (»Großkarlbacher Erziehung«, s. S. 87), der die Rebstöcke allenfalls an einen Pfahl fesselte, wie noch heute im Mittelmeerraum. Zwischen Dürkheim und Neustadt war die »Offene Kammererzie-

haben. Bischöfe und Klöster waren schon von Amts wegen keine Abstinenzler.

Lagenamen auf dem Etikett, also Angaben über die Rebfläche (Einzellage) oder die Zusammenfassung solcher Flächen zur Großlage, von welcher das Lesegut stammt, sind somit häufig ein Stück Kulturgeschichte. »Pfaffengrund«, »Nonnenstück« oder »Jesuitengarten« verraten ihre früheren Besitzer auf Anhieb. Auch »Hasenzeile« oder »Maushöhle« lassen sich enträtseln, manch alte Flurnamen wie »Rosenbühl« oder »Höllenpfad« nur bei Kenntnis örtlicher Gegebenheiten. Aber was sollen eine »Meerspinne« in Gimmeldingen und ein »Ungeheuer« in Forst? Sie

hung« üblich, wobei man zwischen den Rebstöcken Pfähle in die Erde rammte und in 50 cm Höhe eine Stange als Halt für die Triebe band. Kammertwingerte mit rundum geschlossenen Holzgerüsten, an denen die Reben mit Weidenbändern befestigt wurden, waren von der Südpfalz (also auch bei Rhodt) bis ins Elsaß verbreitet. Sie zwangen bei der Weinbergsarbeit zu einem regelrechten Hürdenlauf, brachten aber bei geringerer Arbeit größere Stabilität, bessere Durchlüftung des Stocks und höheren Ertrag. Schon die Römer verwendeten hölzerne Spaliergerüste, die sie »compluviata« oder »pergula« nannten. »Kammert« indes läßt sich, wie auch die elsässische und lothringische Variante »chambrée«, eventuell auf das lateinische »camera vitis« zurückführen, was zugleich der Name für die Weinlaube war. Der Holzbedarf bei der Kammererziehung war enorm. Die Römer brachten daher außer dem Weinbau die Edelkastanie mit, die durch Haltbarkeit des Holzes und gerade Stockausschläge prädestiniert war. So entstanden die ausgedehnten Kastanienwälder am Haardtrand.

Erst die erschwingliche Herstellung langer Spanndrähte um die Mitte des 19. Jh., die mechanische Bodenbearbeitung und natürlich auch die Züchtung resistenter, hochwüchsiger Rebsorten bewirkten den Wandel weg vom Kammert und hin zum Zeilenspalier. Noch immer aber heißt das Anbinden der Bogreben »Kammert machen«. Weinlehrpfade, die Weingeschichte lebendig werden lassen, gibt es an vielen Orten. Bei Edenkoben oder Mußbach wurden Kammertanlagen nachgebaut. Einen Kammertwingert (Kammerweinberg) bewirtschaftet die Lebenshilfe Bad Dürkheim im Odinstal nahe der Wachtenburg. (Kammertwingert: Weinbau der Lebenshilfe, Sägemühle 8, 67098 Bad Dürkheim, ☏ 0 63 22/93 81 94. Traminerweinberg: Weingut Oberhofer, Am Linsenberg 1, 67483 Edesheim, ☏ 0 63 23/ 9 44 90.)

boten jedenfalls Anlaß zu den abenteuerlichsten Spekulationen.

Auf Sandsteinböden treiben die Reben früh und reifen rascher. Sand und Löß beschleunigen reichen Genuß. Schwere Kalkmergel- und Lehmböden speichern Sonnenlicht langsamer, die Erde bleibt kühl und feucht, die Reifung dauert. Die Weinqualität hängt also stark von Boden und Witterung ab. Grob gesagt: Wein auf Sand ist einem Lipizzaner vergleichbar, elegant und leicht, vorausgesetzt er bekommt genug zu ›saufen‹, Wein auf schweren Böden eher einem Haflinger, markant und kräftig.

Die der Abbruchkante der Oberrheinischen Tiefebene vorgelagerte Hügelzone (Schweigen bis Grün-

Maschinelle Weinlese mit dem Traubenvollernter

stadt) und die Hänge des Rheinhessischen Tafel- und Hügellandes (Asselheim bis Bockenheim und Zellertal) fördern in ihrer Bodenvielfalt eine reizvolle Variabilität ›geistiger‹ Genüsse. Im Süden sind es kalk- und feinerdereiche Keuperschichten (Eschbach bis Siebeldingen), von Rhodt bis Bad Dürkheim, also auf der obersten Bruchstufe, Verwitterungsprodukte des Buntsandsteins, im Norden aufgeschwemmte Kalke des Tertiärs (Ungstein bis Bockenheim). In der Eiszeit aufgewehter Löß prägt Teile des Südens (Dierbach bis Kirrweiler) und des Nordens (Großkarl-

bach bis Bockenheim). Sande und Kiese der Bäche lagerten sich in der Ebene zwischen Lachen-Speyerdorf und Weisenheim am Sand ein. Einige geologische Besonderheiten geben dem Wein eine spezielle Geschmacksnote: etwa Melaphyr bei Albersweiler, Grauwackeschiefer bei Burrweiler und Basalt bei Forst. Letzterer ist vulkanischen Ursprungs, was 1838 die Phantasie des Reiseschriftstellers Friedrich Blaul (s. S. 65) poetisch angeheizt hat: »Ich aber meine, er brennt noch, und die Feuergeister schmelzen da unten lauteres Gold, und kochen von goldenen Blumen und von dem in den Boden gesenkten Golde der Sonnenstrahlen den würzigsten Trank, und die Reben treiben ihre Wurzeln hinab, und saugen ihn begierig auf.«

Pfälzische Rebenolympiade

»Item an der Hart / als zu Newenstatt und Deidesheim / da wachst der edel Gensfüssel / und an entlichen Orten Moschateller …«, konstatiert Hieronymus Bock im Jahr 1546. Gänsfüßer (Gensfüssel) und Muskateller (Moschateller) haben von der Anbaufläche her keine Chancen, sich für eine Rebenolympiade zu qualifizieren, aber da sie Weinliebhaber in den Olymp des Genusses versetzen können, stehen sie hier an erster Stelle. **Gäns-**

füßer war bei den hohen Herrschaften beliebt, etwa bei Pfalzgraf Johann Casimir, der 1584 das Aushauen der Weinstöcke in seinem Hoheitsbereich unter Strafe stellte. Den Winzern war er ein Dorn im Auge, da er krankheitsanfällig ist und Nachbarsorten unterdrückt, und so gab es trotz durchlauchtigster Drohung 200 Jahre später in Neustadt nur noch einen einzigen Wingert. An einigen alten Gemäuern im vorderpfälzischen Haßloch als Hausstock aufgespürt, reaktivierte die Weinbauabteilung der Staatlichen Lehr- und Forschungsanstalt in Mußbach die traditionelle Rebsorte Gänsfüßer wieder im Versuchsanbau. »Mußbacher Kurfürst« ist ein Geheimtip im Sortiment des ihr angeschlossenen Johanniterguts.

Weine höherer Güteklasse müssen per Hand gelesen werden

Ebenfalls dort auf der Weinliste steht der **Muskateller,** der auch auf einigen Anbauflächen bei Gleiszellen (Südliche Weinstraße) gehegt wird. Die anspruchsvolle ›Diva‹ gedeiht nur auf besten Lagen und ist eher ein ›Südkind‹. Die Weine zeichnen sich durch intensives Aroma aus, ähnlich den Neuzüchtungen **Siegerrebe** und **Ortega.** Als regionale Spezialsorten liegen sie allerdings aussichtslos im Rennen und teilen sich die Nische der Exklusivität mit dem traditionsreichen **Gewürztraminer,** der **Optima** und dem **Schwarzriesling.** Letzterer hatte erst eine reelle Marktchance, als er nicht mehr Müllerrebe heißen mußte.

Wahrscheinlich aus den Wildreben des Pfälzer Auwaldes ausgelesen und dadurch klimatisch besonders gut angepaßt, ist der seit dem 15. Jh. als Sorte bekannte, spätreifende **Riesling,** der sich selbst mit kargen Böden zufriedengibt. Der ›König der Weißweine‹ zeichnet sich durch fruchtige Säure aus. Jung eher ein Kneipwein, entwickelt er sich im Alter auch zum Begleiter feiner Speisen. Der Riesling hat eine gnadenlose Aufholjagd hinter sich und liegt mit 21,2 % Anbaufläche an der Spitze, knapp vor dem **Müller-Thurgau.** Mit über 100 Jahren ein Züchtungsklassiker, war dieser lange Zeit eine der wichtigsten Sorten. Bei weiter sinkender Tendenz muß er sich nunmehr mit 20,4% und der zweiten Position begnügen. Selbst Umtaufversuche in Rivaner haben das

Image der als Massenträger in Verruf geratenen, frühreifen Rebe nicht heben können. Dabei ist der Wein mild, duftig, in Frucht und Säure ausgewogen, ein idealer Durstlöscher, aber auch passend zu leichten Speisen bis hin zu Fischgerichten. Müller-Thurgau gedeiht gut auf Lößböden, auch in ebenen Lagen. Mit dem **Kerner** hat sich ein süffiger Newcomer und ›Zechwein‹ erfolgreich auf den dritten Rang (10,3 %) setzen können. Beinah im Gegenzug stürzte der **Silvaner** trotz seiner Vorzüge – vollmundig, saftig, rund und ein angenehmer Tischgenosse – auf 7 % und Platz vier ab.

Von der Fläche her lediglich eine ›Duftnote‹ auf der Weinlandkarte sind die nächstplazierten Bukettsorten: **Scheurebe** (4,5 %), **Morio Muskat** (3,6 %) sowie **Huxelrebe** (2,3 %). Einsteiger ins ›Mysterium Wein‹ werden diese Gaumenfreuden spontan als lecker einstufen. Außer dem **Weißburgunder** (2,1 %), der ›trocken‹ fast zu jedem Essen paßt, ist nebst einigen ›Exoten‹ der **Ruländer (Grauburgunder)** mit 1,8 % das Schlußlicht der Weißweinsorten. Edelsüß eröffnet er als Aperitif das Menü. Von manchen Winzern als nicht pfalztypisch noch mißtrauisch beäugt, taucht der **Chardonnay** (0,4 %) auf der Weinkarte auf und entfaltet sich vor allem im Barrique-Faß.

Die Rotweinrenaissance hat traditionsbewußten Winzern rechtgegeben, die trotz jahrelanger Flaute auf dem Markt ihre Rebstöcke

In der Winzergasse in Gleiszellen wird vor allem Muskateller ausgeschenkt

nicht rodeten. Der frühreife und ertragssichere **Blaue Portugieser,** genußreich und lagerfähig, war lange dominant. Auf 10 % geschrumpft, führt er dennoch unangefochten die Skala an. Als Weißherbst ausgebaut und dann mild und süffig, ist er zum Weinfesthit geworden. Die Rotweinpalette hat sich stark erweitert, nicht nur um den schon erwähnten Schwarzriesling. Bei den Neuzüchtungen überrascht der kometenhafte Aufstieg des tiefroten, kräftigen **Dornfelders** (3,6 %) nicht, denn seine südländische Note streichelt (und färbt!) auch von diesen Weinen verwöhnte Zungen. Der **Blaue Spätburgunder** hat auf 3,2 % zugelegt. Kräftige Säure und lange Haltbarkeit machen unsichere Erträge wett. Je nach Ausbau präsentiert er sich jugendlich, körperreich oder mit feiner Holznote im Barrique-Faß. Unter den Neuzüchtungen hält sich die vollmundige **Heroldrebe** bei 0,5 %. Last not least ergänzt Birkweilers Spezialität **St. Laurent** die umfangreiche Liste. (Stand: Ende 1996)

Wein-Etikette

Gestylte Weinflaschen stehen in der Verbrauchergunst ganz oben. Das Auge kauft mit, und Marketing ist alles. Dennoch darf man sich nicht vom Äußeren blenden lassen. Das Etikett ist als Weinpaß das Gütesiegel für Qualität, nicht die Verpackung. Gegen Falschmünzerei verbürgen sich amtliche Qualitätsprüfung und Weinrecht von 1994 mit strengen Vorschriften.

Die Öchslewaage ist der erste Gradmesser für Qualität, denn das Mostgewicht ist entscheidend für die Einstufung in Güteklassen, die auf dem Etikett vermerkt sein müssen. Die niedrigste Güteklasse, »Deutscher Tafelwein« (mindestens 44° Öchsle) und ihre Sonderform »Landwein« (z. B. Pfälzer Landwein, 50° Oe), aber auch der nächsthöhere »Qualitätswein bestimmter Anbaugebiete« (QbA, ab 60° Oe) dürfen vor der Gärung durch Zucker angereichert werden. »Qualitätswein mit Prädikat« (ab 73° Oe aufwärts) ist hingegen reiner Naturwein, dem nur Traubenmost (»Süßreserve«) zugesetzt werden kann. Die Öchslegrade regeln hier die Stufung in Kabinett, Spätlese, Auslese, Beerenauslese (von Edelfäule befallene Beeren), Trockenbeerenauslese (zu Rosinen geschrumpft) und Eiswein (in gefrorenem Zustand gepreßte Beeren).

Diabetikerweine wurden bislang trocken offeriert, bis das Johannitergut (Mußbach) 1993 den ersten im Versuchsanbau entwickelten Halbtrockenen auf den Markt brachte, Bad Dürkheims Vier Jahreszeiten Winzer AG 1995 nachzog und 1996 der Winzerverein Niederkirchen Vorreiter eines lieblichen Diabetikers wurde.

Auch beim Etikett geht der Trend zum Design. Bei aller künstlerischen Freiheit aber: Was draufsteht, muß stimmen. Güteklasse, Erzeuger bzw. Abfüller und Mengenangabe des Flascheninhalts sind obligatorisch. Alkoholgehalt und detaillierte Angaben zu Weinbaugebiet (Pfalz), Rebsorte, Jahrgang, Geschmacksrichtung, Einzel- oder Großlage sind bei höherwertigen Weinen üblich, die Prüfnummer hier Pflicht.

Trotz Glykol und anderen Skandalen – auf die feine Nase, die klaren Augen und die Geschmacksnerven der Prüfer ist Verlaß. Nach der Analyse im Weinlabor findet im Expertenkreis das Verkosten (nicht Trinken!) der zur Prüfung anstehenden Weine statt. Erst dann wird das amtliche Plazet in Form der Prüfnummer erteilt. Für Käufer sind allenfalls die beiden letzten Ziffern interessant. Sie geben Aufschluß darüber, in welchem Jahr der Wein auf die Flasche gezogen wurde.

Das Deutsche Weinsiegel, Label der DLG, informiert über die Geschmacksrichtung: lieblich (rot), halbtrocken (grün) und trocken (gelb). Aussagekräftiger hinsichtlich der Qualität sind DLG-Prämierungen zum Bronzenen, Silbernen und Großen Preis und »Kammerpreismünzen« in Bronze, Silber oder Gold. Der Stolz jedes Winzers, signalisieren sie dem Weinfreund einen exquisiten Tropfen. Wenn nicht gar ein »Staatsehrenpreis« als Summe schon ergatterter Preise die Gesamtleistung eines Betriebs würdigt.

Die Sieben Pfälzer Wunder

Eine der vielen Versionen, die über die Entstehungsgeschichte des Namens »Palz« (Pfalz) kursieren, ist folgende: In grauer Vorzeit machte der liebe Gott einst Urlaub an der Haardt, erfreute sich der Schönheit des Landes und traf just dabei den Teufel. Dieser hatte ebenfalls ein Auge auf das Miniaturparadies geworfen und bot Gottvater alle möglichen anderen Länder der Welt an, wenn er ihm nur dieses gesegnete Fleckchen Erde überlasse. Doch der HERR weigerte sich konstant, auf einen solchen Tauschhandel einzugehen. Zuletzt rief Satan in höchstem Zorn: »Dann, in Teufels Namen, bhalts.« – Das war sozusagen das Urwunder. Die Sieben Pfälzer Wunder sind neueren Datums, wären aber ohne diesen Urknall gewiß nicht möglich.

Vor einigen Jahren noch hätte kaum jemand einen Pfifferling für Ideen gegeben, die seit den 70er Jahren, u. a. in der Staatlichen Lehr- und Forschungsanstalt Mußbach ausgebrütet, eine neue Generation von Winzern prägen. Heute sind sie in aller Munde, die ›Pfälzer Wunder‹, wie sie Dr. Fritz Schumann, Leiter der Abteilung Weinbau, nennt.

Das **Umweltwunder** vollzog sich fast unbemerkt. Sukzessive begann die Monokulturlandschaft Wein sich zu verändern. Die Begrünung der Wingerte schreitet voran, Düngung und Schutz vor Verkarstung des Bodens, zugleich aber Lebensraum für Nützlinge. Wenn auch noch nicht allzu viele Winzer unter den Zeichen EcoVin, Bioland oder Naturland konsequent organisch biologisch wirtschaften (Kontakt, s. S. 234), so geht man mittlerweile doch sorgfältiger mit der chemischen Keule um.

Vor dem **Weinwunder** beherrschte der Silvaner den Weiß-

Fröhliches Weinen

Leben mit der Traube

Die Handweinlese wird mit einem gemeinsamen Essen beschlossen

Am festlich gedeckten Tisch im Hof hat sich die Familie eingefunden. Auch Freunde, Nachbarn und Kunden sind gekommen. Geburtstag bei Gerners in Weisenheim am Sand. Ausstieg aus dem Alltag einen Nachmittag lang an einem strahlend schönen Sommertag. Überhaupt ist der August die schönste Zeit im Jahr. Denn kurz vor der Lese geht es etwas ruhiger zu. Das Weingut Gerner ist ein Familienbetrieb. Norbert Gerner hat den elterlichen Hof, der wie viele andere in der Region bäuerlich geprägt war mit Ackerfrucht, Obst, Vieh und Wein, Mitte der 60er Jahre als erster am Ort radikal auf Weinbau umgestellt. In Weisenheim, Kirchheim und Bissersheim liegen die Weinberge, im Lauf der Jahre ergänzt durch Zukauf oder Pachtung. Für delikate Rotweine, die Gernersche Spezialität, eignet sich Weisenheims Sand hervorragend, bis auf den Spätburgunder, der sich noch besser auf Bissersheims schweren, lehmigen Böden entfaltet. Unablässige Hege und Pflege verlangen die Weinberge. Wissen, von Generation zu Generation weitergereicht, aber auch Wissenschaft, Umsetzung neuer Erkenntnisse. Ab Ende November steht der Rebschnitt an, mit der

Hand oder der kompressorbetriebenen Luftschere, bei deren Handhabung man höllisch aufpassen muß. Ein richtiger Schnitt ist schon die ›halbe Miete‹. Das Geschnittene wird gehäckelt, bleibt als Humus liegen, die verbleibenden Ruten werden angebunden. Sobald im Frühjahr die Reben austreiben, wird der Boden gelockert, Unkraut unter dem Stock mit der Flachschar entfernt und alles, was am Stamm hochwächst, ausgebrochen. Bodenbearbeitung, Pflanzenschutz, Laubschneiden – die Arbeit wiederholt sich übers Jahr hinweg. Daneben läuft die Kellerwirtschaft weiter. Gären lassen, Proben nehmen, den richtigen Zeitpunkt zum Abstechen bestimmen, Fässer vorbereiten, filtrieren, den Wein liegen lassen, stabil machen, nochmals filtrieren, auf Flaschen ziehen, etikettieren. Fast alles geschieht maschinell, auch der größte Teil der herbstlichen Lese. Dann staksen Vollernter-Ungetüme durch die Rebzeilen, schlagen die Traubenhenkel erstaunlich schonend ab. Mancherorts gibt es schon Spezialanfertigungen, die zusätzlich Schnitt und Spritzungen erledigen. Ab Beerenauslese aufwärts ist allerdings Handarbeit Vorschrift. Dann schwingt bei allen, die helfen, im Familienbetrieb sind es häufig Freunde und Nachbarn, unwillkürlich das romantische Bild vom »fröhlichen Weinberg« mit, wird auch bei Gerners eine Zeitlang der umfangreiche Streß vergessen, den der Beruf mit sich bringt. Nach der Lese wird gekeltert, wobei der spannendste Moment der Blick auf die Öchslewaage ist. Sind die nötigen Grade und damit die erwünschte Qualitätsstufe erreicht?

Im Winter ruhen die Weinberge, aber nicht die Menschen. Das Weihnachtsgeschäft ist Wirtschaftsfaktor Nummer eins. Großaufträge von Firmen, die für Kundenpräsente auch gesonderte Etikettierung anfordern, müssen verpackt und verschickt, Ideen ausgeknobelt und umgesetzt werden für Geschenke an eigene Kunden. In der Pfalz schwört man auf ›seinen‹ Winzer. Als Gegenleistung erhält man statt Massenware ein individuelles Produkt inklusive Beratung und ein häufig lebenslanges Vertrauensverhältnis, von beiden Seiten. In der Probierstube wird nicht nur getestet, ge- und verkauft, es kommt durchaus auch Persönliches zur Sprache.

Silke Gerner, die jüngste Tochter, hat das Handwerk von der Pike auf gelernt. Die Pfälzische Weinkönigin 1994/95 (s. S. 142) gehört zu der Generation junger Winzerinnen und Winzer, die mit klaren Vorstellungen, ideenreich, aufgeschlossen gegenüber Neuem, aber gefeit gegen die Versuchung, jedem Trend hinterherzuhecheln, in das harte Vermarktungsgeschäft einsteigen. (Weingut Norbert Gerner, Ostring 5, 67256 Weisenheim am Sand, ✆ 0 63 53/75 94, Fax 98 92 74.)

wein-, der Portugieser den Rotweinsektor. Heute bietet eine weltoffene, experimentierfreudige Winzerschaft eine Sortenvielfalt an, die einiges an ›Training‹ verlangt, um sie voll auszukosten. Der Barrique-Ausbau kündigte sich verhalten an. In südlichen Ländern Tradition, wurde in den letzten Jahren in der Pfalz aus dem Exklusiv-Club eine Bewegung. Immer mehr Winzer lagern wenigstens einen ihrer Weine in Eichenholzfässern, deren Geschmackston sich im Idealfall, was Geduld und Erfahrung voraussetzt, harmonisch mit dem Wein verbindet und ihn zur Spitzenspezialität werden läßt (Kontakt, s. S. 234).

Das **Sektwunder** und der Trend hin zum Regionaltypischen brachten den Winzersekt auf Erfolgskurs, bei dessen Herstellung ausschließ-

lich Pfälzer Wein verarbeitet wird. Daneben erzeugen immer mehr selbständige Winzer (1996: 479 Betriebe), die früher allenfalls Grundwein an spezialisierte Kellereien lieferten, Sekte aus eigener Ernte und lassen sie sortentypisch (hauptsächlich Riesling), flaschengegärt (Champagnermethode) und handgerüttelt im Glas prickeln. Derart individuell geprägte Sekte

legen kräftig in der Käufergunst zu, und das nicht erst, seit der pfälzische Hauptvermarkter »Schloß Wachenheim« infolge von Management-Fehlern beinah in den Untergang trudelte. Nach Verkauf an den Reh-Konzern führt das edle Getränk nun dessen Produktpalette im obersten Qualitätsbereich an.

Das **Edelbrandwunder** verwandelt Pfälzer Wein und Obst in den ›Hexenküchen‹ ambitionierter Brenner in ein hochgeistiges Produkt. Wenn draußen die Temperaturen unter Null sinken, der große Kessel wohlig wärmt und alles nach den feinsten Destillaten duftet, ist ein Test an Ort und Stelle am genußvollsten. Rund 450 pfälzische Wein- und Obstbrenner vermarkten ihre Brände, Geiste, Obstwässer und Liköre selbst und holen sich phantasievolle Anregungen für die Verpackung bei nicht minder engagierten Glasdesignern. Am blauen Signet »Destillerie Pfälzer Edelbrand« erkennt man die sich der Güte verpflichteten Brenner (Kontakt, s. S. 234). Immer mehr Winzer verkaufen den zentral erzeugten »Pfälzer Weinbrand VVSOP« (Very very superior old pale), mehrjährig in Holzfässern gelagert, oder seine kostbare Variante, den »Pfälzer Weinbrand XO« (extra old).

Sauer macht lustig! Dennoch fanden es viele Winzer gar nicht

Kellerei Bassermann-Jordan in Deidesheim

lustig, als auf dem Doktorenhof in Venningen Georg Wiedemann in den 80er Jahren den Anstoß zum **Essigwunder** gab. Er schickte sich damals an, aus der Essigproduktion eine Kunst zu machen. Eigens mundgeblasene Flaschen mit Silvaner-Eiswein-Essig gehen von hier aus zu exklusiven Feinkostläden zwischen New York und Tokio. Aber auch für kleine Geldbeutel sind köstliche Aperitifs, Digestifs oder Essigpralinen im Sortiment. (Weinessiggut Doktorenhof, Raiffeisenstraße 5, 67482 Venningen, ✆ 0 63 23/55 05.) Ein gutes Beispiel

macht Schule, und der ›Essigpapst‹ hat mittlerweile unter den Winzern Nachahmer gefunden. In vielen Weinbaubetrieben ist aber auch das zentrale Produkt der Gesellschaft für Weinabsatz (Neustadt), der »Pfälzer Winzer Essig«, erhältlich.

Das **Nischenwunder** bewies es. Aus Trauben läßt sich Saft pressen und Weingelee kreieren, man kann sogar »Weinperlen« in Schokoladenkugeln verstecken. So nimmt nach alldem die Produktion naturbelassenen Pfälzer Traubenkernöls nicht mehr wunder. Aus Trester (Rückstände beim Keltern) werden die Kerne herausgelöst. Mit warmer Luft getrocknet und dann gemahlen, ergeben 150 000 kg Kerne ca. 15 000 l Öl. Kaum auf dem Markt, wurde dem Brat-, Fri-

Obst und Weinallerlei am Straßenrand in Ungstein

tier- und Salatwunder, das erst bei 230 °C raucht, 1996 ein renommierter Spezialitätenpreis verliehen.

Das **Architekturwunder** soll als siebentes und letztes an dieser Stelle nur erwähnt werden, da ihm ein eigenes Kapitel vorbehalten ist (s. S. 52). Spürbar ist allerorten der politische Wille, die Weinstraßenlandschaft nicht länger zu einem baulichen Einheitsbrei zu verformen, sondern das für die Region Typische herauszustellen.

Nicht nur Saumagen ...

Herbst an der Weinstraße. Die eingefahrene Ernte deckt den Tisch, die feuchte Erde riecht intensiv, die Farben von Blattwerk und Sandsteinmauern glänzen satt. Dann ist wohl die schönste Zeit für Spaziergänge oder Radtouren und die Einkehr danach. Das hunger- und durststillende Gastgewerbe sollte aber nicht auf die Sterne am Küchenhimmel verkürzt werden, deren Meisterschaft am Herd in Gourmetführern Anerkennung findet. Die ausschließlich von Winzern geführten **Straußwirtschaften,** die maximal vier Monate (erlaubt ist die Aufteilung auf zweimal) im Jahr geöffnet sein dürfen, warten, meist zur Saison, in jedem Fall zur Lese, mit einfachen, aber köstlich zubereiteten Gerichten auf. Die Probierstube wird dann zum Lokal, der Hof ebenfalls in die Bewirtung

einbezogen, deftige Kost kommt auf den Tisch: Hausmacher Brote mit Schwartenmagen, Leber- und Griebenwurst (Blutwurst) belegt, über Rebholzglut gegrillte Fleischspieße (Rebknorzespieß), Flammkuchen oder Zwiebelkuchen, der besonders gut zum »Neie« (neuer Wein) schmeckt. Speziell aber Weinstuben und Traditionsküchen haben ihren Anteil am gewachsenen Renommee.

In **Weinstuben,** das sagt schon der Name, geht es um Wein, der in Stuben ausgeschenkt wird. Aus Holz die Decken, Böden, Stühle – manchmal auch die Teller. Weinstuben muß man nicht näher beschreiben. Man muß sie sich fest und ›ohne Hummeln im Hintern‹ Glas um Glas ersitzen. Renommierte Traditionsstuben heißen von Nord nach Süd »Bockenheimer Weinstube«, »An der Bach« (Freinsheim), »Henninger« (Kallstadt), »Bach-Mayer« (Bad Dürkheim), »Schockelgaul« (Forst), »Weingut Dr Kern« (Deidesheim), »Keller's Keller« (Ruppertsberg), »Musikantenbukkel« (Neustadt-Haardt), »Eselsburg« (Neustadt-Mußbach), »Muglers Kutscherhaus« (Neustadt-Gimmeldingen), »Zur Herberg« (Neustadt), »Zehntkeller« (Leinsweiler) oder »Winzerkeller« (Schweigen-Rechtenbach). Da warten offene Weine und liebevoll angerichtete Hausmannskost wie Handkäs mit Musik (mit Essig, Öl und Zwiebel), Leberknödel mit Sauerkraut, Bratkartoffelgerichte, Fleeschknepp (Fleischklöße) mit Meerrettich und andere

Do werd die Worscht gemacht

Zutaten für den Saumagen

Auf »Weck, Worscht un Woi« (Brötchen, Wurst und Wein) wird das Pfalz-Image zuweilen von den Einheimischen selbst reduziert. »Do werd die Wutz (Schwein) geschlacht, do werd die Worscht (Wurst) gemacht«, schunkeln sie in den Festzelten und besingen solch Lebensphilosophie aus dem Bauch. Aus dem Bauch des Schweins, genauer

kraftvolle Vesper. Was dem Spanier der Knoblauch ist dem Pfälzer der Majoran, der auch im obligaten Saumagen nicht fehlt.

»Gut bürgerlich« will sich heute kaum mehr eine Küche nennen. Dabei kann man die bürgerliche Küchentradition so wunderbar interpretieren, wie dies **Traditionsküchen** tun, z. B. die »Gutsschänke Hensel« in Wachenheim. Dort nimmt man, was der Garten und die Rezeptbücher der Großmutter

schenken. Alles kommt ohne Schnickschnack, aber mit viel Kochkunst auf den Tisch. Bodenständig und gartenfrisch bereiten auch das »Pfalzhotel« (Asselheim), die »Jakobslust« (Grünstadt), der »Von-Busch-Hof« (Freinsheim), der »Honigsack« (Herxheim am Berg), die »Gutsschänke Schüle Erben« (Neustadt-Mußbach), das »Wein-Castell« (Edesheim), der »Sonnenhof« (Siebeldingen) oder das »Keschtehäusel« (Dörrenbach) ihre

aus dem Magen, kommt die derzeit bekannteste Spezialität. Er dient als Hülle für den inzwischen hoffähigen »Pfälzer Saumagen«.

Die Zeiten, als ein Bauer noch Bauer war und nicht aufgesplittert in Gärtner oder Tierzüchter, sind auch hierzulande passé. Das Schlachtfest im Herbst ist längst nicht mehr eingebettet in den Zyklus dörflichen Lebens, an dem alle beteiligt waren, wenn z. B. die Sau mit dem Schußapparat ins Jenseits befördert und dampfendes Blut von geübten Händen in Blutwurst verwandelt wurde.

Neben vielen guten Metzger-Handwerkern gibt es heute auch Spezialisten, die aus den Hausmacher-Fleischwaren ein Markenprodukt machen. Dazu gehören Wilhelm und Christian Speeter (Weisenheim am Berg/Hettenleidelheim), Wilhelm Trauth (Edenkoben) und Markus Hummel (Hainfeld), die Helmut Kohl und seine Staatsgäste mit Saumagen verwöhnen durften. Klaus Hambel indessen reüssierte als Saumagen- und Bratwurstlieferant des Deidesheimer Hofs zum Leib- und Magenmetzger des Bundeskanzlers aus der Pfalz. Aus Saumagen, Rippchen, Würsten und Leberknödel speist sich der Erfolg des Wachenheimer Wurstmachers. Zur Feinkost gekürt, kamen 1992 z. B. 150 kg Saumagen und 180 kg Blut- und Leberwürste zum Weltwirtschaftsgipfel nach München. Noch größere Mengen wurden 1996 von den Organisatoren der UN-Vollversammlung bestellt. Hambel-Erzeugnisse füllen weltweit in großen Feinkosthäusern die Regale. Man muß nicht Kanzler sein, um von Klaus Hambel ein Saumagenrezept oder eine Preisliste Pfälzer Wurstspezialitäten zu erhalten und seinen Paketdienst in Anspruch zu nehmen. (Metzgerei Klaus Hambel, Hintergasse 1, 67157 Wachenheim, ☎ 0 63 22/46 13, Fax 6 88 09.)

Gerichte zu. In solchen Restaurants darf man von der würzigen Kartoffelsuppe über besten Spargel oder andere Gemüse der Jahreszeit bis hin zum Spanferkel oder Gänsebraten und Rehrücken zuverlässige Küchenleistung erwarten.

Die große ›Klaviatur‹ der Weinstraßenküche spielen **Meister am Herd** wie Hueges Darroman (»Karlbacher«) in Großkarlbach, Utz Ueberschar (»Alte Pfarrey«) und Elisabeth Gissel (»Liz' Stuben«) in Neuleiningen, Manfred Schwarz (»Schwarzer Hahn«) in Deidesheim oder Dieter Luther (»Luther«) in Freinsheim. In ihren und den Töpfen und Pfannen anderer Spitzenköche brutzelt der Garten der Pfalz und würzt sich aus heimischen Kräutern. Die Blutwurst bekommt hier ein Mäntelchen aus Nudelteig und wird in Sauerkrautrahm serviert. Mannigfache Verheißungen erfüllen sich Gabel für Gabel.

Geschichte und Kultur

Daten zur Geschichte

Burgruinen und Klöster, Kirchen und Weinorte – Zeugen einer wechsel- vollen Geschichte

Landschaft – Zum Malen schön

Lebendige Kulturszene – Kleinkunst, Literatur und Theater

Schloß Villa Ludwigshöhe

Daten zur Geschichte

Ab 300 000 v. Chr.	Menschliches Leben in der Region läßt sich für die Alt- und Mittelsteinzeit sowie den Übergang von der Jäger- und Sammler- zur bäuerlichen Kultur während der Jungsteinzeit durch Einzelfunde belegen.
Um 750– 450 v. Chr.	Geschichtliche Relevanz erhält die Region mit der Besiedlung durch die Kelten. Herrschaftszentren in der Hallstattzeit (Ältere Eisenzeit), etwa im Gebiet der Limburg (Dürkheim), deuten auf Handelskontakte mit Mittelmeer-Hochkulturen hin.
450–100 v. Chr.	In der Jüngeren Eisenzeit (La-Tène-Kultur) entstehen befestigte Anlagen (Heidenmauer bei Dürkheim) als Domizile der keltischen Oberschicht.
Ab 58 v. Chr.	Seit Caesars Sieg über den germanischen Suebenführer Ariovist bei Muhlhouse (Elsaß) sind die Römer in der Pfalz militärisch präsent, die einheimische Bevölkerung (Kelten und Germanen) wird romanisiert.
Ab 85	In der Provinz »Germania Superior« entwickeln sich im Schutz römischer Kastelle die schon vor der Zeitenwende gegründeten Städte Speyer und Worms als Hauptorte des »Speyergaus« und »Wormsgaus«. Etwa ab dem 2. Jh. wird systematisch Weinbau betrieben (z. B. Gut Weilberg bei Ungstein), römische Landgüter (z. B. Villa Rustica bei Wachenheim, 3. Jh.) führen mediterrane Gemüse- und Obstsorten ein.
3./4. Jh.	Die Bistümer Speyer und Worms entstehen, den Christianisierungsprozeß unterbricht jedoch die Völkerwanderung.
Neujahr 407	Stichtag für die Völkerwanderung im pfälzischen Raum. Im Gefolge anderer germanischer Stämme siedeln die Alamannen in der Region, kollidieren mit den Franken und werden 496 von diesen besiegt. Durch Staatskrisen und Kriege mit Hunnen und Germanen geschwächt, erlischt 476 das weströmische Reich. Damit geht die antike Ära zu Ende.
Ab 500	An die Spitze der von den Römern übernommenen Gaueinteilung, also auch Speyer- und Wormsgau, setzen die Franken Gaugrafen als oberste königliche Beamte.
623/626	Der Merowingerkönig Dagobert I. stiftet die Abteien Weißenburg (Elsaß) und (vermutlich) Klingenmünster.
768–814	Kaiser Karl der Große erläßt Weingesetze, z. B. das Verbot der Lagerung in Tierfellen; er gilt auch als ›Erfinder‹ der

Straußwirtschaft (Kennzeichnung des Ausschanks in Reichsgütern durch Aushängen von Sträußen).

843 Vertrag von Verdun: Bei der Teilung des Reichs Karls des Großen erhält Ludwig der Deutsche das ostfränkische Reich, darunter auch Teile des Speyer- und Wormsgaus.

Um 900 Wegen der Normannen- und Ungarnangriffe werden große Fliehburgen angelegt, etwa die Heidenlöcher (bei Deidesheim) oder die Schlössel-Anlage (bei Klingenmünster).

Ab 1025 Mit dem Salier Konrad II., u. a. Graf im Speyergau mit dem Stammsitz Limburg, 1024 deutscher König, 1027 in Rom zum Kaiser gekrönt, beginnt die Blütezeit der Pfalz. Konrad II. baut seine Burg zur Abtei Limburg um, deren Kirche zum Vorbild des Speyerer Doms (1030) wird.

Friedrich I. Barbarossa (links) und Konrad II. (rechts)

1106–25	Kaiser Heinrich V. sichert die salischen Königsgüter durch Burgen, die zum Teil sein Schwager Herzog Friedrich von Schwaben, der Einäugige, (aus-)baut.
1152–90	Unter dem Staufer Kaiser Friedrich I. Barbarossa ist das nördliche Oberrheingebiet, wozu auch die Pfalz gehört, die »vis maxima imperii« (größte Kraft des Reiches). Ein Burgensystem entsteht um die Reichsburg Trifels, wo 1125–1298 (überwiegend) die Reichskleinodien verwahrt werden.
1156	Friedrich Barbarossa verleiht seinem Halbbruder Konrad von Staufen den Titel »Pfalzgraf bei Rhein« (Reichsrichter und Stellvertreter des Königs) und belehnt ihn mit salischem Königsgut. Das Amt wird so zum Namensgeber des Landes »Pfalz«.
1193	Als Gefangener Kaiser Heinrichs VI. hält sich der englische König Richard Löwenherz auch auf dem Trifels auf.
1198	Die Pfalzgrafen bei Rhein steigen zu Kurfürsten auf.
Ab 13. Jh.	Mit der Erblichkeit der Lehen wächst die Macht der Territorialherren, etwa der Grafen von Leiningen, Grafen von Zweibrücken, Kurfürsten von der Pfalz. Dies und vermehrt kirchlicher Besitz (Hochstift Speyer, Klöster) führt zur Zerstückelung des Landes. Zahlreiche Fehden begleiten den Verlust königlicher Macht.
1214	Kaiser Friedrich II. überträgt die Pfalzgrafschaft an Herzog Ludwig I. von Bayern aus dem Hause Wittelsbach.
1219	Friedrich II. verleiht Annweiler als zweiter Stadt der Pfalz nach Speyer das Stadtrecht.
1262	Zisterzienserinnen ziehen von Harthausen (bei Speyer) nach Edenkoben (Kloster Heilsbruck) um.
1273–91	König Rudolf I. von Habsburg will mit Stadtrechtsverleihung (Neustadt) und Reichsstadtprivilegien (Landau) Königsmacht sichern. Unter den Nachfolgern des im Speyerer Dom begrabenen Herrschers wird die Pfalz zum Randgebiet.
1329	Im Vertrag von Pavia trennen sich die Wittelsbacher in eine pfälzische und bayerische Linie.
1400–10	Kurfürst Ruprecht III. ist deutscher König (Ruprecht I.). Nach seinem Tod wird das Erbe in die Linien Zweibrücken-Simmern, die Kurpfalz, Mosbach und Neuburg/Oberpfalz geteilt.
Ab 1460	Dem Zwist zwischen Kurfürst Friedrich I., dem Siegreichen, (der »böse Fritz«) und den Leiningen-Hardenburgern fallen zahlreiche Ortschaften, u. a. auch Dürkheim, zum Opfer.
1504	Im Bayerischen Erbfolgekrieg wird das kurpfälzische Kloster Limburg von den Leiningen-Hardenburgern niedergebrannt.

1521   Die Reichsstadt Landau tritt dem elsässischen Zehnstädte-
                bund (Dekapolis) bei.

1521–60   Nach dem Reichstag zu Worms breitet sich die Reformation
                rasch aus. Bis auf das Hochstift Speyer werden alle Territo-
                rien der Region durch ihre Landesherrn evangelisch. 1529
                kommt es auf dem 2. Speyerer Reichstag zur »Protestation«
                der evangelischen Landstände gegen das Wormser Edikt.

23. April   Mit dem Zug des »Nußdorfer Haufens« (Südpfalz) beginnt
1525   der Bauernkrieg in der Pfalz. Nach dem Scheitern des »For-
                ster Vertrags« mit Kurfürst Ludwig V. vereinigen sich der
                Nußdorfer und Bockenheimer Haufen bei Neustadt. Am
                23./24. Juni töten kurpfälzische Truppen in der Schlacht bei
                Pfeddersheim (nordöstlich Bockenheims) 4000 Bauern.

1562–73   Die reformierten pfälzischen Kurfürsten heben Klöster wie
                Heilsbruck, Stift Klingenmünster und das Augustiner-Chor-
                herrenstift in Neustadt auf.

1578–84   Pfalzgraf Johann Casimir macht Neustadt kurzzeitig zur Uni-
                versitätsstadt (Casimirianum).

Pfalzgraf
Johann
Casimir

»Hinauf Patrioten, zum Schloß, zum Schloß!«

»Zug auf das Hambacher Schloß 1832«

Am Morgen des 27. Mai 1832 brach eine unübersehbare Menschenmenge vom Marktplatz in Neustadt auf, um auf die Anhöhe der Kästenburg oberhalb des Dorfs Hambach zu ziehen. Schon am Vorabend hatten Glocken, Böllerschüsse und Freudenfeuer die erste große Demonstration des Volkswillens eingeläutet, die als »Hambacher Fest« Geschichte machen sollte. Von der bayerischen Regierung verboten, dann, nach stürmischen Protesten aus der Bürgerschaft, auf die Einwohner »Rheinbaierns« beschränkt, verhalf das obrigkeitliche Lavieren dem »Fest der Hoffnung« zu ungeahnter Popularität. Es mauserte sich unversehens zum »Nationalfest der Deutschen«.

Als nach Pressezensur und dem Verbot liberaler Zeitungen die bayerische Regierung auch Flugblätter und Maueranschläge untersagte, schuf sich der Bürgerunmut mit Festversammlungen ein neues Forum gegen den von oben verpaßten Maulkorb. Das »Hambacher Fest« war daher zunächst Teil einer Kampagne zur Unterstützung des »Preßvereins«, der als erste Parteiengründung des deutschen Liberalismus verstanden werden kann. Schon der Festaufruf mutierte indes zur Generalabrechnung mit dem Deutschen Bund und seinen 39 Einzelstaaten und wurde von den Pfälzern auch als solche verstanden. Man fürchtete den Verlust der französischen »Institutionen« aus der Napoleon-Ära wie freie Meinungsäußerung und unabhängige Rechtsprechung, die König Ludwig I. bisher garantiert hatte. Winzer und Kaufleute wehrten sich gegen die »Mauth«, die die Pfalz von allen Traditionsmärkten isolierte. Die Dürkheimer protestierten mit einer schwarzen Fahne samt Inschrift »Die Weinbauren müssen trauren« und dem Lied: »Wir wohnen in dem schönsten Land auf Erden, von Gottes Segen voll; doch müssen wir noch all zu Bettlern werden, durch den verdammten Zoll!« Die Burschenschaftler forderten die fürstlichen Versprechen aus den Freiheitskriegen ein. Am Pariser Juliaufstand (1830) entzündete sich die Hoffnung des Bürgertums auf eine Revolution in Deutschland, auch wenn das mit dem Scheitern des Polenaufstands (1830/31) gegen das Zarenregime eben einen Dämpfer erhalten hatte. Allerorten gründeten sich Polenvereine, eine Abordnung der Exilanten zog mit aufs Schloß, die Nationalflagge tragend inmitten eines Zugs »deutscher Frauen und Jungfrauen« aus Neustadt. Auch die Emanzipation der Frau hatte man sich an die Fahnen geheftet.

Vor der Ruinenkulisse proklamierte man Freiheit, Einheit, Volkssouveränität, ein konföderiertes republikanisches Europa und sogar die Vision eines Völkerbunds. Am Fuße des Turms, auf dem Neustadter Bürger eine mit »Deutschlands Wiedergeburt« beschriftete Fahne in den verbotenen Burschenschaftsfarben Schwarz-Rot-Gold aufgezogen hatten, war die Rednertribüne aufgebaut. Ernst Moritz Arndts Lied aus den Befreiungskriegen (1813–15) »Was ist des Deutschen Vaterland?« oder der »Deutsche Rundgesang«, eine unverblümte Aufforderung zur Verjagung der Fürsten, vor allem aber die über 20 Hambacher Reden voller Idealismus und Pathos mußten der Obrigkeit wie Revolutionsfanfaren in den Ohren klingen.

Hauptredner mit dem politisch höchsten Wirkungsgrad waren zweifellos die Journalisten Philipp Jak. Siebenpfeiffer und J. G. August Wirth. Aber auch andere, wie der junge Advokat Daniel Pistor aus Bergzabern mit sozialrevolutionären Ideen, entpuppten sich als glänzende Rhetoriker.

Die ganze Nacht hindurch »wurde geschossen, gefressen und gesoffen und jubiliert«, berichtet ein Augenzeuge. Tags darauf versammelten sich etwa tausend Demokraten im Neustadter »Schießhaus« und im Hause Schopmann, um über das weitere Vorgehen zu beraten: Republik oder konstitutionelle Monarchie? Revolution oder Reform? Man kam zu keinem Ergebnis. Kurzfristig gewählte Delegierte aus den »deutschen Gauen« erklärten sich mehrheitlich als »nicht kompetent«.

Der »Hambacher Skandal« bot Fürst Metternich und dem Deutschen Bund willkommenen Anlaß, mit verschärften Gesetzen die demokratische Bewegung zu zerschlagen. Der Prozeß gegen die »Rädelsführer«, allen voran Siebenpfeiffer und Wirth, wegen Anstiftung zum Aufruhr endete mit umjubelten Freisprüchen. Folgeprozesse aber wegen »Majestätsbeleidigung« brachten den Demagogen jahrelange Kerkerstrafen ein, sofern sie sich dem nicht durch Flucht, Exil oder Emigration entzogen hatten.

1842 schenkten königstreue Bürger, die neuen Besitzer, Bayerns Kronprinz Maximilian das Schloß zur Hochzeit. (Hambacher Schloß, ☏ 0 63 21/3 08 81, März–Nov., Mo–So 9–18 Uhr.)

1618–48	Mit dem Dreißigjährigen Krieg beginnt das schlimmste Jahrhundert der pfälzischen Geschichte. Nach Kriegsende ist das Land entvölkert, die Weinberge versteppen. Kurfürst Karl Ludwig (Residenz: Heidelberg) holt Holländer, Schweizer, Tiroler und Hugenotten ins Land. Im Westfälischen Frieden (1648) gerät Landau unter französischen Schutz.
1672–78	Der französisch-holländische Krieg bringt erneut Verwüstung ins Land.
Seit 1679	Die Reunionspolitik des französischen Königs Ludwig XIV. hat zum Ziel, zur Rheingrenze vorzustoßen. Landau wird 1689–91 zur Festung ausgebaut.
1688–97	Pfälzischer Erbfolgekrieg: Nach dem Tod Kurfürst Karl Ludwigs beansprucht Ludwig XIV. Teile der Pfalz als Erbe seiner Schwägerin Elisabeth Charlotte (Liselotte von der Pfalz). Seiner Politik der verbrannten Erde fallen fast alle Dörfer, Städte, Burgen zum Opfer. Im Frieden von Rijswijk werden Landau, Schweigen und südpfälzische Gebiete des Hochstifts Speyer französische »Souveränitätslande«.
Ab 1701	Mit dem Spanischen Erbfolgekrieg auf pfälzischem Boden beginnt die Massenauswanderung, zunächst in die Neue Welt, später auch u. a. nach Preußen, Rußland und Galizien.

1777	Nach dem Aussterben der bayerischen Wittelsbacher gehören die Pfalz und Bayern wieder zusammen. Kurfürst Karl Theodor verlegt Macht und Hof von Mannheim nach München.
Ab 1792	Die Pfalz wird Kriegsschauplatz. Aus zunächst offener Sympathie für die Französische Revolution wegen Aufhebung der Feudallasten werden 32 südpfälzische Gemeinden 1793 Teil des elsässischen Départements »Bas-Rhin«. Die Eingliederung der nördlichen Pfalz ins Département Mont Tonnerre (Donnersberg) beendet die territoriale Zersplitterung. Die Pfalz erhält französisches Recht (Code civil).
1816/38	Im Münchner Vertrag (1816) fällt die (linksrheinische) Pfalz an das Königreich Bayern. Der »Rheinkreis« wird 1838 in »Pfalz« umbenannt.
1818	Lutheraner und Reformierte schließen sich zur Kirchenunion zusammen.
27. Mai 1832	Das »Hambacher Fest« gegen das reaktionär abdriftende Bayern König Ludwigs I. propagiert Demokratie, Freiheit und ein konföderiertes Europa. Die Demagogen wandern ins Gefängnis oder in die Emigration.
1847	Mit der »Ludwigsbahn« von Ludwigshafen nach Neustadt bzw. Speyer beginnt das Industriezeitalter in der Pfalz.
1848/49	Aus Empörung über das Scheitern der Reichsverfassung (1848) sagen sich die Pfälzer von Bayern los. Nach Niederschlagung des Aufstands durch preußische Truppen des »Kartätschenprinzen« (ab 1871 Kaiser Wilhelm I.) kommt es durch das bayerische Strafgericht zu einer politischen Emigrantenwelle.
1870/71	Im Deutsch-Französischen Krieg wird Elsaß-Lothringen erobert, die Pfalz rückt aus der Grenzland-Position.
1919	Durch den Versailler Vertrag ist die Pfalz erneut Grenzland und bis 1930 französisch besetzt.
1919–24	Separatistische Bewegungen wie »Autonome Republik der Pfalz« propagieren die Trennung vom Deutschen Reich.
19./20. Oktober 1935	Proklamation der »Deutschen Weinstraße« durch NSDAP-Gauleiter Josef Bürckel. 1936 wird das Weintor in Schweigen eingeweiht.
1938	Der »Westwall« (Südpfalz) wird gegen die französische »Maginotlinie« und zur Kriegsvorbereitung gebaut.
1939–45	Bei Ausbruch des Zweiten Weltkriegs werden die Bewohner der »Roten Zone« (Südpfalz) evakuiert. 1940 läßt Gauleiter Bürckel die letzten jüdischen Pfälzer ins KZ Gurs deportie-

Die Palatines von der Weinstraße

Vor einigen Jahren lief der Film »Der einzige Zeuge« in den Kinos. Die Protagonisten der Handlung, die »Amish-People«, eine fundamentalistisch-religiöse Gruppierung der Mennoniten, sprachen reinstes, etwas antiquiertes Pfälzisch. Die Wurzeln pfälzischer Siedlungen in Pennsylvania/USA reichen ins Jahr 1683 zurück, als der englische Quäker William Penn anfing, Siedler für seinen überseeischen Besitz anzuwerben.

Das Beispiel der ersten Mennonitenfamilien schürte auch die Hoffnung anderer. Anno 1708/09 lastete ein bitterer Winter über dem Land, die Weinberge wurden auf Jahre hinaus vernichtet. Damals begann der Exodus Tausender verzweifelter Pfälzer vor Hungersnot, Kriegsfolgen und Fürstenwillkür. Über Jahrhunderte hinweg sollten viele der Heimat aus mancherlei Gründen den Rücken kehren. An der Donau, Wolga, in Spanien, Brasilien oder Cayenne ließen sie sich nieder. Die meisten aber zog es in immer neuen Schüben nach Nordamerika. »Palatines« wurde zum Synonym für alle deutschen Immigranten. 1764 betrat Johann Adam Hartmann aus Edenkoben amerikanischen Boden, geflüchtet wegen des Verdachts auf Wilderei. Er machte sich als Beschützer der Siedler an der ›Indianergrenze‹ einen Namen, im Unabhängigkeitskrieg avancierte er zum populärsten Waldläufer im Staat New York. 1836 starb er 92jährig, ein »großer Patriot«, wie sein Grabstein bestätigt. Für Generationen junger Leser aber wurde er unter dem Namen »Lederstrumpf« ein Begriff. Der greise Scout verbrachte seinen Lebensabend nahe Cooperstown, dem Domizil des Romanciers James Fenimore Cooper, und wurde zum Vorbild für die Erzählungen vom edlen Waldläufer. Edenkoben hat Hartmann mit dem Lederstrumpfbrunnen ein Denkmal gesetzt.

Verkörpert Hartmann den amerikanischen Pioniergeist, so gehört der Landauer Konrad Krez (1828–97) zur Kategorie der politischen Flüchtlinge, die sich nach dem gescheiterten Pfälzer Aufstand von 1849 ins Ausland absetzten. Der Jurastudent, Verfasser flammender Freiheitsgedichte sowie einer Proklamation zum gewaltsamen Sturz der Fürsten, wurde aufgrund einer Denunziation, er plane im Auftrag der »Studentenlegion« ein Attentat auf König Ludwig I. von Bayern, in Abwesenheit zum Tode verurteilt. Über Straßburg kam er 1851 nach New York, wurde Rechtsanwalt, Zeitungsherausgeber, Bürgerrechtler, siebenfacher Familienvater und stieg im Bürgerkrieg zum Brigadegeneral auf. Krez' Briefe und Gedichte »Aus Wisconsin« sind einfühlsame Zeugnisse der Emigration.

Für die hervorragendsten Köpfe der Einwanderergeneration um die Mitte des 19. Jh. erschöpfte sich der ›amerikanische Traum‹ nicht in Wohlstand und Macht, sondern war vielmehr eine Vision von Recht und Freiheit. Thomas Nast (1840–1902) kam schon als Kind in die Staaten. Mit spitzer Feder war er jahrzehntelang das politische Gewissen der Union. Seine Cartoons, vorzugsweise in »Harpers Weekly«, bekämpften vehement Machtgier und Rassismus. »Esel« und »Elefant«, die Symbole der amerikanischen Parteien, sind seine Schöpfungen, ebenso wie das Dollarzeichen und die dem pfälzischen »Belzenickel« entlehnte Santa-Claus-Figur (s. a. S. 180). Im zweijährigen Turnus vergibt seine Heimatstadt Landau den »Thomas-Nast-Preis« an je einen Karikaturisten aus den USA und Deutschland.

Auch das amerikanische Kapital verdankt der Pfalz einige markante Persönlichkeiten. Der Speyerer Beamtensohn Heinrich Hilgard (1835–1900), ein Student ohne Fortüne, versuchte sich in Übersee in allerlei Berufen und machte schließlich sein Glück als Präsident der Northern Pacific Railways. Der ›Eisenbahnkönig‹ und Kosmopolit bedachte seine Heimatstadt mit zahlreichen wohltätigen Stiftungen. Hermann Hollerith (1860–1929) wurde als Sohn eines Hambachers (s. S. 140) aus Großfischlingen schon in den USA geboren. Die folgenschwerste Erfindung des Bergwerksingenieurs, das Hollerith-Lochkartensystem (1889), gab die Initialzündung zur Datenverarbeitung. Aus seiner Firma Tabulating Business Machines Corporation erwuchs der Computer-Gigant IBM.

Daß man mit Tomaten die Welt verändern kann, bewies der Sproß einer Kallstadter Auswandererfamilie. Henry John Heinz (1844–1919) handelte bereits vom achten Lebensjahr an mit selbst angebautem Gemüse. Durch sein »Hot Tomato Ketchup«, im 1869 gegründeten Familienunternehmen produziert, legte der Selfmademan den Grundstock für einen der weltweit mächtigsten Lebensmittelkonzerne. Ohne Heinz-Ketchup keine Hot-Dog-Generation – auch nicht an der Weinstraße.

Last not least – der King of Rock and Roll stammt allem Anschein nach aus der Pfalz! Elvis' Großonkel und Familienforscher Donald W. Presley (Little Rock) tippt auf Hochstadt (bei Landau) als Herkunftsort. 1710 wurde Johann Valentin Pressler, »winedresser« (Winzer) von Beruf, mit Frau und fünf Kindern als Einwanderer registriert, ein Nachfahre anglisierte sich während des Bürgerkriegs in »Presley«.

ren. Alliierte Luftangriffe zerstören 1942/44/45 die Innen-
städte Grünstadts, Bad Dürkheims, Annweilers und Landaus.

1947   Die Pfalz wird Regierungsbezirk des neuen Landes Rheinland-Pfalz (1946), das seine Landesverfassung erhält.

1986   Deutschland und Frankreich lösen per Vertrag das »Seque-
ster«-Problem (Grundbesitz im Elsaß). Die während des
Zweiten Weltkriegs zwangsverpflichteten Elsässer werden
entschädigt.

1995   Das »Haus der Deutschen Weinstraße« in Bockenheim
(s. u.) wird eingeweiht.

»In Ehren alt, vernarbt und bieder ...« – Die Burgen

Fruchtbares Land, mildes Klima, die Ebene von einem mächtigen Strom durchschnitten – beste Faktoren also für eine frühe und dichte Besiedlung –, dazu Bergkegel als natürlicher Ausguck und Wald waren ein ideales Umfeld für Burgen. Noch als Ruinen geben sie der Haardt und dem Pfälzerwald einen trutzig-romantischen Touch. Die Heidenlöcher oberhalb von Deidesheim fallen noch nicht in die Kategorie dessen, was man sich gemeinhin unter einer Burg vorstellt. Die frühmittelalterliche, von Ringwällen umgebene Fliehburg sollte zur Zeit der Normannen- und Ungarneinfälle (um 900) der Bevölkerung als Rückzugsort dienen. Eine ähnliche Anlage bei Klingenmünster wurde Anfang des 12. Jh. in das »Schlössel« integriert. Dieses in der Pfalz einzige Zeugnis einer rein salischen Turmburg (Motte) erbaute im Auftrag Kaiser Heinrichs V. vermutlich Herzog Friedrich von Schwaben, genannt der Einäugige, dem man nachsagte, er habe am Schweif seines Pferdes immer eine Burg nach sich gezogen. Von der ihm ebenfalls zugeschriebenen Burg Winzingen (Haardter Schloß) bei Neustadt sind noch Reste erhalten.

Zum Tummelplatz für hocharistokratische, in Reaktion darauf königlich-kaiserliche und schließlich niederadelig-ritterliche Burgenbauer wurde die Pfalz ab dem 11. Jh., als sie zum Kernland des Reichs aufstieg. Markenzeichen der nachfolgenden staufischen Bauepoche ist der mächtige Bergfried, um den sich Wohngebäude einschließlich des herrschaftlichen Palas, Burgkapelle, Ställe, Werkstätten, Ring- und Schildmauer gruppierten.

Wie ihre Vorgänger kannten die Staufer noch keinen festen Regierungssitz, zogen mit ihrem Troß durch die Königsgüter des Reichs, hielten Hof, sprachen Recht, stifteten Klöster, gründeten Städte, belehnten Gefolgsleute mit Königsland. Sie nutzten dabei uralte Straßen, auf denen schon die Kelten Handelsgüter befördert hatten und römische Legionäre marschiert waren. Die Ost-West-Verbindung führte von Speyer bzw. Worms über Neustadt bzw. Dürkheim nach Kaiserslautern, die Süd-Nord-Verbindung von Weißenburg über Alzey nach Mainz. Zur Sicherung dieser lebensnotwendigen Adern, zu denen die Achse Hagenau (die Lieblingspfalz der Staufer im Elsaß) – Kaiserslautern hinzukam, zum Schutz der Klöster, Städte und Dörfer und nicht zuletzt der Reichsfeste Trifels entstand ein Burgensystem sonder Beispiel.

Der dreigeteilte Felsen (Trifels) hatte schon eine Holzburg der Ottonen (10. Jh.) und seit etwa 1100 eine steinerne der Salier getragen, als die Stauferherrscher daran gingen, den Bergfried (um 1200) in der neuen Buckelquadertechnik zu

Stauferburg Trifels

errichten. Ungewöhnlich ist seine Mehrfunktionalität – nicht nur letzter Zufluchtsort bei Belagerung, sondern zugleich Burgzugang und Kapelle, unüblich auch der direkte Anbau des Palas. »Wer den Trifels hat, hat das Reich«, hieß es, denn er war zur Stauferzeit Hüter der Reichskleinodien und -insignien. Im Dreißigjährigen Krieg aufgegeben, wurde die Ruine im »Dritten Reich« zur NS-Ordensburg wiederaufgebaut.

Die Burgenkette setzt sich nach Norden mit Ramburg, Neuscharfeneck, Meistersel, nach Süden mit Scharfenberg, Neukastel, Madenburg, Landeck und Guttenberg fort. Burg Landeck, Schutz des Klosters Klingenmünster, hat mit seinem, in der vieleckigen Kernanlage freistehenden Bergfried das Staufererbe noch eindrucksvoll konserviert.

Burgen als Statussymbol – nicht nur für die großen, sondern auch die kleinen Herrschaften. Typische Beispiele sind Rietburg und Kropsburg. Die ›Großen‹ stießen nach dem Schwinden der Reichsgewalt ins machtpolitische Vakuum hinein. So sicherten im 13./14. Jh. die Pfalzgrafen mit der Wolfsburg das etwa zur gleichen Zeit gegründete »Niuwenstat« (Neustadt). Die Speyerer Bischöfe zogen damals auf dem Bergkegel bei Neustadt anstelle einer salischen Burg die Kästenburg (Hambacher Schloß)

hoch. Im 19. Jh. träumte auf deren Ruine Bayerns Kronprinz Maximilian von einem zweiten Hohenschwangau. 1982 wurde zur Hundertfünfzigjahrfeier des »Hambacher Fests« das Denkmal der Demokratie instand gesetzt.

Die dritte Großmacht der Region, die Grafen von Leiningen, waren als Burgenbauer vornehmlich im Gebiet der nördlichen Weinstraße aktiv: Neuleiningen (1238–41) huldigt mit dem durch

Kreuzritter zunächst nach Burgund verpflanzten Kastelltyp orientalischen Vorbildern, was es selbst als Ruine nicht leugnen kann. Die imposante Hardenburg wurde im 16. Jh. zur Residenz umgebaut und verstärkt. Wachsende Komfortansprüche machten nun aus manch engen, ungemütlichen Behausungen ein Schloß, so auch aus Burg Altleiningen, die eh gerade im Bauernkrieg zerstört worden war. In Bergzabern modelten die Herzöge von Pfalz-Zweibrücken, die politische Kraft im Wasgau, ihre Wasserburg ab 1526 zum vierflügeligen Schloß um.

Als einziges ›echtes‹ Schloß an der Weinstraße präsentiert sich die klassizistische Villa im italienischen Stil König Ludwigs I. von Bayern unterhalb der Rietburg. 1845–52 als Sommerresidenz von Friedrich von Gärtner erbaut, zieht Schloß Villa Ludwigshöhe schon von weitem die Aufmerksamkeit auf sich.

Fachwerkarchitektur in Annweiler: Keyser'sches Haus am Rathausplatz

Eine Kette von Perlen – Die Weinorte

Alteingesessen in den Dörfern sind Winzergehöfte in Hakenform, meist mit giebelständigem, zur Weinlagerung hochunterkellertem Wohnhaus, Wirtschaftsgebäuden und Scheune im rechten Winkel dazu.

Bei Dreiseithöfen kam ein »Nebenhäusel« hinzu. Den Innenhof schließen in der Regel Rundbogentore in zwei Varianten ab: zwei nebeneinander, wobei die kleinere Fußgängerpforte »Nadelöhr« heißt oder ein einziges großes, in das ein kleineres eingelassen ist. Häufig gibt ein kunstvoller Schlußstein des Torbogens Kunde vom Beruf des

Erlebnistag Deutsche Weinstraße

Vom Rad absteigen und schieben, in den Ortszentren geht gar nichts mehr. Eingekeilt in die Menge, Vorder- an Hinterrad, Klingelkonzerte als launige Begleitmusik zu Dixie-Jazz, Schunkelmusik, heißem Rock in Höfen und auf Plätzen. Düfte machen hungrig, Dampnudle mit Woisoß, Servela (Bockwurst), Flammkuchen, Handkäs mit Musik. Erlebnistag, wetterwendisch zuweilen, mal knallige Sonne, mal bedeckt, ein kleiner Wolkenbruch, kein Einbruch, erst recht nicht in die Stimmung. Den Engpaß hinter sich lassen und hinaus in die Natur, den nächsten Buckel hinaufgestrampelt, die Kehle dörrt langsam aus, Durstlöscher sind gefragt. Erst mal eine Flasche Sprudel, dann eine Schorle. Weiter zum nächsten Stand, einen freien Platz suchen in Winzerhöfen, auf Gasthausterrassen, unter schattigen Bäumen oder improvisiert auf dem Scheitelpunkt eines Hügels am Rande der Weinberge – Sonnenschirme, Bänke, Tische, mehr braucht es nicht.

Jetzt ein Glas Wein oder Sekt, das Angebot ist reichlich und durchweg gut. Die Hügel hinabrollen, ein beglückendes Gefühl, Raser haben keine Chance. An die 400 000 Menschen sind unterwegs, Radler, so weit das Auge reicht, Vereine, Gruppen, Familien, Kleinkinder auf winzigen Rädern oder im Anhänger ans elterliche Gefährt gekoppelt. Inline-Skater gleiten dahin, auf den Radwegen wandert das Fußvolk. Den Tag ausklingen lassen, mit Tischnachbarn ins Gespräch kommen, aufbrechen, wenn die Autos wieder fahren dürfen. Alla tschüs! Bis zum nächsten Jahr, wenn am letzten Augustsonntag wieder von 10 bis 18 Uhr rund 75 km Weinstraße autofrei sind, von Kirchheim bis Schweigen. Übrigens, die Chancen stehen nicht schlecht, daß schon 1998 der restliche Norden bis Bockenheim eingebunden sein wird.

(früheren) Besitzers: Hufeisen, Brezel, Ochsenkopf, Mühlrad und natürlich Sesel (Winzermesser) oder Weintraube als Winzer-Symbole. Von Norden nach Süden hin mischt sich die Massivbauweise mehr und mehr mit fränkischem Fachwerk, das die Handschrift elsässischer Zimmerleute verrät, aber kriegs- und armutbedingt vergleichsweise schlicht ist. Dörrenbach, St. Martin sowie die Städte Annweiler und Neustadt zeigen indes zum Teil reichen Schmuck an Erkern und Eckständern.

Als Weingutsbesitzer der Edelweinorte Wachenheim und Deidesheim im 19. Jh. u. a. mit ersteigertem Adels- oder säkularisiertem Klosterbesitz ihre Anbauflächen vergrößerten und dank Qualität, Verkaufs- und Heiratsgeschick zu Wohlstand kamen, erwarben oder bauten sie von Parks umgebene Häuser. Barocke, klassizistische und historistische Villen der ›Flaschenbarone‹ prägen bis heute das Bild dieser Orte. In Landau entstanden nach 1871 statt der Festungsbollwerke ganze Häuserzeilen im Stil des Historismus. Bemerkenswert ist dort auch die Festhalle, ein Kleinod des Jugendstils.

Der Phase der Modernisierung fiel seit den 1950er Jahren einiges zum Opfer. Einmal begangene Bausünden lassen sich nicht mehr rückgängig machen, aber so manche Scheußlichkeit konnte verhindert werden, seit das Bewußtsein für das Typische der Weinstraßenlandschaft wuchs. Ganze Ortskerne sind inzwischen zur Denkmalzone erklärt worden und verpflichten ihre Bewohner zum behutsamen Umgang mit der Vergangenheit. Zunehmend werden auch Neubaugebiete von einer neuen Architektengeneration traditionsbezogen eingepaßt. Großen Anteil daran haben Prämierungen des »Arbeitskreises Deutsche Weinstraße«, auch Wettbewerbe wie »Unser Dorf soll schöner werden« wirken sich positiv aus. Mit der Erkenntnis, daß Pfalztouristen sich nicht optisch etwa in Oberbayern wiederfinden wollen, wuchs der Ehrgeiz der Gemeinden, preiswürdige Kriterien zu erfüllen.

Typisch für die Region sind **Weinberghäuschen**, die inmitten der Rebstockzeilen an exponierter Stelle sitzen. Archaisch anmutende Modelle mit ovaler Kuppel, als Form vermutlich von Kreuzfahrern importiert, gibt es nur um Bockenheim. Besonders schön interpretiert ein klassizistisches Tempelchen mit Säulenportal zwischen Maikammer und Edenkoben den südländischen Geist der Landschaft.

Kirchen »zum Lob und zur Ehre Gottes«

»Es war, als ob die ganze Erde ihr Alter von sich geschüttelt hätte und sich nun überall in ein weißes Kirchengewand kleidete«, faßte der Mönch Radulfus Glaber aus der Abtei Cluny (zitiert nach Richard W. Gassen) die Gefühle der Menschen um die erste Jahrtausendwende zusammen. Als das prophezeite Jüngste Gericht ausgeblieben war, setzten sich in einem gewaltigen Bauboom Kräfte zur Ehre Gottes frei. Die Kirchen kleideten sich in ein rotsandsteinernes Gewand, dessen Material im Pfälzerwald in Hülle und Fülle bereitlag. Kurz nach der Gründung des Benediktinerklosters Limburg (1025) schuf sich der Salier Konrad II. mit dem

Die prot. Kirche in Quirnheim mit einem dreigeschossigen runden Treppenturm aus dem 12. Jh.

Kloster Limburg

So manche Sage rankt sich um Kloster Limburg bei Bad Dürkheim. Beim Bau soll sogar der Teufel die Hand im Spiel gehabt haben. Demnach habe es ihn, auch wenn er die Pfalz an den lieben Gott abgetreten hatte, so dann und wann gelüstet, in ihren Gefilden zu spazieren. Dabei kam er eines Tages an eine riesige Baustelle hoch über dem Tal der Isenach. Dort wimmelte es vor Handwerkern und Fronbauern, die Steine schleppten, Bäume fällten, mauerten, zimmerten, dazwischen huschten Leute in Kutten umher. Satan schnappte Bemerkungen auf wie die Refektorien, Aufenthalts-, Schlafräume und Ökonomiegebäude seien nun soweit fertig, daß man die neuen Fundamente ausheben könne. Neugierig fragte er, was man denn baue, worauf ein Spaßvogel antwortete: »Ein Wirtshaus!« Das gefiel ihm, und so bot er seine Hilfe an. Zuerst wurde ein quadratisches Loch in den Fels gebrochen, ummauert, frei stehende Säulen trugen ein Kreuzgewölbe. Das nannten sie Krypta.

Damit beschäftigt, Sandsteinblöcke herbeizuschleppen, erkannte der Teufel weder die Vierung, noch die Kreuzform der Fundamente für die dreischiffige Säulenbasilika. Der Bau wuchs empor: Chor über der Krypta, Nebenapsiden, Querhaus, Langhaus mit Flachdecke, dann Westbau mit kreuzgewölbter Vorhalle und Paradies, alles aus dem Grundmaß des Vierungsquadrats entwickelt. Mauern aus Bruchstein, Pfeiler und Gewändestücke aus Quadern, verziert durch Rundbogenfriese und Lisenen, Rund-, Sechseck- und Rundbogenfenster, sich verjüngende Säulen mit Würfelkapitellen – vollendete Harmonie, ein wahrhaft königlicher Bau! Als der achteckige Vierungsturm fertig war, fiel es dem Teufel plötzlich wie Schuppen von den Augen: Er war betrogen worden! Wutheulend jagte er davon, ergriff jenseits der Isenach einen ungeheuren Felsbrocken und setzte zum Zerstörungswurf an. Da läuteten mit einemmal in der Abtei alle Glocken, inbrünstige Gebete gingen gen Himmel, und siehe da: Der Felsen wurde weich wie Wachs und entglitt Satans Klauen, worauf er sich unflätig fluchend davonmachte. Noch heute kann man auf dem »Teufelsstein« die Abdrücke seiner mächtigen Pranken erkennen.

Eine weitere Legende erzählt, Kaiser Konrad II. sei nach der Grundsteinlegung für Kloster Limburg im Galopp gen Speyer geritten, um am selben Tag das Startzeichen für den Dombau zu geben. In Wahrheit gründete er die Benediktinerabtei 1025, kurz nach seiner Wahl zum deutschen König und fünf Jahre vor Speyer. Der mit dem Bau beauftragte Abt Gumbert (gest. 1035) sollte eigentlich aus der salischen Stammburg »Lintburg« die Begräbniskirche des Salier-Geschlechts erschaffen, letztlich gab Konrad aber Speyer den Vorzug.

Schon 1034 zog Abt Poppo mit zwölf Mönchen (= Jünger Christi) in die Klostergebäude ein und mit ihm die Reichsinsignien, die 30 Jahre auf der Limburg blieben. 1042 wurde die Kirche geweiht. Der Metzer Bischof stiftete als Reliquie den Arm der hl. Lucia, fünf Jahre danach Kaiser Heinrich III. einen Splitter vom Kreuz Christi. Das Kloster besaß mehrere Orte (auch Dürkheim), das Recht der Münzprägung und der Lehensvergabe. Die Mönche waren Handwerker, Viehzüchter und Gärtner, die manch exotische Frucht heimisch machten.

Die Stationen des Untergangs lesen sich wie eine Kurzfassung pfälzischer Geschichte, lediglich Beschädigungen durch ein Erdbeben (1356) fallen aus dem Üblichen heraus. Damals ersetzte den romanischen ein spätgotischer Turm, heute Wahrzeichen und Blickfang der Ruine. Ansonsten die altbekannten Fehden und Kriege, wobei der Bayerische Erbfolgekrieg anno 1504 schon den Tod auf Raten brachte. Agonie nach der Säkularisation 1574 – und allmählicher Verfall. Das im 19. Jh. grassierende romantische Burgen-Fieber veranlaßte Dürkheim 1843 zum Aufkauf der Ruine. Seither wurde viel in die Konservierung investiert, speziell in die Krypta. Fehlende Säulen des Langhauses markieren Platanen. Die »Aktion Limburg« trägt das Projekt mit. 1973 kam man mit der Einstufung als »national wertvolles Denkmal« an öffentliche Gelder heran.

(Limburg: Fußweg von Grethens Kirche aus, Anfahrt über die Schillerstraße in Bad Dürkheim; Führung: Apr. bis Anfang Nov., Do 15 Uhr; Info: Tourist-Information Bad Dürkheim, s. S. 115; Klosterschänke Limburg, ✆ 0 63 22/71 27, Di–Fr ab 14, Sa/So ab 10 Uhr.)

Bau des Speyerer Doms (ab 1030) ein Statussymbol des kaiserlichen Anspruchs auf die von Gott verliehene Weltherrschaft.

Salier und Staufer sind fast ein Synonym für die Epoche der **Romanik** in der Region. Nur wenige Kilometer stromabwärts und knapp 100 Jahre nach der Speyerer Grundsteinlegung baute Bischof Burchard II. zur frühen Stauferzeit bereits die dritte Fassung eines Wormser Doms. Von der Wormser Bauschule (ab 1130) gingen entscheidende formgebende Impulse für den Kirchenbau der gesamten Region aus, sowohl im Mauerwerk, das nun aus einem sorgfältig gearbeiteten Quaderverband bestand, als auch in der praktischen Anwendung der Proportionsgesetze einfacher geometrischer Figuren und klarer Gliederung der Außenflächen durch Gesimse, Rundbogenfriese, Lisenen, Fenster und Stufenportale. Charakteristika dieser Schule finden sich etwa an der kath. Pfarrkirche St. Maria in Dackenheim oder besonders eindrucksvoll an Seebachs ehemaliger Benediktinerinnen-Klosterkirche (12./13. Jh.). Der Torso aus achteckigem Vierungsturm und Chor, der auf des »bösen Fritz« Kriegskonto (1471) geht, wird von der protestantischen Gemeinde als Gotteshaus genutzt. Von der romanischen Kirche in Niederkirchen sind nur das Querhaus und der wuchtige Vierungsturm mit Schallarkaden original, alles andere stammt aus späterer Zeit bis hin zum Langhaus aus Beton.

Die ehemals reiche Vernetzung der Region mit romanischen Sakralbauten blieb nur bruchstückweise vorhanden. Zumeist kriegsbedingt geben Türme, Chöre, Apsiden Kunde von jener Zeit. So auch etwas abseits der nördlichen Weinstraße das Kleinod Quirnheims, die prot. Kirche mit ihrem seltenen, vermutlich vom zweiten Wormser Dom inspirierten Rundturm (um 1050), der ebenfalls runde, der Ortsbefestigung entlehnte Kirchturm Asselheims oder der mehrgeschossige, durch Lisenen und Rundbogenfriese gegliederte, vielfenstrige Kirchenturm in Colgenstein.

Konrads II. stolzes Kloster Limburg ist seit dem 16. Jh. eine Ruine. Der romanische Westbau der Kirche St. Michael der schon 626 gegründeten Abtei Klingenmünster wurde hingegen 1735/37 samt der Abtskapelle in einen barocken Bau integriert. Ganz in der Nähe bildet die komplett spätromanische Nikolauskapelle mit der Burgruine Landeck ein berückend schönes Ensemble. In Landau-Wollmesheim steht der älteste Kirchturm der Pfalz aus dem Jahre 1040 – schmucklos und monolithisch.

Es wäre vermessen, in den Kirchenbauten der **Gotik** im Bereich der Weinstraße Abbilder des »Himmlischen Jerusalem« zu suchen. Mit den letzten Staufern zog die Reichsherrlichkeit ab, kulturtragende große Städtezentren fehlten. Der neue Stil setzte sich erst mit Verspätung durch und mit unver-

Gewölbe- und
Wandmalereien
(16. Jh.) im Chor
der prot. Kirche
in Heuchelheim

kennbarer Tendenz zur Vereinheit-
lichung, wie es sich etwa an Bad
Dürkheims Schloßkirche St. Johan-
nis (1335) ablesen läßt. Beispiel-
haft für den Wechsel der Vorbilder
ist die von den Kurfürsten erbaute
Neustadter Stiftskirche, deren Chor
(ab 1368) sich mit seinem reichen
Schmuckwerk an der Prager Schule
Peter Parlers orientiert, während
das schlichte basilikale Langhaus
(um 1430) bereits dem Einfluß der
Bettelorden verpflichtet ist. Die Reduktionsgotik schlug sich auch in

Landaus Stiftskirche (14./15. Jh.)
und Augustinerkirche (15. Jh.) nieder. »Meister Jakobs« (Jakob von
Landshut) bayerische Schule wirkte
in Deidesheim, St. Martin, Herxheim bei Landau, Billigheim und
Leinsweiler. Burrweilers kath. Kirche Mariä Heimsuchung (1523–25)
hat sich als einzige stilrein bewahrt. Freinsheims prot. Kirche
(um 1470) korrespondiert mit
einem barocken Ortskern. Eine
Augenweide ist das Ensemble aus
Burg, Dorf Neuleiningen und Pfarr-

kirche St. Nikolaus (16. Jh.), desgleichen Dörrenbach mit der Simultankirche St. Martin (14.–16. Jh.) inmitten des einzigartigen Wehrfriedhofs.

Wie ein Band ziehen sich gotische Wandmalereien, al secco (auf trockenen Putz) aufgetragen, die Weinstraße entlang: in Bockenheim, Mühlheim a. d. Eis, Großkarlbach (prot. Kirche), Weisenheim a. Bg., Herxheim a. Bg., Wachenheim, Neustadt, Hambach, Hainfeld, Annweiler, Nußdorf, Landau, Essingen, Heuchelheim, Billigheim und Dörrenbach. Als ›Bilderbuch‹ für die des Lesens unkundigen Laien gaben sie Themen der Heiligen Schrift wieder. Sie verschwanden unter Putz und Tünche, als der calvinistische Kurfürst Friedrich III. 1556 zum Bildersturm antrat. Andere Kunstschätze wurden damals aus den Kirchen verbannt oder vernichtet. Nur der Pfälzische Erbfolgekrieg brachte noch größere Verluste an Kulturgütern. Die Stürme der Zeit überstanden spätgotische Astwerk- bzw. Löwentaufsteine aus der Wormser Werkstatt (Hans Bilger) in Colgenstein, Sausenheim (prot. Kirche) sowie Bockenheims kath. Pfarrkirche St. Lambert und prot. Martinskirche – letzterer lange Zeit als Wassertrog zweckentfremdet. Herausragende Skulpturen findet man an der Weinstraße nicht überreichlich. Hervorzuheben wären etwa die 12 Apostel (um 1500) in Neuleiningens kath. Pfarrkirche St. Nikolaus und die »Traubenmadonna«

(15. Jh.) in Bockenheims St. Lambert sowie Grabmäler in Bad Dürkheim (Schloßkirche) und St. Martin. In Maikammer-Alsterweilers Kapelle und Königsbachs kath. Pfarrkirche stößt man unversehens auf Außergewöhnliches. Der »Alsterweilerer Altar« (1445), ein Flügelaltar des Meisters Heinz aus Straßburg, zeigt die Passion Christi, der die hll. Cosmas und Damian beiwohnen. Das Tafelbild des Königsbacher Altars (15. Jh.), die Flügel gingen verloren, reflektiert im Stil der Kölner Malerei die Kalvarienbergsszene. Ein Ausflug in die Kaiserstadt Speyer ließe sich mit einer Stippvisite zu St. Ludwigs »Boßweilerer Altar« (15. Jh.) verbinden, nach seinem Fundort bei Quirnheim so genannt.

Hausfiguren im Stil des Barock zieren so manches Winzerhaus, darunter eine große Zahl von Madonnen speziell in den Orten St. Martin, Edesheim und Hainfeld, die allesamt Besitz des Hochstifts Speyer waren. In Hainfeld steht die berühmteste Figur der Region, die »Immaculata auf der Weltkugel« (um 1750). Als Stil der Gegenreformation zunächst von den protestantischen Gemeinden abgelehnt, gewann barocker Kirchenbau nach dem Desaster des Pfälzischen Erbfolgekriegs (1688–97) an Boden. Meist blieb nur der weniger beschädigte Turm stehen, an den sich ein einfacher, zuweilen gewölbter Saalbau mit Chornische anschloß.

Der künstlerisch aufwendigste Bau, die Zweikirche St. Laurentius in Dirmstein, entstand im Auftrag des Wormser Fürstbischofs Franz Georg Graf von Schönborn nach Plänen seines Stararchitekten Balthasar Neumann. Sehenswert sind auch die katholischen Kirchen in Pleisweiler (Franz Wilhelm Rabaliatti) und Gleiszellen (Kaspar Valerius), die protestantischen in Rhodt, Mühlheim a. d. Eis und Bad Bergzaberns Bergkirche (vermutlich Jonas Sundahl). Beide letztgenannten besitzen wie auch die protestantischen Kirchen in Klingen und Kallstadt (St. Salvator) kostbare Orgeln aus der Erbauungszeit.

Malerei

Maler hatten es wie Literaten und Musiker schwer im krisen- und kriegsgeschüttelten Grenzland. Es gab keine kulturellen Zentren, keine prunkvollen Fürstenhöfe und bis ins 19. Jh. kein nennenswertes Bürgertum als potentielle Käuferschicht. Am Anfang der Spurensuche soll das Werk eines Unbekannten aus der »Frankenthaler Malerschule« (16. Jh.), einer Künstlergemeinschaft niederländischer Emigranten stehen. Es stellt als regional relevante Szene den »Auszug Pfalzgraf Johann Casimirs aus der Burg Winzingen« dar. Ansonsten ist aus dem Weinstraßen-Blickwinkel zur Renaissance nicht viel zu sagen. Protagonisten des Spätbarock und Rokoko versuchten wenn irgend

möglich, an den Fürstenhöfen in Mannheim, Zweibrücken oder Darmstadt unterzukommen. Johann Conrad Seekatz (1719–68), aus einer Grünstadter Künstlerfamilie stammend, brachte es zum Hofmaler des hessischen Landgrafen in Darmstadt, verkaufte seine Historien, Mythologien und Genrestücke aber vor allem in Frankfurt an bürgerliche Kreise. Mit der Familie Goethe auf freundschaftlichem Fuß, fand er gar in Johann Wolfgangs »Dichtung und Wahrheit« Erwähnung. Hofmaler in kurfürstlichen Diensten war zunächst der Alzeyer Friedrich (Maler) Müller (1749–1825), Maler und Literat zugleich, in beidem ein »Stürmer und Dränger« mit großem Einfluß auf Goethe. Den Übergang zur Romantik markiert die Grünstadter Malerfamilie Schlesinger. Die Brüder Johann (1768–1840) und Adam (1759–1829) schufen Porträts und Tafelbilder in Kirchen der Region. Adams Sohn Jakob (1792–1855), ein renommierter Restaurator und Bildnismaler, öffnete seinen Berliner Salon der bürgerlichen Elite.

Im 19. Jh. entdeckte die Romantik endgültig die Hügel-, Burgen- und Weinlandschaft der Haardt. Den Malerdichter Heinrich Jakob Fried (1802–70) aus Queichheim machten mehr als seine Gemälde Lithographien Pfälzer Burgen bekannt. Johann Jacob Serr (1807–80) aus Rhodt schuf neben Porträts das stimmungsvolle »Pfälzer Weinfest«. Münchens Kunstakademie war für Fried, Serr und

»Weinlese am Hämmelsberg«, Max
Slevogt

viele andere der Beginn ihrer Karriere. Im Lande bleiben und sich
redlich nähren, ließen die Verhält-
nisse in der bayerischen Randpro-
vinz nicht zu. Anselm Feuerbach
(1829–80), in Speyer geboren,
einer der wichtigsten Maler der
Gründerzeit, kannte als Sproß einer großbürgerlichen Familie die
Probleme nicht, die andere gar in
die Emigration trieben. Etwa die
Familie des Landauers Thomas

Nast (1840–1902), der in den USA
als bissiger Karikaturist und Santa-
Claus-Schöpfer berühmt wurde.
    Einer wanderte ein und blieb:
Der aus Landshut stammende Im-
pressionist Max Slevogt (1868–
1932) ließ sich zuerst in Godramstein, dann auf dem Hofgut Neukastel bei Leinsweiler nieder und
malte Musikzimmer und Bibliothek
aus, letztere u. a. mit Szenen aus
dem von ihm hochgeschätzten
Cooperschen »Lederstrumpf« (s. S.
46), den er auch als Buch illustrier-
te. Bleibenden Ruhm sicherte er
sich jedoch als phänomenaler
Maler pfälzischer Landschaft.

»Das Malen in der Pfalz ist keine Arbeit, sondern eine Lust«, war August Croissants (1870–1941) Credo. Der noch in Edenkoben geborene, älteste der Landauer Croissant-Familie näherte sich heimischer Landschaft in spätimpressionistischer Manier, sein Sohn Eugen (1898–1976) schuf Landschaftsaquarelle voll atmosphärischer Dichte, machte sich aber auch als Simplicissimus-Karikaturist einen Namen. Aus Alltagsszenen speisten sich die minuziös gearbeiteten Zeichnungen und Radierungen Heinrich Striefflers (1872–1949), eine schier unerschöpfliche Quelle des Lebens der einfachen Winzer. In des Landauers Friedrich Ferdinand Kochs (1863–1923) poppigbunten Genreszenen und Landschaften bildet sich neben pfälzischen Sujets seine Wahlheimat Belgien ab.

1946 gründete sich nach Krieg und »entarteter Kunst« die »Pfälzische Sezession«. Bedeutende Künstler wie Hans Purrmann (1880–1966) aus Speyer, Schöpfer farbenfroh-südländischer Landschaften, gehörten ihr an. Desgleichen der von den Fauvisten beeinflußte Rolf Müller-Landau (1903–56) und schließlich der Neustadter Otto Dill (1884–1957), wegen seiner Tiersujets auch »Löwen-Dill« genannt. Als Meisterschüler Heinrich von Zügels nahm er Anfang des 20. Jh. an dessen »Wörther Malerschule« am Altrhein teil. Dort, in einer der drei klassischen Künstlerkolonien Deutschlands, eignete er sich die Technik der Tiermalerei an.

Pluralismus ohne einheitliche Stilfestschreibung heute, eine reiche Kunstszene insgesamt, ohne jegliche provinzielle Gebärde, international orientiert. Im Unterschied zu früher bleibt man im Lande, Werkstattbesuche sind also vielfach möglich. Eine Gelegenheit dazu bieten z. B. alljährlich »Offene Ateliers« innerhalb des »Kultursommers« (s. S. 226). Werke der oben genannten Künstler sind im Historischen Museum der Pfalz (Speyer), im Wilhelm-Hack-Museum (Ludwigshafen), in der Kunsthalle Mannheim, im Feuerbachhaus und Purrmann-Haus (beide in Speyer), im Schloß Villa Ludwigshöhe (Edenkoben), im Strieffler-Haus (Landau) und in diversen Heimatmuseen zu sehen.

Musik

Die Pfalz – ein Land ohne Musik? Sicher nicht. Doch der verarmte Adel konnte sich keine hochdotierte Hofkapelle leisten, wie etwa Kurfürst Karl Theodor im rechtsrheinischen Mannheim, wo die »Mannheimer Schule« einen neuen Kompositionsstil kreierte, den der junge Mozart begierig aufnahm. Linksrheinisch erhielten Talente, weit weg von den kulturellen Zentren, kaum Förderung (bis heute hat Rheinland-Pfalz keine Musikhochschule). Die »Mackenbacher«, Wandermusikanten des 19. Jh. aus der Westpfalz, arbeiteten den Winter über in Steinbrüchen an der Haardt, reisten im Sommer durch die Welt, spielten, wo immer sich Gelegenheit bot, manche wurden gar Mitbegründer überseeischer Sinfonieorchester. George Drumm (1874–1959) komponierte »Hail America«, dessen Einleitungsfanfare heutzutage US-Staatsgäste im Weißen Haus empfängt.

Viel Lebendigkeit heute! Folk-Barden, wie Hein und Oss Kröher, die das Pfälzer Volksliederbe sammelten und durch Protestsongs erweiterten. Kleinkunst auf hohem Niveau, in Kulturkneipen wie »Badehaisel« (Wachenheim), »Wespennest« (Neustadt), »Haus am Westbahnhof« (Landau) oder »Musikantebuckel« (Oberotterbach) hat sie eine Chance. Für die »AG Neue Musik« des Leininger Gymnasiums Grünstadt komponierte John Cage, Kurt-Schwitters-Vertonungen machten sie berühmt. Ob Konzerte der Staatsphilharmonie Rheinland-Pfalz (Ludwigshafen), Wachenheimer-, Hambacher- oder Trifelsserenaden, Ludwigshöher Villa-Musica-Konzerte, Leinsweilerer Musikwochen – die Weinstraße klingt. Bei Festen sowieso!

Literatur

Mittelalterlicher Literatur kommt man zunächst beim französischen Nachbarn auf die Spur. Im elsässischen Kloster Weißenburg schrieb der Mönch Otfrid 863–71 »Krist«, eine »Evangelienharmonie«, die er König Ludwig dem Deutschen widmete. Er verfaßte sie in südrheinfränkischer Mundart, die auch jenseits der heutigen Grenze gesprochen wurde. Etwa 300 Jahre später nahm Friedrich II. von Leiningen (1201–1237) mit dem Minnelied »Swes muot ze fröuden si gestalt« Abschied von seiner Herzensdame, ehe er zum Kriegszug nach Apulien aufbrach. Sein Zeitgenosse Ulrich von Guttenburg gilt als der erste Lyriker, der die Liedform des strophenlosen »Leich« (ein tänzerischer Hymnus) von der geistlichen auf die Minnedichtung übertrug. Beider überlieferte Dichtung ist in der Manessischen Liederhandschrift in Heidelberg konserviert.

Danach ist lange Zeit nichts mehr zu vermelden. Die Pfalz war und blieb Durchgangsstation für Dichter von Weltruf, aus welchen Gründen auch immer. Sophie von La Roche lebte von 1780–86 in Speyer, schrieb dort zwar nicht ihren berühmten Roman »Geschichte des Fräuleins von Sternheim«, gab aber 1783/84 die Frauenzeitschrift »Pomona« heraus. Friedrich Schillers »Räuber« sorgten 1782 am Mannheimer Nationaltheater für Furore, mit seinem im selben Jahr in Oggersheim bühnenreif umgeschriebenen »Fiesco« erlebte er ein Fiasko. Intendant Wolfgang von Dalberg (s. S. 151) nahm das Stück nicht an, trotz der Fürsprache des

Buchmalerei aus der Manessischen Liederhandschrift (13.–15. Jh.): Graf Friedrich II. von Leiningen (rechts) im Zweikampf mit einem Heiden

Schauspielers August Wilhelm Iffland. Iffland machte später als Direktor des Berliner Nationaltheaters Karriere, verfaßte zahlreiche Bühnenstücke, darunter 1785 als Gast der Leininger Grafenfamilie in Dürkheim das Drama »Die Jäger«. Im Schloßtheater (heute Kurhaus) war Premiere.

Nach 1800 das gleiche Bild – Gastspiele, aber keine Konstanz. James Fenimore Cooper fand in Dürkheim den Stoff für seinen Roman »The Heidenmauer« (1832).

Joseph Victor von Scheffel (1826–86), begeisterter Pfalz-Wanderer, nahm in die Gedichtsammlung »Gaudeamus« Impressionen aus dem Wasgau auf. »Reisebilder« kamen in Mode. Einiges Aufsehen erregte 1838 der Speyerer Friedrich Blaul (1809–63) mit »Träume und Schäume vom Rhein«, weniger zunächst August Becker (1828–91) aus Klingenmünster mit »Die Pfalz und die Pfälzer« von 1857, ein Standardwerk heute, während seine Romane wie »Hedwig« und

»Nonnensusel« fast vergessen sind. Der aus politischen Gründen emigrierte Landauer Konrad Krez fand im fernen Wisconsin lyrische Heimattöne. Anna Croissant-Rust, 1860 in Dürkheim geboren, nahm in ihren, dem Realismus nahestehenden Erzählungen menschliche Schwächen humorvoll aufs Korn.

Reaktion und Diktatur der ersten Hälfte des 20. Jh. ertrugen keine kritischen Geister. Das kriegslüsterne Kaiserreich trieb 1915 den Dadaismus-Mitbegründer Hugo Ball (1886–1927) ins Schweizer Exil. Stark von der Natur ihrer rheinpfälzischen Heimat beeinflußt ist das Frühwerk der aus Alzey gebürtigen Elisabeth Langgässer (1899–1950). Gleich ihr hatte Martha Saalfeld (1898–1976) im Dritten Reich Schreibverbot. Die Meisterin erzählerischer Balance zwischen Traum und Realität holt seit 1994 ein Martha-Saalfeld-Förderpreis aus dem ›Vergessen‹. Hermann Sinsheimer (1883–1950), u. a. Regisseur der Münchner Kammerspiele und Chefredakteur des »Simplicissimus«, konnte sich vor den Hitler-Schergen über Palästina nach London retten. Sein Heimatort Freinsheim verdankt ihm liebevolle Milieustudien und revanchiert sich seit 1983 mit dem Sinsheimer-Preis für Literatur und Publizistik.

Und danach, als alles in Scherben gefallen war? 1950 erhielt Heinrich Böll in Dürkheim den Preis der »Gruppe 47«. Acht Jahre später schrieb sich der Schifferstadter Emil Schuster mit dem bedrükkenden Kriegsroman »Die Staffel« in die Literaturelite hinein. Bis heute aber schlägt das Fehlen eines geistigen Zentrums negativ zu Buche: die Nabelschnur zu Mannheim oder gar Heidelberg kappt weitgehend die Ländergrenze Rhein. So bleiben nur kommunale, private oder vom Land unterstützte Initiativen als Forum. Bad Dürkheim vergibt den »Preis der Limburg«. Deidesheim bindet alle zwei Jahre »Turmschreiber« an sich und erwartet gleichermaßen souveränen Umgang mit Tintenfaß und Feder wie mit dem Weinglas. Das Künstlerhaus Edenkoben lockte seit 1988 Wortgewaltige an und schlägt mit »Poesie der Nachbarn« Brücken ins Ausland. Die Brücke des Initiatoren-Ehepaars zum Hauptfinanzier, dem Land Rheinland-Pfalz, ist jedoch eingestürzt. Seit 1997 gibt es zwei Institutionen am Ort: Das Künstlerhaus zog in Edenkobens ehemalige Bergelmühle um, wird weiterhin vom Land finanziert und darf den Namen behalten, das private nennt sich nun »Herrenhaus«. In Speyer etablierte sich eine Literaturszene mit Artur Schütt als Initialzünder herbstlicher »Nacht der Poesie« und maienhafter Literaturtage, poetische Heimat auch für vertrackte Lautartisten wie Werner Laubscher (Pfalzpreis 1997) oder satirische Mundarttöner wie den Kleinkunst-Preisträger Michael Bauer.

Durch die Mundartdichtung, ein eigenständiges Genre in der Literaturlandschaft seit Paul Münch (1879–1951) und seiner »Pfälzisch Weltgeschicht«, geht derzeit ein gewaltiger Ruck. Paul Tremmel bringt einen originellen Zungenschlag hinein. Vor allem aber zeigen über 40 Jahre Mundartwettbewerb in Bockenheim die Entwicklung von gereimter Heimattümelei zu bewußtem Umgang mit »Pälzer Sprooch« und Themen auf.

Filmpioniere aus der Pfalz

Western in der Pfalz! Hermann Baslers Ludwigshafener »Chateau-Kunstfilmwerk« produzierte sie in den 20er Jahren. Regisseur Phil Jutzi (1896–1946) aus Altleiningen wechselte später zum Berliner »Prometheus Verleih« und drehte 1929 den sozialkritischen Streifen »Mutter Krausens Fahrt ins Glück«. Das Melodram wurde ein regelrechter Kultfilm und sollte einer der ersten sein, die Goebbels nach der Machtübernahme verbot. Hauptdarsteller und Antiheld Holmes Zimmermann (1890–1957) aus Maikammer, der sich ebenfalls bei Basler erste Sporen verdient hatte, wurde durch Jutzis »Berlin Alexanderplatz« (1931) zum Star des »Proletarischen Films«. Jutzi beugte sich nach 1933 dem Diktat und spulte nur noch Triviales ab, Zimmermanns Antihaltung zum Regime beendete seine Karriere.

Theater

Ein Besuch des Mannheimer Nationaltheaters, der Heidelberger Bühnen oder des Kaiserslauterner Pfalztheaters lohnt sich immer. Aber warum in die Ferne schweifen, wenn das Chawwerusch-Theater (☎ 0 72 76/59 91) in Herxheim b. Landau so nah liegt? Chawwerusch (rotwelsch: »verschworene Bande«), ein Freies Theater mit festem Ensemble, spielt sozialkritische Stücke im eigenen Saal, belebt aber auch in Dorfsälen eine alte Tradition. Das dem Verfall preisgegebene Schloß in Edesheim wurde durch eine Privatinitiative restauriert und lädt seit 1996 zu sommerlichen Festspielen auf der See- und Schloßbühne ein. Neben den Profis gibt es gute Laienensembles wie die Neustadter Schauspielgruppe mit Freiluftauftritten vor der Villa Böhm (Neustadt). Das Theater an der Weinstraße nutzt die Limburg-Kulisse (Bad Dürkheim) als Freilichtbühne und knüpft damit an die Sängerin und Prinzipalin Rosa Maas an, die dort von 1909–25 manch jungem Schauspieler ein Sprungbrett verschaffte. Die Burgspiele Altleiningen haben sich ein Stammpublikum gesichert. In Speyers Altem Stadtsaal ist das Kinder- und Jugendtheater ein fester Kulturfaktor.

St. Michaelskapelle bei Bad Dürkheim ▷

Unterwegs von Nord nach Süd

»… die Farben des Waldes leuchten wie Fackeln über den alten Dörfern. Und um diese Dörfer rauscht, zur Ebene hinab und den Berghang hinauf, das Meer der Reben. Da eine Burg und dort eine zum Steinhaufen gewordene Römermauer, fast ächzend graue Inseln in der bunten Flut. Und diese Luft – sie atmen heisst sich sättigen, sich betrinken …«
Hermann Sinsheimer,
Herbst in allerlei Farben, 1930

Von Norden keine Spur

Im Leiningerland

Grünstadt – Residenz der Leininger Grafen

Radtour im Eckbach- und Eistal

Burg und Bergdorf Neuleiningen

Sonnenterrassen der Haardt

Kallstadt und Leistadt

Weisenheim am Berg

Nördlich ja, von Norden keine Spur

Bockenheim, Domäne fränkischer Könige und der Mundartwettstreiter · Ausflug ins Zellertal und zu den Rundtürmen von Quirnheim und Asselheim · Spaziergang durch die Grafen- und Pendlerresidenz Grünstadt · Radtour zu alten Mühlen, Kirchen und den Leininger Grafen · Abstecher zur Nibelungen- und Lutherstadt Worms · Drei-Burgen-Romantik mit Neuleiningen als Blickfang · Im »Himmelreich« Herxheims am Berg, Ungsteins, Kallstadts und Leistadts · Abstecher zu den Mauern und Türmen Freinsheims

Der Norden tat sich lange schwer mit einer eigenen Identität. Man fand sie schließlich in dem Grafengeschlecht derer von (zu) Leiningen, das über Jahrhunderte hinweg die Geschicke der Region prägte. Die frühere Unterhaardt wurde, um einige nicht Weinbau betreibende Gemeinden erweitert, in Leiningerland umbenannt. Die Deutsche Weinstraße wird gemeinhin mit der Haardt assoziiert. Rein geographisch aber bezeichnet dies nur den Gebirgsstock an der Abbruchkante des Pfälzerwaldes zur Rheinebene. Nördlich Grünstadts breitet sich das Rheinhessische Tafel- und Hügelland aus mit dem Gerstenberg (317 m) als höchster Erhebung der Region, die sich auch kulturell dem ehemaligen Wormsgau zuordnet. Vorzügliche Weine, u. a. der Lagen »Sonnenberg«, »Goldberg« und »Heiligenkirche«, wachsen auf den dort vorherrschenden Kalk- und Lößböden. Die Landschaft ist offener und spröder als die Vorhügelzone der Haardt und des Wasgau, des südlichen Teils des Pfälzerwaldes. Ihr Zauber öffnet sich im Zusammenspiel von Natur und Geschichte.

»Saumpfad der Glückseligkeit« wird die Deutsche Weinstraße genannt. Als Kronzeugen für solch enthusiastische Einschätzung könnten schon allein Weinlagen dienen, die sonnenklar beweisen, daß hierzulande selbst die Hölle rebenbehangenes Paradies und der Himmel ihr Nachbar auf Erden ist. So verlassen wir das Leiningerland auf Battenbergs glückseligem »Höllenpfad« und gelangen über Bobenheims »Ohligpfad« mit Weisenheimer »Vogelsang« ins Herxheimer

»Himmelreich«. Der Himmel ist prall gefüllt mit Lebensfreude! Auch in Dackenheims »Liebesbrunnen« und Freinsheims »Musikantenbukkel«! Auf Sonnenterrassen reifend, lassen sich mit Ungsteins »Honigsäckel«, Kallstadts »Saumagen« und Leistadts »Herzfeld« die Genüsse vollends auskosten.

Bockenheim – Anfang und Ende

Steuert man Bockenheim von Osten, Westen oder Süden her an, sieht man die bombastische ›Beton- und Holzmixtur‹ nicht. Von Norden her, von Monsheim aus über die B 271 in den Ortsteil Kleinbockenheim hinabrollend, kann man das **Haus der Deutschen Weinstraße** nicht übersehen. Als nördliches Gegenstück zum Weintor in Schweigen, wurde es 1995 eingeweiht und beherbergt außer einem Restaurant die Außenstelle der Verbandsgemeinde Grünstadt-Land. Es markiert die Grenze der bis 1956 selbständigen Dörfer Klein- und Großbockenheim. Auf dem Platz gegenüber feiert man beim herbstlichen Winzerfest nicht nur die kernigen Weine (speziell Rieslinge), die auf den fruchtbaren Lößböden des Gerstenbergs gedeihen. Seit 1953 wettstreiten im Festzelt alljährlich zehn von einer Jury ausgewählte Pfälzer Mundartdichter um den Siegeslorbeer (s. S. 66).

Ab Bockenheim trägt die B 271 den stolzen Namen **Deutsche Weinstraße.** Auf dem Höhenweg am Osthang des Gerstenbergs, zu erreichen über den Weinlehrpfad am »Gasthaus Neuhäusel«, beginnt der **Wanderweg Deutsche Weinstraße,** der sich nördlich als Weinwanderweg Zellertal fortsetzt. Nach Süden hin ist das grüne Traubensymbol auf ca. 110 km ein Begleiter bis an die Grenze zum Elsaß. Wechselnde Ausschnitte der Rheinebene erschließen sich entlang der Route. Im Norden erfaßt das Auge an klaren Tagen den Odenwald, die Dome von Worms und Speyer, die Industrielandschaft Ludwigshafens und die allgegenwärtigen Kühltürme der Atomkraftwerke von Biblis und Philippsburg.

Oberhalb des Höhenwegs und mitten in den Wingerten steht als Paradebeispiel für die christliche Assimilation heidnischen Kulturguts die **Peterskapelle** (Heiligenkirche) auf einem einstmals keltischen Quellenheiligtum. Der fortdauernde ›Götzendienst‹ an der Wunderquelle mit Fruchtbarkeitsriten und abstrusen Praktiken (etwa das Hineinlegen kranker Kinder ins eiskalte Wasser) brachte die Pfarrer der Reformation in Harnisch. Heute ist die Kapelle Ziel der Kolping-Wallfahrt der Diözese Speyer zu St. Peter und Paul. Auf dem Rückweg tangiert man ein **Weinberghäuschen** aus ortstypischem Kalksandstein, eines von mehreren in der Gemarkung. Derartige Kuppelbauten nach orientalischen Mustern

Traubenmadonna in der kath. Pfarrkirche St. Lambert in Großbockenheim

findet man nördlich der Alpen nur im einstigen Wormsgau. Im Mittelalter bewachten sie wohl die Einfahrtswege zum Reichswingert.

Nach Recherchen der Heimatforscherin Angelika Tröscher (Kindenheim) gab es in Bockenheim schon in der Franken-Ära einen Königshof, dem Gutshöfe verdienter Gefolgsleute zugeordnet waren. Die Leininger Grafen rissen sich als Meister in der Annektion ihnen anvertrauter Lehen im Laufe der Zeit fast die gesamte Region unter den Nagel, darunter auch das Königsgut. 1196 ›schenkten‹ sie es aus Furcht vor Reichssanktionen dem

Kloster Wadgassen (Lothringen), dessen Propstei in der Folge in ständigem ›Clinch‹ mit dem Dorf lag. Das ausschweifende Leben des letzten Propstes forcierte 1525 im Bauernkrieg die Zusammenrottung der ›gemeinen Leute‹ zum »Bokkenheimer Haufen«. Im 17. Jh. bauten die Leininger die Propsteigebäude zum Schlößchen **Emichsburg** um. Davon sind noch das Renaissancetor und die Gewölbekeller im heutigen Schloßgut Janson erhalten. Die prot. **Martinskirche** (13./16. Jh.) erhielt von der 1833 abgetragenen Dorfkirche den frei stehenden romanischen Wehrturm. Das bildschöne Gotteshaus schmückt sich mit frühgotischer Wandmalerei (Christuszyklus) im Chor, Renaissance-Ornamentik, Taufstein (1510), barocker Kanzel und Hartung-Orgel (1710). (Schlüssel: H. Weygand, Leininger Ring 105, ☎ 0 63 59/4 04 22.)

In Großbockenheim führt die Weinstraße an der prot. Lambertskirche (1710) mit ihrem Turm aus dem 12. Jh. vorbei, unter deren Kirchhof, von Toren verschlossen, mächtige Stollen getrieben sind, in denen einst Wein und Frucht lagerten. Die Stiegelgasse hinauf stimmt in der kath. Pfarrkirche **St. Lambert** (1936) die berühmte »Traubenmadonna« aus Lindenholz (um 1480) auf eine Reise ein, in der Wein das Herz aller Dinge ist. (Schlüssel: Pfarrhaus, Stiegelgasse 2, ☎ 42 23.)

ⓘ Information: Gemeindeverwaltung, Leininger Ring 51, 67278

Bockenheim, ☎ 0 63 59/42 97 oder Verbandsgemeinde Grünstadt-Land im Haus der Deutschen Weinstraße, ☎ 94 33 13, Fax 94 33 25; Führung: K. Langhauser, ☎ 42 62.

Unterkunft: Café-Pension Brunnett, Haldenweg 5a, ☎ 4 00 35, DZ um DM 90; Pension Petry, Weinstraße 32, ☎ 9 43 10, Fax 94 31 20, DZ um DM 80; Gästehaus Langhauser, Frankenstraße 4, ☎ 42 62, DZ um DM 40.

Restaurants: Schmitt'sche Gutsschänke, Weinstraße 82, ☎ 43 07, Fr–So, südländischer Hof, Gourmetlokal; Haus der Deutschen Weinstraße, ☎ 9 43 20, »Weinstraßenhochzeit«, Info: Verbandsgemeinde, s. o.; Neuhäusel, Weinstraße 93, ☎ 42 17, Do–Di; Sonnenhof, Weinstraße 79, ☎ 45 71.

Weinstuben: Bockenheimer Weinstube, Weinstraße 91, ☎ 43 09, Fr–So, gemütlich; Kuhstall, Weinstraße 46, ☎ 43 01, Sa/So.

Kultur: Mundarttage, Ende April/Anfang Mai. **Fest:** Winzerfest, 3. Oktoberwochenende, mit Mundartdichterwettstreit und Umzug.

Verbindung: Bahnstation.

Abstecher zum hl. Philipp von Zell

Will man noch ausgiebiger ›Nordluft‹ schnuppern, der Deutschen Weinstraße also nicht geradewegs nach Grünstadt folgen, so bietet sich ein nordwestlicher Abstecher ins **Zellertal** mit den Hauptorten Einselthum, Harxheim, Niefernheim und Zell an, wo der hl. Philipp von Zell, ein angelsächsischer Einsiedler, in einer Klause (Zelle) gehaust und um 760 den germanisch-keltischen Barbaren das Christentum verkündet haben soll. Die Pfrimm fließt durch ein malerisches, mühlenbestandenes Tal, in dem auf Kalkfelsen feiner Wein berühmter Lagen wie »Zeller Schwarzer Herrgott« wächst.

Information: ☎ 0 63 52/17 12, Fax 71 02 62.

Verbindung: Bahnstation Eisenberg, von dort Buslinie (DVG) Eisenberg–Kirchenbolanden.

Rundtürme am Gerstenberg – Quirnheim und Asselheim

Fährt man westlich von Bockenheim über Kindenheim in Richtung Quirnheim, erreicht man die Kehrseite des Gerstenbergs und wird mit zauberhaften Ansichten sanfter Wiesenhänge, Äcker, kleiner Waldstücke und der Silhouette der Pfälzerwald-Berge am Horizont belohnt. Gen Nordwesten hin taucht im Nordpfälzer Bergland das Donnersbergmassiv (687 m) auf, der sagenumwobene »Berg der Berge«. Über dem Gerstenberg kreisen die Segel- und Sportflugzeuge des Luftfahrtvereins Grünstadt/Quirnheimer

Berg (s. S. 82). Auf dem Plateau des Kahlenbergs gegenüber drehen sich womöglich in naher Zukunft die Flügel des ersten Windparks der Pfalz.

Am Ortsausgang von **Quirnheim,** 771 erwähnt, biegt man rechts in eine schmale Straße ein. Die prot. Kirche liegt versteckt hinter dem Hofgut, vormals Schloß der Herren von Merz. Durch Albrecht Ritter Merz von Quirnheim, Oberst im Generalstab, am 20. Juli 1944 nach dem Attentat auf Hitler hingerichtet, sind sie in die Geschichte eingegangen. Im wehrhaften Rundturm (11./12. Jh.) der leuchtend weiß verputzten Kirche findet man die wohl älteste steinerne Spindeltreppe Deutschlands. Der verwunschen wirkende Kirchgarten mit alten Grabsteinen ist eine wahre Oase der Ruhe. (Führung: M. Krämer, Neue Straße 13, ✆ 0 63 59/8 19 47.)

Ebenfalls rund, aber unverputzt, präsentiert sich unten im Eistal der Kirchturm der prot. Kirche in **Asselheim.** Schießschartenbestückt war er einst Teil der Ortsbefestigung wie der »Rote Turm« am Ortsende Richtung Mertesheim, wegen seiner bizarren Form auch »das angeschnittene Brot« genannt. Der 756 erstmals erwähnte Ort wurde 1969 nach Grünstadt eingemeindet.

Die prot. Kirche in Asselheim mit einem ehemaligen Wehrturm aus dem 14. oder 15. Jh.

Kenner »schluzze« (schlürfen) gerne die köstlichen Rotweine, die früher 90 % der Produktion ausmachten, inzwischen aber zugunsten von Riesling und Müller-Thurgau etwa auf die Hälfte reduziert wurden. Den Grünstadtern ist »Asselem« allemal einen Ausflug wert, nicht nur wegen des malerischen Ortskerns, der sich mit Kirche, Altem Kelterhaus und der winzigen katholischen Kapelle an die Steilhänge über dem scharf eingeschnittenen Tal schmiegt. An Wochenenden pilgern sie zur **Weinwanderhütte** auf dem Gerstenberg und lassen sich zu weinseligen Blicken ins Glas, in die Weinberge und ins Rheintal verführen.

ⓘ **Information:** Tourist-Information Grünstadt, s. S. 81.

🛏 **Unterkunft in Asselheim:** Pfalzhotel Asselheim, Holzweg 6, 67269 Grünstadt–Asselheim ✆ 0 63 59/ 8 00 30, Fax 80 03 99 (Kinderbetreuung, z. B. Gespensterjagd und Fußgängerrallye), auch Ferienwohnungen, DZ um DM 160; Weinstube Metzger, Langgasse 34, ✆ 53 35, Fax 8 32 18, DZ um DM 95.

✕ **Restaurant in Asselheim:** Scharfes Eck, s. Pfalzhotel, exquisit, auch Bio-Ecke.

🍷 **Weinstube in Asselheim:** Historisches Gewölbe, Langgasse 16, ✆ 68 05, Fr–So, Gewölbekeller mit Geheimgang-Feeling.

🎭 **Kultur in Asselheim:** Galerie Roter Turm, Eistalstraße 6, ✆ 0 62 02/5 40 51; Kulturverein Grünstadt, s. S. 81. **Feste in Asselheim:** Kel-

terhausfest, 1. Juliwochenende; Assel-
heimer Kerwe mit »Schubkarchren-
nen«, 3. Augustwochenende.

🏃 **Freizeit in Asselheim:** Weinwanderhütte, Sa ab 16, So ab 10 Uhr,
von Winzern bewirtschaftet; Botanische
Exkursionen ins Naturschutzgebiet Hohefels, Volkshochschule Grünstadt, ✆
0 63 59/80 52 11; Weinbergsführungen
usw.: Werbegemeinschaft Grünstadt-
Asselheim, E. Eibel, ✆ 57 94.

🚆🚌 **Verbindung nach Quirnheim:** Bahnstation Bockenheim, von dort Buslinie (BRN) Enken-
bach–Grünstadt; **... nach Asselheim:**
Bahnstation, Buslinie (BRN) Grünstadt–Worms.

Grünstadt – Residenz der Leininger Grafen

Das Herz des Leiningerlandes
schlägt unzweifelhaft in Grünstadt.
Es schlägt in einem neuen Körper,
denn vom mittelalterlichen »Grin-
stat«, aus zwei oder sogar drei
Siedlungskernen entsprossen, 875
erstmals in einer Urkunde König
Ludwigs des Deutschen erwähnt,
seit dem 16. Jh. Marktflecken, ist so
gut wie nichts und von der Leininger Grafenepoche, der Zeit nach
1700, als Grünstadt Residenz und
damit de facto Stadt geworden war,
nicht mehr allzu viel erhalten. Kriege und Zerstörungen, zuletzt 1942,
als eine Bombe die prot. Martinskirche traf und bis auf die Grundfesten niederbrannte, haben tiefe
Narben hinterlassen.

Grünstadt mit seinen rund
13 000 Einwohnern ist vorwiegend
Domizil der Pendler, die den Auto-
bandwurm aus der Westpfalz um
einiges verlängern, wenn er sich im
Berufsverkehr auf der nahen A 6 in
die Industriestandorte der Rheinebene hinabwälzt. Neben mittel-
ständischen Betrieben aller Art
drückt dem Industriegebiet am
Stadtrand das große Warendepot
der amerikanischen Nato-Streit-
kräfte seinen Stempel auf.

Rundgang

Wer eine lebendige, verkehrsgün-
stige Kleinstadt und einen idealen
Ausgangsort für Touren sucht, wird
sich hier pudelwohl fühlen. Die
Fußgängerzone macht die Rolle
Grünstadts als Einkaufszentrum für
die ganze Region deutlich. Insgesamt könnte die Stadt bei forcierter
Pflege ihrer Schätze ein Schmuckstück sein. Nach wie vor aber lei-
den vor allem die wilhelminischen
Villen ganz in der Nähe des denkmalgeschützten **Bahnhofs** aus der
Gründerzeit unter übermäßigem
Durchgangsverkehr.

Für einen Spaziergang zurück in
jene Zeiten, als Grünstadt noch Residenz war, ist der Turm der prot.
Martinskirche ein idealer Orientierungspunkt. Nicht nur optisch, sondern auch akustisch. Dank compu-
tergesteuertem High-Tech von 1990
in seinen 500jährigen dicken Mauern, schallt alle zwei Stunden ein
Glockenspiel mit Melodien für das

Grünstadt 1 Bahnhof 2 Prot. Martinskirche, Dekanatsmuseum 3 Kath. Pfarrkirche St. Peter und Paul 4 Schloß Unterhof 5 Rathaus 6 Tourist-Information 7 Schloß Oberhof mit Heimatmuseum 8 Prot. Friedenskirche 9 Fußgängerzone

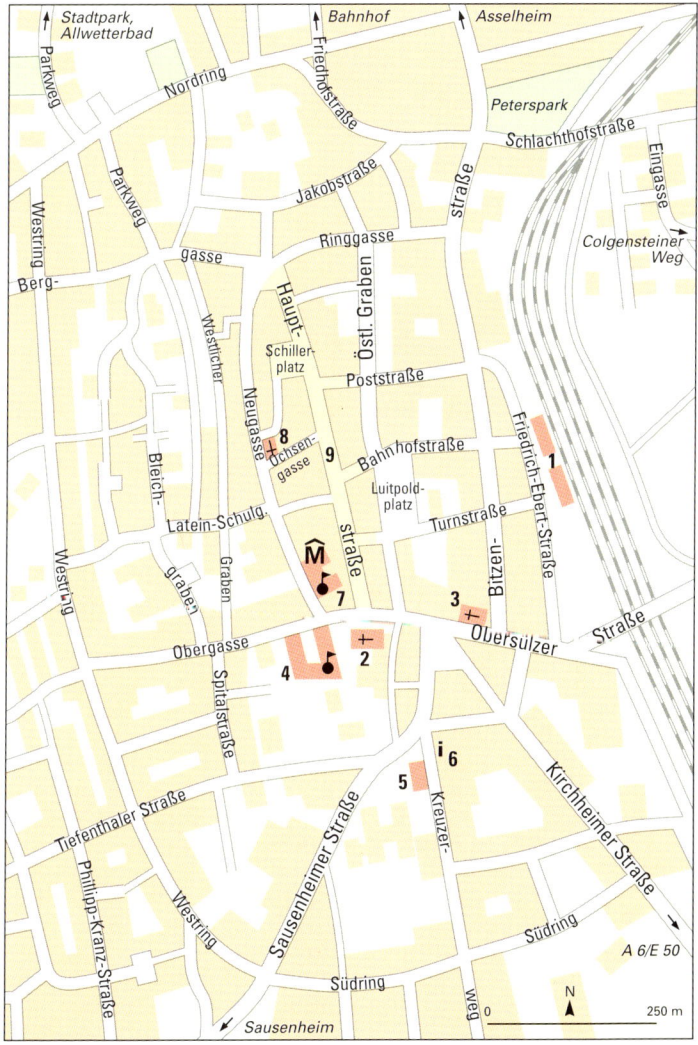

Markt in Grünstadt

ganze Kirchenjahr über die gesamte Stadt. Der Besuch der Kirche, die auf den Resten ihres gotischen Vorgängerbaus 1727–36 von den Leiningern – französisch-barock, mit Grafenloge und Erbgrüften – erbaut wurde, ist ein absolutes Muß, vor allem wenn Dekan Theo Herzer durch das ihr angegliederte kleine, aber feine Dekanatsmuseum führt. Die kath. Pfarrkirche **St. Peter und Paul** in der Obersülzer Straße ganz in der Nähe wirbt mit meditativer Stille. Ins barocke Kircheninnere und zur Statue der Himmelskönigin auf der Erdkugel (1700) führt ein Klingeln an der Pforte des Franziskanerinnen-Klosters.

Unmittelbarer Nachbar der Martinskirche ist **Schloß Unterhof,** eine 1698 auf dem klösterlichen Mönchhof errichtete Dreiflügelanlage, ab 1705 Residenz der Altleiningen-Westerburger Linie, nach Ende der Grafenherrschaft Sitz der Frankenthaler Porzellanmanufaktur und späteren Steingutfabrik. Damals wurde der englische Garten, von Ludwig von Sckell zu Grafenzeiten angelegt, durch die Fabrikanlagen auf einen kümmerlichen Rest reduziert. Durch den Park und am Altenwohnheim vorbei erreicht man eine Straßenkreuzung und von dort über den Kreuzerweg das ehem. gräfliche Waisenhaus (1750–55), heute **Rathaus,** gegenüber der **Tourist-Information.** Da die Stammburgen Alt- und Neuleiningen 1690 im Pfälzischen Erbfolgekrieg zerstört wurden, verlegten beide Leininger Linien ihr Machtzentrum nach Grünstadt, bis mit der Französischen Revolution das Aus für Adel und Privilegien kam. Die Neuleiningen-Westerburger, die sich ab 1705 im Ortsregiment alljährlich mit den Altleiningern abwechselten, residierten ab 1716 im **Schloß Oberhof** in der Neugasse, worin der durch die Kriegswirren verarmte Graf Georg II. wohl die gesamte Mitgift seiner dänischen Gemahlin Margarethe, einer Tochter des Vizekönigs von Norwegen, verbaute.

Bis zum Wiederaufbau der Martinskirche diente die **Friedenskirche** in der Neugasse den Grünstadter Unierten als einziges Gotteshaus. Solch protestantische Eintracht war nicht immer selbstverständlich. Anfang des 18. Jh. verbündeten sich die Lutheraner gar mit den Katholiken, um die Reformierten am Kirchenbau zu hindern. Der Konflikt eskalierte bis zum Diebstahl eines »reformierten Leichnams« und dessen gewaltsamer Beerdigung nach lutherischem Ritus. Erst 1739, nach einem Machtwort des Reichshofrats in Wien, entstand der Saalbau im französischen Barockstil. Die Prospektpfeifen der Orgel wurden im Ersten Weltkrieg eingeschmolzen und durch Besenstielattrappen ersetzt.

Durch die Lämmergasse kommt man zum Schillerplatz und kehrt damit in die lebendige Gegenwart der Fußgängerzone zurück.

Information: Tourist-Information, Kreuzerweg 7, 67269 Grünstadt, ✆ 0 63 59/80 52 03 und 80 52 41, Fax 8 56 88, Stadt-, Kirchen- und Heimatmuseumsführung (H. Wilhelm) nach Vereinbarung.

Unterkunft: Hotel Villa Roos, Poststraße 19, ✆ 9 34 10, Fax 93 41 41, restaurierte Gründerzeit-Villa, Schlemmerwochenenden mit Weinprobe und Rundflug übers Leiningerland, DZ um DM 155–220; Hotel Jakobslust, Jakobstraße 15, ✆ 8 60 11, Fax 8 45 76, ältestes Hotel am Platze (1812), familiär, DZ um DM 120–130.

Restaurants: Bistro Villa Roos, s. o., Musik im sommerlichen Biergarten; Jakobslust, s. o., Sa–Do, gepflegte Küche, Garten; Alte Münze, Neugasse, ✆ 25 25; Parkschenke (Stadtpark), ✆ 8 69 55, Di–So, Fischspezialitäten.

Szene: Fabrik, Neugasse, ✆ 8 61 17, absolute in-Kneipe.

Kultur: Infos über Kulturverein Grünstadt (S. Ostertag), ✆ 53 55; Kunst am Taubengarten, Taubengartenhohl 1, ✆ 25 28, private Kunstförderung; Ehrenbürger Karl Unverzagt, Colgensteinerweg 3, ✆ 31 41, Atelierbesichtigung. **Feste:** 3. Juliwochenende: Weinwettstreit am Jakobimarkt mit Krönung der Weingräfin des Leiningerlandes.

Museen: Kleines Dekanatsmuseum, Martinskirche, Terminabsprache: Pfarrhaus, Kirchheimer Straße 2, ✆ 22 53; Heimatmuseum Grünstadt und Leiningerland, Schloß Oberhof, Museumsraum und Stadtbücherei: Di 18–20, So 15–18 Uhr, Exponate in der Stadtbücherei auch Di/Fr 14–19 Uhr, Do 9–12, 13–16 Uhr.

Freizeit: Allwetterbad Grünstadt, ganzjährig, Freizeit- und Sport-

möglichkeiten; Stadtpark mit Sommer-
halle (1910, jüngst renoviert), Volksbe-
lustigungen wie Anno Tobak sind ge-
plant; Luftfahrtverein Grünstadt/Quirn-
heimer Berg, Info für Rundflüge:
K.-H. Echter, ☎ 22 89; B. Freyland, ☎
8 31 73.

 Verbindung: Bahnstation.

Radtour im Eckbach- und Eistal

Länge: ca. 35 km; Karte: Deutsche Weinstraße, Top-Stern-Karte
(1:50000).

Eckbach und Eisbach entspringen im nördlichen Pfälzerwald,
gruben sich vor Millionen von Jahren in engen Tälern ein tiefes Bett
und wurden landschaftsprägend –
der Eisbach im Eisenberger Bek-
ken, der Eckbach im Neuleininger
Tal. Beide Flüßchen streben der
Ebene zu und münden bei Worms
in den Rhein. Im Tertiär entstand
aus ihren Ablagerungen eine dicke
Sedimentdecke und verband sich
mit herangewehtem eiszeitlichem
Löß zu fruchtbaren Böden. Zu kost-
bar allein für die Monokultur Wein,
formt sich der Charakter der Ebene
im Kontrast von anspruchsvollerem
Korn und Gemüse und genügsame-
ren Reben.

Nachweislich seit dem 13. Jh.
säumten Mühlen die Ufer, noch im
19. Jh. allein am Eckbach 35 an der
Zahl. In einer Agrargesellschaft ungeheuer wichtig, lieferten Korn-

mühlen Mehl zum Brotbacken, Öl-
mühlen Rapsöl für Speisen und
Brennstoff für Lampen und Later-
nen. Walkmühlen »walkten« (fe-
stigten) Wollstoffe, Schleifmühlen
schliffen Werkzeuge und Waffen.
Im 18. Jh. gesellten sich Papier-
mühlen hinzu. Heute klappert
kaum noch eine Mühle am rau-
schenden Bach. Verschwunden,
verfallen, zu Silos umgebaut,
Wohnhaus oder Restaurant geworden – dann aber oft liebevoll restauriert.

Unsere Tour ist zugleich eine
Kulturreise ins Mittelalter. Gotische
Wandmalereien im Chor der meisten Kirchen haben den Bildersturm im 16. Jh. (s. S. 60) hinter
Putz überstanden, nicht aber die
phantasievollen Fälschungen eines
Restaurators, der laut Joseph Rütt-
ger (»Unterwegs im Leiningerland«) Kleinkarlbachs Christusträ-
ger zum Christus machte und auch
in Albsheim vor Fälschungen nicht
zurückschreckte. In Mühlheim a. d.
Eis legte er sich nur Zügel an, weil
die Bestände fotografisch erfaßt
waren. Schließlich führt die Tour in
die Geschichte der Region, die,
wie könnte es anders sein, von der
der Leininger Grafen nicht zu trennen ist.

Vom Zentrum Grünstadts starten
wir nach **Sausenheim**, daß 1969
eingemeindet wurde. Zwei große
Kirchen, beide auf Gründungen
um 800 zurückgehend, die protestantische durch Weißenburger
Mönche, die kath. St. Stephanus
durch Kloster Nabor (Bistum Metz),

Radtour im Eckbach- und Eistal

deuten auf eine bedeutsame Vergangenheit hin. Was von Glanz und Gloria keltisch-römisch-fränkisch-leiningischer Geschichte übrigblieb, sind eine hübsche, rebenüberspannte Dorfstraße, ein Taufstein (1510) aus der Wormser Schule in der stimmungsvollen prot. Kirche (Führung: Pfarramt nebenan, ☏ 0 63 59/96 10 20, Voranmeldung), ein Sakramentshäuschen (ca. 1500) in der kath. Pfarr-

kirche St. Stephanus (Führung: K. Schmitt, Trifelsstraße 7, ☏ 24 78), das Rathaus (1600) und der auf Löß- und Kalkböden vorzüglich gedeihende Wein.

Wir überqueren bei der Fina-Tankstelle die Gleise und erreichen **Kleinkarlbach,** das 1460 eines der ›Bauernopfer‹ im Kriegs-Schach(er) zwischen den Leiningen-Hardenburgern und Kurfürst Friedrich I. war. Marodierende kurpfälzische Soldateska setzte damals den roten Hahn auf die Dächer. Winzerhäuser des 16.–19. Jh. entlang des offen fließenden Eckbachs künden

Die Fürstenmutter Europas

»Wie hebt sich euer Hauß empor! / Wir sehn biß an den Himmels Achsen, / Im höchsten Glück und vollem Flor, / Die Zweige Eures Stammes wachsen …« – Ob das »Hochgräfl. Leining–Heidesheimisches Cammer Collegiums« 1748 beim »unterthänigsten Glückwunsch« zur Hochzeit von Georg Wilhelm, Landgraf zu Hessen, mit Maria Louisa Albertina, Gräfin zu Leiningen und Dachsburg, wohl prophetische Gaben besaß? Der Braut war es nämlich gewiß nicht in die Wiege gesun-

gen, Urgroßmutter eines deutschen Kaisers zu werden, auch wenn sie aus einem alten, in weitverzweigten Linien die Region beherrschenden Geschlecht stammte.

Maria Louisa Albertina wurde am 16. März 1729 im Heidesheimer Schloß als Tochter des Grafenpaars Christian Carl Reinhard und Katharina Polixena, das in der Gruft der Mühlheimer Schloßkirche zur letzten Ruhe gebettet ist, geboren. Die Ehe mit Georg Wilhelm, dem jün-

vom Überlebenswillen der Bürger des im Wettbewerb »Unser Dorf soll schöner werden« mehrfach ausgezeichneten Orts. Die prot. Kirche prägt der mutierte Christus Adam Schlesingers (s. S. 61). Emporen- und Kanzelbilder aber sind ihr wahrer Schatz. (Führung: Prot. Pfarramt, ☎ 0 63 59/32 31, Anmeldung.)

Dem anmutigen Bachweg nach Osten folgend, der im Ort links von der Hauptstraße abzweigt, die Langmühle streifend, nähern wir uns dem 1200 Jahre alten **Kirch**-

heim, das an der Kreuzung wichtiger Handelsstraßen lag. Wo heute Autos mit zweistelligen PS unter der Motorhaube durch die Denkmalzone preschen, an eindrucksvollen traufseitigen Winzerhäusern des 17. und 18. Jh. vorbei, pflegten einst Kutscher zwei ›PS‹ auszuschirren und samt Fahrgästen in Schildherbergen einzukehren, die durch Holzschilder oder Zeichen in Torschlußsteinen markiert waren. So signalisieren Löwe und Faß im Bogenstein die vormalige Her-

geren Bruder des regierenden Landgrafen, war glücklich, wenn auch der Lebensstil wegen geringer Einkünfte recht bescheiden war. Trotzdem schuf die »Prinzessin George« im Alten Palais zu Darmstadt mit pietistischem Gottvertrauen, Frohsinn und viel menschlicher Wärme für eine große Familie ein Zentrum emotionaler Stabilität. »Sie schwätzt wie die Prinzessin George«, wurde zum Darmstadter Sprichwort. Königin Luise von Preußen, ihre berühmteste Enkelin, an der sie jahrelang Mutterstelle vertrat, überliefert in ihren Briefen eine Redensart der »Großmäme«: »Putzen Sie sich hübsch, waschen Sie alles niedlich, so daß alles glänzt wie Karfunkelstein im Ofenloch.«

Während Louisa schon zu Lebzeiten über Preußen hinaus Kultstatus genoß, war ihr Sohn Wilhelm den Pfälzern zunächst verhaßt, weil der »Kartätschenprinz« 1849 ihren Aufstand niederschlug. 1871 aber wurde er auch hierzulande zum umjubelten Kaiser der nationalen Einheit.

Für das Heiratskarussell des europäischen Hochadels hatten die neun Kinder der »Prinzessin George« allesamt gute Karten, durch Liebreiz oder gar Schönheit, Herkunft oder aus politischem Kalkül. Eine äußerst robuste Konstitution ließ die Prinzessin fast 90jährig werden. So besuchte sie noch in hohem Alter Kinder und Kindeskinder, jeweils von einem Wust an Gepäck begleitet, eine Marotte, die ihr den Uznamen »Schachtelgräfin« einbrachte. Als sie 1818 in Mirow (Mecklenburg) starb, lebte sie in den Fürstenhäusern Preußen, Hannover, Mecklenburg-Strelitz, Thurn und Taxis, Nassau, Hessen-Darmstadt, Sachsen-Hildburghausen weiter – und in Bayern. Dessen König Ludwig I. war einer ihrer Enkel.

berge »Zum Löwen« (Weinstraße Nord 23). Das aktuelle Aushängeschild Kirchheimer Wirtstradition ist eine ehemalige Mühle: Die »Alte gräflich Leininger Mühle« lieh den Namen von Gräfin Charlotte Wilhelmine, die 1751/52 Besitzerin war. Nächtigen kann man im »Savigny'schen Haus«. Ludwig Johann de Savigny (1652–1726), Unterhändler im Frieden von Rijswijk (1697) und Ahnherr des Staatsrechtlers Friedrich Karl von Savigny, ist in Kirchheim geboren.

Wir verlassen die Weinstraße vor Auto Friesen, radeln rechts zum Weingut Ellbrück (Bruchmühle) und an der Haldmühle vorbei nach **Bissersheim.** Entlang Winzerhäuser des 17.–19. Jh. ans Ortsende gekommen, fahren wir links zum Eckbach, überqueren ihn, biegen sofort rechts zu einem Wäldchen ab und bleiben immer in Bachnähe. Nach der Mühle am Weiher empfängt uns in **Großkarlbach** die Rheinmühle, die in Privathand ist, aber auch kulturell ge-

Heckmühle in Großkarlbach

nutzt wird. Von einem halben Dutzend Mühlen ist keine mehr in Betrieb. Dafür gibt es zwei Kirchen für 1100 Einwohner! Die prot. Kirche (13./17. Jh.) lohnt ein intensives Hinsehen: gotische Wandmalereien über dem Triumphbogen, manieristisch-phantastische Ornamentik im Langhaus, ein barocker Orgelprospekt. (Pfarramt, Hauptstraße 25, Büro Donnerstagmorgen offen, sonst ✆ 0 62 38/9 80 00.) Beinah in Rufweite lockt das »Karlbacher« zur Einkehr, ein Renaissance-Fachwerkhaus, das dank Privatinitiative zum Schmuckstück wurde.

Zurück zur Kändelgasse, das Gänseeck hoch, biegen wir schließlich rechts in die Straße Zum Weinberg ein, an deren Ende rechter

Hand die Pappelmühle (einst Kornmühle) liegt. Wir fahren aber links hinauf in die Weinberge, bei der Weinlaube rechts den Pfad zur nächsten Wegkreuzung und informieren uns dort ums Eck über die Großkarlbacher Erziehung (s. S. 20). Wir halten uns weiter geradeaus, rollen hinab zur Straße, überqueren sie zur Weidenmühle hin und kommen nach einem kurzen Stück schlechten Wegs auf der Landstraße zum Ortseingang von Laumersheim. Dort biegen wir sofort rechts in Richtung der Obstplantagen ab und erreichen schließlich auf asphaltierten Wegen **Dirmstein.** Die ›Perle im Leiningerland‹ hat viel an Glanz eingebüßt. Die Adelsschlösser der vormaligen Sommerresidenz der Wormser Bischöfe verharren in Untergangspose oder sind funktionell verunstaltet. Das Sturmfedersche Schloß aber, mit Drachentöter Michael und freiherrlicher Poesie am Portal, ist fein herausgeputzt. Auf Balthasar Neumanns Plänen basiert die unter Verwendung eines spätgotischen Turms errichtete Zweikirche St. Laurentius (1742–45), deren protestantischer Teil betont schlicht gehalten ist, während die katholische mit seinem reichen Deckenschmuck, den aus der Erbauungszeit stammenden Seitenaltären und der Rokokokanzel vor Sinnenfreude sprüht. (Orts- und Kirchenführung: A. Maurer, ✆ 0 62 38/ 34 37.)

Wir verlassen Dirmstein und das Eckbachtal über den Schafbergweg gen Westen, fahren angesichts Obersülzens auf dem holprigen Emmersweg nach Norden, überqueren die Dirmsteiner Straße, radeln kurz am Floßbach entlang und nach Norden auf dem betonierten Weg. Vorbei am Acker-Schauplatz des traditionsreichen Open-air-Festivals »Rock im Hinterland« geht es hinab ins Eistal und nach **Colgenstein.** Nach einem Abstecher zur prot. Kirche mit ihrem mächtigen romanischen Turm (12. Jh.) und dem gotischen Taufstein-Kleinod (Schlüssel: F. Waidschies, Schloßstraße 2, ✆ 0 63 59/57 56) gelangen wir auf der Schloßstraße nach **Heidesheim.** Dort erinnert nur noch der Park an den Stammsitz der Leiningen-Dagsburg-Heidesheimer. Das Schloß, Jugenddomizil der Gräfin Maria Louisa Albertina (s. S. 84), wurde 1793 in den Revolutionskriegen niedergebrannt.

Ein wunderschöner Bachpfad führt knapp nach Überqueren der Bahnlinie durch die Felder nach **Mühlheim an der Eis.** Hier hat die Leininger Grafenfamilie in der prot. Kirche sichtbare Spuren hinterlassen. In mehreren Bau- und Umbauphasen (1343–1773) aus Findlingskalksteinen errichtet, wirkt sie auf den ersten Blick wie eine Trutzburg aus den schottischen Highlands. 1620 wurde sie zur Schloßkirche auserkoren und mit barocker Fülle ausgestattet. Konzerte haben Johann Michael Stumms Orgel (1730) wieder zum Leben erweckt. Im Fall des Grafen Friedrich Theodor Reinhard, einem der ruhenden ›Grufties‹ unter dem gotisch bemalten Chor, dürften Wiederbelebungsversuche vergeblich sein. Gerüchteweise soll ihm 1774 ein nicht ganz astreiner Schlaftrunk gereicht worden sein. Lautes Stöhnen aus dem Sarg veranlaßte ein nochmaliges Öffnen. Der Graf war mausetot, lag aber auf dem Gesicht. (Schlüssel: W. Debus, Haus nebenan, ☎ 0 63 59/ 25 47; Kirchenführung: prot. Pfarramt Asselheim, ☎ 57 72; K. Stumpf, ☎ 24 45.)

Die Brechgasse hinunter begleiten wir den Eisbach bis nach **Albsheim** und zur prot. Kirche (Kirchenführung: prot. Pfarramt Asselheim, ☎ 0 63 59/57 72; K. Stumpf, ☎ 24 45) biegen nach der Bahnunterführung rechts in die Weinberge ab, genießen den Blick ins Eistal, unterqueren die B 271, überqueren die alte Weinstraße und fahren an der Radweg-Abzweigung nach Bockenheim auf einem Schotterweg gen Westen ans nördliche Ortsende **Asselheims** (s. o.). Jetzt ist es nur noch ein Katzensprung bis Grünstadt – am besten nicht auf der Hauptstraße, sondern vor der Bahnunterführung links in die Schloßstraße hinein und durchs Rebenland.

Anmerkung: Von Klein- bis Großkarlbach ist die Tour identisch mit dem im Mai 1997 eröffneten »Eckbach-Mühlenwanderweg« von Neuleiningen-Tal bis Dirmstein. Führungen: Ostern, am »Deutschen Mühlentag« (Pfingstmontag) und im Herbst zur Weinlese. Info/Führung: W. Niederhöfer, ☎ 0 63 59/ 8 24 68.

🛈 **Information für Sausenheim:** Tourist-Information Grünstadt, s. S. 81; **...für alle anderen Orte:** Verbandsgemeinde Grünstadt-Land, s. S. 75.

🛏 **Unterkunft in Kirchheim:** Weingut und Gästehaus Mühlmichel (»Savigny'sches Haus«), Weinstraße Nord 39, 67281 Kirchheim, ☎ 0 63 59/ 23 61, DZ um DM 100; **... in Asselheim:** s. S. 77.

🍴 **Restaurants in Kirchheim:** Alte gräflich Leininger Mühle, Weinstraße Nord 59, ☎ 30 31, Mi, Do, Sa–Mo, durchgängig geöffnet, als »gastliches Haus« ausgezeichnet; **... in Bissersheim:** Lindenhof, Luitpoldstraße 10, ☎ 0 63 59/53 51, Mi–So, wochentags ab 16 Uhr; **... in Großkarlbach:** Karlbacher, Hauptstraße 57, ☎ 0 62 38/ 37 37, Mi–So, kleine Karte für große Geldbeutel; Gebrüder Meurer, Hauptstraße 67, ☎ 6 78, Gourmetrestaurant; Winzergarten, Hauptstraße 17, ☎ 21 51, für kleinere Geldbeutel; **... in Dirmstein:** Kempf, Marktstraße 3, ☎ 0 62 38/9 84 00; Bengel, Marktstraße 15, ☎ 9 84 30; **... in Asselheim:** s. S. 77.

🎭 **Kultur in Sausenheim:** Kultur im Weingut, Trapp-Niemes, Rathausstraße 12, Info: Kulturverein Grünstadt, s. S. 81; **... in Großkarlbach:** Sieben Mühlen Kunst- und Kulturverein, Info: U. Wanders, ☎ 21 39; **... in Mühlheim a. d. Eis:** Schloßkonzerte, Info: K. Gericke, ☎ 0 63 59/8 22 27; **... in Obrigheim:** Rock im Hinterland e. V., Rosenweg 5, 67283 Obrigheim. **Fest in Sausenheim:** Kerwe, 2. Septemberwochenende, »Kweredd«-Attraktion und Umzug mit Kutschen.

🚉 🚌 **Verbindung nach Sausenheim:** Bahnstation Grün-

stadt, von dort Buslinie (BRN) Grünstadt–Altleiningen oder Grünstadt–Bad
Dürkheim; ... **nach Kleinkarlbach:**
Bahnstation Bad Dürkheim oder Grünstadt, von dort Buslinie (BRN) Bad
Dürkheim–Grünstadt und umgekehrt;
... **nach Großkarlbach, Bissersheim:**
Bahnstation Kirchheim, von dort Buslinie (BRN) Grünstadt–Frankenthal; ...
nach Kirchheim: Bahnstation; ... **nach
Dirmstein:** Bahnstation Grünstadt, von
dort Buslinie (BRN) Grünstadt–Ludwigshafen; ... **nach Albsheim, Mühlheim
a. d. Eis, Colgenstein, Heidesheim:**
Bahnstation Grünstadt, von dort Buslinie (BRN) Grünstadt–Worms.

Abstecher nach Worms am Rhein

Die Radtour (s. S. 82) könnte man
entlang des Eisbachs bis nach
Worms verlängern. Die Stadt mit
ca. 75 000 Einwohnern gehört zu
Rheinhessen, prägte aber als Hauptort des einstigen Wormsgau die
nördliche Weinstraßenregion er-
heblich stärker als etwa die Kurpfalz oder das Bistum Speyer.

»Ze Wormez bî dem Rîne si
wonten mit ir kraft«, heißt es im Ni-
belungenlied. König Gunthers Bur-
gunderreich ist verbürgt, die Zerstörung durch die Hunnen wahrscheinlich, die Geschichte von Hagen, Siegfried und Kriemhilde hat
einen historischen Kern. Am
Rheinufer von Worms steht denn
auch der finstere Recke Hagen in
der Pose des Nibelungenschatz-
Versenkers. »Hier stehe ich und
kann nicht anders!« Ganz gewiß

hob 1521 Martin Luthers Auftritt
vor dem Reichstag zu Worms die
alte Welt aus den Angeln. Die Bürgerschaft samt ihren Amtsträgern
schloß sich schon 1527 der neuen
Lehre an, die meisten Kirchen der
Stadt aber blieben katholisch, denn
hier hatte der Bischof das Sagen.
Dazu gehört die für die glücklichen
Heimkehrer des »Deutschen Kreuz-
zugs« (1195–98) Anfang des 13.
Jh. errichtete kath. Kirche St. Paul
mit ihren orientalisch anmutenden
Bekrönungen der Westtürme oder
die Liebfrauenkirche inmitten des
Industrieviertels, das einzige gotische Gotteshaus. Das ehemalige
Andreasstift südlich des Doms ist
heute das Museum der Stadt. Dort
erinnert ein Lutherzimmer an den
Reformator.

Zu dessen Zeiten aber war der
Zenit der Römer-, Bischofs- und
Freien Reichsstadt bereits über-
schritten, der Beschluß des »Ewi-
gen Landfriedens« auf dem glanz-
vollen Reichstag von 1495, den
Bischof Johann von Dalberg (s. S.
151) nach Worms holte, schon bei-
nahe vergessen. Nach Plünderun-
gen im Dreißigjährigen Krieg und
den Verwüstungen von 1689
schlug die schlimmsten Wunden
der Zweite Weltkrieg. Der Dom St.
Peter überstand das Inferno bei-
nahe unbeschadet und prägt so
noch immer, umringt von Gebäu-
den meist neueren Datums, die In-
nenstadt.

Die päpstliche Basilica Minor
(seit 1925) ist der kleinste und spä-
teste der drei romanischen Kaiser-

dome am Oberrhein, obwohl er in seinen Fundamenten in die Zeit der Karolinger und gar der Römer zurückreicht. Auf den Grundfesten eines salischen Bauwerks errichtete in der zweiten Hälfte des 12. Jh. Bischof Burchard II. den Dom, so wie er sich uns heute mit seinem langgestreckten Schiff, den beiden Turmgruppen und den Achtecktürmen über Chor und Vierung präsentiert. Die Handwerkskunst der »Wormser Bauschule« wurde richtungsweisend für den Kirchenbau der gesamten Region.

Vom jüdischen Viertel ist fast nichts mehr vorhanden. An die Gemeinde, die es schon im 10. Jh. gab, erinnern der Friedhof »Heiliger Sand«, der älteste Europas, und der Synagogenkomplex mit Mikwe und »Raschi-Haus« (einst Talmudhochschule).

ⓘ Information: Stadtinformation, Neumarkt 14, 67547 Worms, ✆ 0 62 41/2 50 45, Fax 2 63 28; Internet: http://www.worms.de.

✗ Restaurants: Stadtschänke, Kranzbühlerstraße 1, ✆ 2 56; Hagenbräu, Am Rhein 3, ✆ 92 11 00.

Ⓨ Szene: Café Jux, Judengasse 3, ✆ 66 54; Café Regenbogen, Weckerlingplatz 6, ✆ 2 88 83.

Ⅲ Museen: Museum der Stadt Worms, Weckerlingplatz 7, Mai–Sept. 10–17 Uhr, mit Lutherzimmer; Raschi-Haus, Hintere Judengasse 6, Di–So 10–12 und 14–17 Uhr.

 Verbindung: Bahnstation.

Drei Burgen am Wege – Neuleiningen, Altleiningen, Battenberg

Morgens, wenn die Sonne das Rheintal ausleuchtet und Lichttupfer auf die Haardthügel setzt, nimmt sie vor allem Burg und Bergdorf **Neuleiningen** ins Visier. Auf einem 266 m hohen Bergrücken, dem nordöstlichsten Vorposten des Pfälzerwaldes, ist der malerische Ort weithin sichtbar.

Vorbei ist die einst strategische Funktion der um 1240 von Graf Friedrich III. zu Leiningen nach burgundisch-orientalischen Vorbildern erbauten Kastellburg als militärischer Schutz der Residenz Altleiningen. Während des Bauernkriegs (1525) blieb Neuleiningen dank der Geistesgegenwart der Burgherrin Gräfin Eva zu Leiningen-Westerburg (1481–1543) unversehrt. Ob sie nun aus List den Bauern auftischte, was Küche und Keller hergab, wie in vielen Variationen geschildert und selbst in Gedichtform (Paul Münch) gebracht, oder ob sie zu »Magddiensten« gezwungen wurde – die Bauern zogen jedenfalls friedlich ab. Ein Stoff, aus dem Werbeträume sind! Eva zu Leiningen, die sich durch allerlei mildtätige Stiftungen hervortat, wird heute als ›Ahnherrin‹ der Weingräfinnen des Leininger-

Burgruine Neuleiningen

Blitzröhren bei Battenberg

landes (s. S. 142) bestens vermarktet.

Die Burg wurde 1690 im Pfälzischen Erbfolgekrieg zerstört. Das Städtchen ging ebenso in Flammen auf und sank zur Bedeutungslosigkeit eines Dorfs herab. Mehrmals aber diente sein Spitzweg-Ambiente – Stadtmauer, schmuckes Fachwerk, enge Gassen, Treppenwinkel und ein malerischer Terrassenweg ins Tal – als Filmkulisse. In den 50er Jahren wurde z. B. »Der Vogelhändler« gedreht. 1983 zur Denkmalzone erklärt, regnet es seither Preise auf das Weindorf herab – zuletzt 1996 Silber auf Landesebene im Wettbewerb »Unser Dorf soll schöner werden«.

Neuleiningen bezaubert als Ganzes, so daß man unwillkürlich zögert, etwas herauszugreifen, den Diebsturm an der Stadtmauer etwa, die ehemalige Zunftherberge, das »Spitzehäuschen«, Fachwerkhaus am Eck zur Mittelgasse, die vielen Zunftzeichen an den Türstürzen. Im Chor der kath. Pfarrkirche St. Nikolaus (13./16. Jh.), deren Langhaus einst Teil der Burgkapelle war, wird man bei den Holzskulpturen der 12 Apostel (um 1500) und einer Muttergottesfigur (Ende 15. Jh.) ebenfalls fündig. Im übrigen steige man die übereinander gestaffelten Treppen hoch und laufe durch Gassen, wo es noch möglich ist, ungestört ein nachbarliches Schwätzchen zu halten.

Als die Grafen zu Leiningen aus dem Dunkel der Geschichte auftauchten, errichtete (vermutlich)

Emich II. im 12. Jh. weiter hinten im Tal des Eckbach die Burg **Altleiningen** als Stammsitz des neuen Geschlechts. Von dort aus verzweigten sich die Leininger durch vermögende Heiraten, Lehensaneignung und Erbteilungen in der ganzen Pfalz und darüber hinaus. Die mächtige Burganlage, im Bauernkrieg (1525) zerstört, danach »mit Fenstern wie das Jahr Tage zählt« wieder aufgebaut, 1690 erneut zerstört, beherbergt heute die Jugend der Welt.

Im gräflichen Machtbereich lag auch **Battenberg** am Eingang des Tals, Neuleiningen gegenüber. Da ein geschlossenes Ortsbild fehlt, findet die Dorfidylle um so intensiver im Bereich der frühgotischen Kirche und Burgruine statt. 1693 soll sich dort der französische General Mélac bei einem Festgelage am Anblick des brennenden Heidelberger Schlosses ergötzt haben. Speisen ohne solch makabre Szenerie kann man heute im Gartenlokal an der Ruine – und nahebei den unwiderstehlich schönen Blick in die Ebene einfangen.

Von der ›Kneipe‹ ist es nicht weit zur neuen Kneippanlage (Am Hipperling, tägl. 8 –20 Uhr), die eine Skulptur des ortsansässigen Künstlers Walter Markert schmückt.

Nicht zu vergessen die sog. »Blitzröhren« an einer Kurve der Ortsauffahrt. Die röhrenförmigen Gebilde entstanden wahrscheinlich durch eine schwache, eisenhaltige Quelle, wobei durch Erosion der Erdboden abgetragen wurde und

das harte Gestein übrigblieb. Sie verweisen auf einen im 19. Jh. bedeutsamen Erwerbszweig. Poröser Sandstein aus der Gemarkung Hipperling, der durch eingelagertes Eisenerz ockerfarben ist, wurde geschlemmt, gebrannt, in der Kleinkarlbacher Neumühle gemahlen und war als Farbe Englischrot ein Exportschlager.

Information in Neuleiningen: Führung: B. Freyland, ☎ 0 63 59/ 31 73; U. Wollnik, ☎ 55 32; ... in Battenberg: Tourist-Information Grünstadt, s. S. 81; Führung: F. Süntzenich, 67271 Battenberg, ☎ 0 63 59/29 55.

Unterkunft in Neuleiningen: Hotel Alte Pfarrey, Untergasse 54, 67271 Neuleiningen, ☎ 8 60 66, Fax 8 60 60, idyllisches Gehöft, DZ um DM 160 –190; Hotel Felsenmühle im Tal, Talstraße 2, ☎ 91 92 31, ehemalige Mühle, DZ um DM 120; Hotel Haus Sonnenberg, am Sonnenberg 1, ☎ 8 26 60, Fax 8 30 02, DZ um DM 100 –115; Hotel zum Burggraf, Mittelgasse 11, ☎ 28 26, ehemals Zunftherberge, DZ um DM 85 –105; ... in Battenberg: Hotel Garni Landhotel im Hofgut, ☎ 96 10 03, Fax 96 10 05, DZ um DM 130 –140.

Jugendherberge/Naturfreundehaus: DJH Jugendburg, 67317 Altleiningen, ☎ 0 63 56/15 80, Fax 63 64, Schwimmbad im Burggraben; Naturfreundehaus Rahnenhof, 67316 Hertlingshausen, ☎ 0 63 56/2 81, Fax 56 14, Übernachtung wie im Hotel, ideal für Familien (Kinderbetten) und Gruppen.

Restaurants in Neuleiningen: Alte Pfarrey, s. o., Di–So, exklusiv; Liz' Stuben, Am Goldberg 2, ☎ 53 41, Di –Sa, italienische Küche der Chefin und Klavier-Intermezzi des Ehemanns; Burgschänke, Kirchengasse 12, ☎ 29 34,

93

Burgkeller und Burggarten; Felsenmühle im Tal, s. o.; Engel, Kirchengasse 12a, ✆ 9 32 20, Jugend; Zum Sonnenberg, s. o., ✆ 26 06; ... in Battenberg: Gutsschänke Battenberg, s. Landhotel im Hofgut, Mi–So, preiswert gut, mit Garten im Ruinengelände; ... in Altleiningen: Gasthaus Zur Burg, Talstraße 43, ✆ 88 28, Di–So.

🎭 **Kultur in Neuleiningen:** Freilichtbühne, Info: Tourist-Information Grünstadt, s. S. 81; ... in Battenberg: Sommerkonzerte in der Ruine, Info: Landhotel im Hofgut, s. o.; ... in Altleiningen: Burgspiele, Info: G. Demmerle, ✆ 88 00; Filmnächte, Info: Tourist-Information Grünstadt, s. o. **Fest in Neuleiningen**: Stabaus-Fest, 3. Sonntag vor Ostern (Lätare).

❗ **Blick:** Neuleiningen; Burgruine Battenberg.

🚶 **Wandertip:** Länge: 22 km, Dauer: ca. 7 Stunden; Karte: s. S. 218. Der »Dreiburgenweg« (»BW« mit rotem Dreieck), eine Tour, die gute Kondition und geübte Fährtenleser (Karte!) erfordert. In welcher Reihenfolge man die Burgen abklappert, hängt von Zeitpunkt oder Witterung ab: Waldeslust zwischen Battenberg und Altleiningen, ausgiebiges Sonnenbad zwischen Alt- und Neuleiningen. Verpflegung mitnehmen (keine Hütten unterwegs)!

🚲 **Radtips:** Länge: 26 km; Karte: s. S. 218. Nach dem Bahnhof Neuleiningen (im Tal) links abbiegend, den Eckbach und Eisenbahnschienen überquerend, führt ein Waldweg zum Drahtzug (ehemals leiningischer Wappenhammer, 1740 von der Fabrikantenfamilie Gienanth zur Drahtzieherei umfunktioniert). Danach fährt man auf der Straße nach Altleiningen und an der Abzweigung (am Gasthaus Zur Burg) nach Wattenheim direkt auf die Burg zu. Wieder zurück auf der Straße, biegt

man kurz vor Wattenheim (Pflanzkübel) rechts ein und kommt am Landgasthof Holz (Sa–Do) zum höchsten Punkt, bleibt auf der Hochfläche, passiert den Weiler »Nackterhof«, fährt ein kurzes Stück neben der A 6, und erreicht Neuleiningen!

🚉 🚌 **Verbindung nach Neuleiningen, Altleiningen:** Bahnstation Grünstadt, von dort Buslinie (BRN) Grünstadt–Altleiningen; ... **nach Battenberg:** Bahnstation Grünstadt oder Bad Dürkheim, von dort Buslinie (BRN) Grünstadt–Bad Dürkheim.

Die drei ›am Berg‹ – Bobenheim, Weisenheim und Herxheim

Von Kleinkarlbach aus erreicht man **Bobenheim am Berg,** die erste der drei ›Berg‹-Gemeinden. Inmitten einer nachweislich 1200 Jahre alten Weinkultur und in Rufnähe des Pfälzerwaldes läßt sich's gut wohnen, dachten zahlreiche Zuzügler, und ließen die Einwohnerzahl auf ca. 800 ansteigen. Dennoch hat sich der Ortskern mit der prot. Kirche (um 1300/15. Jh.) seinen dörflichen Charakter bewahren können.

Neubauviertel gibt es auch in **Weisenheim am Berg,** wo Zugereiste beim alljährlichen »Stutzenfest« um Martini (11. November) zu vollwertigen Bürgern ›zurechtgestutzt‹ und auf originelle Weise integriert werden. Ein Neubürger, der Metereologie-Pionier Dr. Georg

Tor (Detail) in der Leistadter Straße in Weisenheim am Berg

von Neumayer (1826–1909), dem man auch im Pfalzmuseum für Naturkunde (s. S. 228) und auf dem Weinbiet (s. S. 126) begegnet, wählte das einstige Jagdschlößchen der Leininger Grafen als Sommersitz, das jetzige Gasthaus »Admiral«. Weisenheim scheint ein guter Nährboden für Originale zu sein, predigt doch der protestantische Pfarrer Otmar Fischer anläßlich von Festen in Mundart, wobei er das Lied »In de Palz geht de Parrer mit de Peif in die Keerch …« wörtlich nimmt. Predigt und ›Rauchopfer‹ bescheren Dorf und Kirche je-

weils einen gewaltigen Zustrom. Das gilt auch für den Viehgottesdienst während des »Stutzenfests«, der seit einer Viehpest von 1792 Tradition ist und von 1992 an wieder in tierischer Gesellschaft, vom Meerschweinchen bis zur Eidechse, abgehalten wird – eine weitere Gelegenheit, die gotische Kirche mit ihrem barocken Turm und den Wandmalereien (um 1400) im Chor zu bewundern. (Schlüssel: Prot. Pfarrhaus nebenan, ✆ 0 63 53/ 74 82 oder G. Ochs, Hauptstraße 17, ✆ 22 50.)

Herxheim am Berg ist in allen vier Himmelsrichtungen von Straßen durchschnitten und büßt dadurch einiges an atmosphärischer Dichte ein. Dagegen versucht sich der Pfaffenhof mit Erfolg abzusetzen, ein imposanter Baukomplex, Keimzelle des alten Herxheim, den man erst einmal umrunden sollte, um dann durch das malerische Renaissancetor einzutreten. Der fränkische Gutshof (8. Jh.) des »Herigis« kam im 10. Jh. in den Besitz des Klosters Weißenburg, das im 14. Jh. die Grafen von Leiningen zu Schutzvögten ernannte. Diese zogen Herxheim 1461 in den Strudel der Fehde mit Kurfürst Friedrich I. von der Pfalz, der es dem Erdboden gleichmachte.

Turmunterbau und Apsis des prot. Gotteshauses stammen noch aus der romanischen Epoche. (So offen, Pfarramt ✆ 0 63 53/73 12.) Der stille Kirchgarten öffnet sich zur Rundsicht über die Ebene. An den Hängen reifen Reben der Lagen »Himmelreich«, »Honigsack« und »Kirchenstück«. Daraus schöpfen traditionsreiche Güter in Herrensitzen des 16.–19. Jh. Wein, der kaum einer Werbung bedarf.

ℹ️ Information: Tourist-Information Freinsheim, s. S. 100.

🛏️ Unterkunft in Herxheim a. Bg.: Gästehaus Goldberghof, Raiffeisenstraße 30, 67273 Herxheim, ✆ 0 63 53/81 67, Fax 85 17, DZ um DM 90–110.

✕ Restaurants in Bobenheim a. Bg.: Zur Traube, Kleinkarlbacher Straße 5, ✆ 0 63 53/17 44, Mi–So; **... in Weisenheim a. Bg.:** gut Stubb im Admiral, Leistadter Straße 6, ✆ 0 63 53/41 75, Mi–So; Speeter, Leistadter Straße 10a, ✆ 31 32, herzhaft und gut, Saumagen.

🍷 Weinstuben in Weisenheim a. Bg.: Pfälzer Weinstuben, Leistadter Straße 25, ✆ 9 36 10, Mi–So, Live-Musik; **... in Herxheim a. Bg.:** Honigsack, Weinstraße 22, ✆ 73 16, Sa–Mi, heimelige 200jährige Tradition, Feinschmeckerküche; Zum Himmelreich, Weinstraße 2, ✆ 84 68, gutbürgerlich.

🎭 Kultur in Weisenheim a. Bg.: Ehem. Synagoge, 1832 erbaut, 1909 entwidmet, 1989/90 zum Kulturzentrum restauriert. **Feste in Weisenheim a. Bg.:** Weinfest, Sonntag nach Himmelfahrt (Dialektpredigt, So 10 Uhr); Landkerwe mit Dialektpredigt, August; Stutzenfest, um Martini (November), mit Viehgottesdienst (Fr 17.30 Uhr); **... in Herxheim a. Bg.:** Pfaffenhoffest, Ende Mai, kirchliche Initiative für Dritte-Welt-Projekte, familiär.

🚶 Wandertip: Länge: ca. 10 km; Dauer: ca. 3 Stunden; Karte: s. S. 218. Südwestlich durch Weisenheim hindurch und zum Pfälzerwald. Hier wandert man (PWV-Zeichen: grünes Kreuz) zum Rastplatz Burgunderplatz und zum stillen, gar nicht monströsen Ungeheuersee (PWV-Hütte, So offen) am Ende des Krumbachtals. Der Teich mit Insel und Schwingrasen aus Torfmoosen ist eine der wenigen Vermoorungen der Region. Zunächst geht es dann ein Stück auf dem gleichen Weg zurück (grünes Kreuz) bis zur Kreuzung, danach leicht ansteigend (grüner Punkt) nach Leistadt hinein. Schließlich kommt man auf dem Wanderweg Deutsche Weinstraße (grüne Traube/PWV-Zeichen: roter Balken) nach Weisenheim zurück.

🚆 🚌 Verbindung nach Bobenheim a. Bg., Weisenheim a. Bg.: Bahnstation Bad Dürkheim, von dort Buslinie (BRN) Bad Dürkheim–Grünstadt; **... nach Herxheim a. Bg.:** Bahnstation (außerhalb!)

Abstecher nach Freinsheim

Von Herxheim aus in Richtung Kirchheim fahrend, zweigt man nach **Dackenheim** ab. Dort wurde in der Weinlage »Liebesbrunnen« Keramik aus der frühen Hallstattzeit entdeckt. Eine alte Siedlung also, ein winziges Dorf aber auch, das um so mehr mit einem mächtigen Gotteshaus verblüfft, das einst zum Kloster Höningen gehörte. Das Langhaus der kath. Pfarrkirche St. Maria aus dem 18./19. Jh. steht über einem romanischen Kern, der Turm wurde im 15. Jh. erhöht, Chor und Apsis datiert man in die Erbauungszeit (12. Jh.). Die menschlichen Figuren und Köpfe an den Säulenkapitellen und unterhalb der Arkadenbögen im Chorraum werden der Wormser Bauschule zugeschrieben. (Schlüssel: W. Czekalla, Schulstraße 4, ✆ 0 63 53/21 94.)

Der Schlußstein (Freinsheim) gibt Hinweise auf den Beruf des früheren Hofbesitzers

Ein Gang in die Weinberge oberhalb des Orts läßt die Weite der Landschaft intensiv spüren: nach Westen schaut man bis Neuleiningen und Grünstadt, nach Osten in die Ebene, aus einem Blickwinkel heraus erkennt man dort das malerische Städtchen **Freinsheim.**

»Das pfälzische Dorf Freinsheim, in dem ich geboren bin, fließt über von Geschichte, Wein und Obst. Eine schwere, dunkle Stadtmauer panzert um versonnene alte Häuser.« Hermann Sinsheimer schrieb diese Liebeserklärung im Londoner Exil. Um die Erinnerung nicht mit der Gegenwart zu verwirren, kehrte er nie mehr an den Ort seiner Kindheit zurück. Sein Geburtshaus steht unmittelbar hinter dem Haintor, ein Literaturpreis wird zu seinem Gedächtnis vergeben.

1525 wurden Freinsheim erstmals die Stadtrechte aberkannt, als Bürger und Bauern sich gegen den pfälzischen Kurfürst Ludwig V. erhoben und er sie deshalb in die Ehr- und Wehrlosigkeit stieß. 1581 wieder Stadt, verlor es diesen Status erneut 1801 unter den Franzosen. Das Kriegsdesaster von 1689

97

löschte sein mittelalterliches Stadtbild aus. Die meisten Gebäude sind barock geprägt.

1979 ein drittesmal zur Stadt erklärt und 1978–93 saniert, hat Freinsheim eine Aura, die der Schmeichelei eines »pfälzischen Rothenburg« eigentlich nicht bedarf. Ein Städtchen, zu dem man wie Sinsheimer eine lebenslange Zuneigung faßt. Einlaß in den Orts-

kern gewähren das Haintor und das von mächtigen Rundtürmen flankierte Eisentor. Auf dessen Innentor steht in einer Nische eine Statue, die im Volksmund »Jungfrau ohne Kopf« heißt. Sie soll als Kindesmörderin angeklagt und trotz Unschuldsbeteuerungen hingerichtet worden sein. In Wirklichkeit stellt die Figur den Schutzpatron St. Peter dar. 24 Wehrtürme

Die Stadtmauer um Freinsheim ist fast vollständig erhalten

zen – etwa am Eichbrunnen. Zahlreiche sanierte Gebäude passen sich feinfühlig in den Ortskern ein, darunter der Von-Busch-Hof und das Retzerhaus (Herrenstraße), die beide u. a. kulturell genutzt werden. Von der kath. Pfarrkirche St. Peter und Paul (um 1780), die einen Hochaltar (um 1760) mit einem Altarbild von Johann Conrad Seekatz (s. S. 61) und eine »Maria vom Siege«-Immaculata (Paul Egell, 1739) besitzt, führt die Hauptstraße direkt zum Marktplatz und zum 1750 erbauten Rathaus mit der überdachten Freitreppe. Dort im Winkel zur prot. Kirche, die einiges an Gotik in den barocken Umbau rettete, drapieren sich in der Adventszeit (Sa, So 17 Uhr), wenn Bratwurst-, Waffel- und Glühweinschwaden über den Weihnachtsmarkt ziehen, Freinsheimer Bürger zu einer »lebenden Krippe«.

Nur ein paar Kilometer sind es von Freinsheim nach **Weisenheim am Sand.** Ausgedehnte Obstplantagen werben, allerdings aufgrund starker europäischer Konkurrenz mit rückläufiger Tendenz, während der üppigen Blüte für den Ort und sein Umland. Das Glück liegt hier nicht nur in einem frisch gebrannten Kirschlikör aus der ›Hexenküche‹ Thomas Scherners (Wormser Straße 28) oder einem Glas Wein der Großlage »Rosenbühl«, son-

besaß Freinsheim einst, elf sind nachweisbar, davon fünf restauriert, nämlich Diebs-, Casino-, Herzog-, Kanonen- und Hahnenturm. Sie stehen für Weinproben, Feste oder als Ferienwohnungen zur Verfügung. Ein Gang entlang der 1,3 km langen Stadtmauer versetzt ins Mittelalter zurück: Häuschen überbrücken Gäßchen, malerische Winkel öffnen sich zu kleinen Plät-

dern auch auf dem Rücken der Pferde: Der Springreiter und dreifache Weltcup-Sieger Hugo Simon führt am Rande des idyllischen Ludwigshains einen Reiterhof.

Information: Verkehrsbüro am Marktplatz, 67251 Freinsheim, ☎ 0 63 53/17 79, Fax 45 77, Führung (Kirchen nach Vereinbarung), Handwerkermuseum, Planwagenfahrt, Faßweinprobe, Weinbergsrundgänge; Infos für umliegende Orte: Tourist-Information, Bahnhofstraße 12, ☎ 93 57 73, Fax 93 57 70.

Unterkunft in Freinsheim: Hotel Luther, Hauptstraße 29, ☎ 20 21, Fax 83 88, DZ um DM 180–250; Hotel Garni Altes Landhaus, Hauptstraße 37, ☎ 80 65, Fax 46 67, DZ um DM 100–130; Hotel Göller, Haintorstraße 24, ☎ 18 42, Fax 37 61, DZ um DM 100; kommunale Ferienwohnungen im Hahnen- und Herzogturm, Info: Verkehrsbüro, s. o.

Restaurants in Freinsheim: Luther, s. o.; Von-Busch-Hof, ☎ 77 05, Mi–So, Pfälzer Rezepte des Küchen- und Salonorchesterchefs Volker Gilcher; Café Rathaus, Hauptstraße 4, ☎ 20 05, Di–So, Live-Musik und Kunst; Altes Landhaus, s. o.; Zum goldenen Adler, Marktplatz, ☎ 63 62, Kuchen!

Weinstuben in Freinsheim: An der Bach, ☎ 9 30 93, Do–Di, kleine Speisen; Weisbrod, Gewerbestraße 7, ☎ 77 76; Im Kitzig, ☎ 83 37, Di–So.

Kultur in Freinsheim: Galerie Schmitt-Zulauf, Gottfried-Weber-Haus, ☎ 35 87, hochkarätige Ausstellungen im Geburtshaus des Juristen, Komponisten und Freunds Carl Maria von Webers; Von-Busch-Hof, Info: Ver-

kehrsbüro, s. o. **Feste in Freinsheim:** Blütenfest, April (zur Baumblüte); Altstadtfest, 1. Juniwochenende; Stadtmauerfest, 3. Juliwochenende; Kulinarische Weinwanderung, letzter Septembersonntag, Versorgungsstände unterwegs, Planwagenfahrt; ... **in Dackenheim:** Liebesbrunnenfest, Ende Juli; ... **in Weisenheim am Sand:** Weintage mit Portugieser-Wettstreit, 1. Aprilwochenende; Weinfest unter den Linden, um den 17. Juni.

Freizeit in Dackenheim: Golfclub Deutsche Weinstraße e. V., Im Bitzgrund 1, ☎ 0 63 53/98 92 10, Golfen in den Reben.

Verbindung nach Dackenheim: Bahnstation Freinsheim, von dort Buslinie (BRN) Frankenthal-Grünstadt; ... **nach Freinsheim:** Bahnstation; ... **nach Weisenheim a. S.:** Bahnstation Freinsheim, von dort Buslinie Grünstadt-Frankenthal (BRN).

Sonnenterrassen bei Ungstein, Kallstadt und Leistadt

»Der Sonne am nächsten«, rühmt sich Leistadt. Rebstöcke auf Sonnenterrassen – so weit das Auge reicht, von Leistadter, Kallstadter, Bad Dürkheimer und Ungsteiner Winzern bewirtschaftet. Die hügelige Landschaft animiert zu Spaziergängen und Radtouren. Was sich in Herxheim vehement ankündigte, ist nun herangerückt, der Kranz von Edelgemeinden bis Neustadt, die den Ruf Pfälzer Weine begründeten und gegen deren

Bauernmarkt in Ungstein

Image sich die anderen Weinorte erst zu behaupten lernen. **Ungstein,** heute Ortsteil Bad Dürkheims, war ein Frühstarter in Sachen Dorfentwicklung. Es wird schon 714 in den »Weißenburger Schenkungen« erwähnt. 70 Fuder Wein, etwa 70 000 l, die das elsässische Kloster der Überlieferung nach als Abgabe eintrieb, deuten auf intensiven Anbau und hohe Qualität hin. Kein Wunder in einem Landstrich, dessen Lage »Honigsäckel« eher an biblische Verheißungen denken läßt, denn an die nüchterne Erklärung des Standorts von Bienenstöcken.

Was Einzelfunde nahelegten, hat für Ungstein seit 1981 Beweiskraft:

Die Römer waren hier! Dies bezeugen nicht nur Reste einer spätrömischen Burg in der Kirchstraße 19, sondern weit mehr. Nördlich des Ortes wurde bei der Flurbereinigung auf dem Weilberg eine römische Kelteranlage freigelegt. Weitere Ausgrabungen brachten die Fundamente eines großen Guts zutage. Stallung, weitere Nebengebäude sowie ein Portikus (Säulenveranda) lassen optimal rekonstruiert die Antike wiederauferstehen. Sind auch die Schutzbauten über dem Herrenhaus etwas teutonisch schwerfällig geraten, so trat im Kelterhaus abseits des Gebäudekomplexes erstmals 1991, dann 1992 und 1995 zur Lesezeit die »I. Römerkohorte Opladen« um so leichtfüßiger Trauben der wohl ältesten Weinlage der Pfalz nach Römer Sitte zu Maische. Der solchermaßen schweißgetränkte köstliche Tropfen wird nur als »Ehrenwein« verliehen. Neben dem Kelterhaus wurden alte und neue Rebsorten angepflanzt. Als eine Art Rebenmuseum informieren sie anschaulich über die Geschichte des Weins.

Hinunter nach **Kallstadt** und zur Verheißung von Saumagen als mittlerweile salonfähiger Pfälzer Spezialität, die aber hier in erster Linie eine berühmte Weinlage ist. Kallstadt hat alles – mineralreiche lehmige Kalkböden, die dem Riesling seinen unverwechselbaren Geschmack geben und Selbstbewußtsein, das von prächtigen Adelshäusern mit Freitreppe und Torbögen bis in die kleinste Weinstube ausstrahlt. Fixpunkt des schon 824 erwähnten Orts ist die prot. Kirche (St. Salvator, 1772), deren spätgotischer Turm – achteckig über einem quadratischen, frühgotischen Unterbau und von einer barocken Haube gekrönt – weithin sichtbar ist. Den Blasebalg der kostbaren Geib-Orgel (1774/75) im Inneren trat übrigens der junge Theodor Heuss beim Besuch der Kallstadter Verwandtschaft (Ostern– Nov. offen, sonst: Pfarramt, Leistadter Str. 8, ☎ 0 63 22/10 86).

Windgeschützte sanfte Sonnenhänge auf Kalk-, Lehm- und Sandböden prädestinieren das 250 m hoch gelegene **Leistadt** zum Weinbau. Das lockte die Römer an und machte später den urkundlich 1214 erwähnten Ort als Klosterbesitz und leiningisches Lehen attraktiv. Der Bad Dürkheimer Stadtteil

hat dank prachtvoller Höfe (17.–19. Jh.) und dem ehemaligen Rathaus mit Freitreppe (1750) nichts an Eigencharakter verloren.

ℹ️ Information für Ungstein/Leistadt: Tourist-Information Bad Dürkheim, s. S. 115, auch Infos über die Römer-Lese in Ungstein; ... in Kallstadt: Verkehrsverein, 67169 Kallstadt, ☎/Fax 0 63 22/6 89 38.

🛏️ Unterkunft in Ungstein: Hotel Landhaus Heinrich, Kirchstraße 12, 67098 Ungstein, ☎ 0 63 22/6 7057, Fax 98 01 18, DZ um DM 120; ... in Kallstadt: Hotel Zum weißen Roß, Weinstraße 80–82, ☎ 50 33, Fax 86 40, DZ um DM 150; Hotel Kallstadter Hof, Weinstraße 102, ☎ 89 49, Fax 6 60 40, DZ um DM 100–190; Gästehaus Henninger, Weinstraße 6, ☎ 6 78 00, Fax 6 78 67, DZ um DM 80–100; Weingut und Gästehaus Trump, Weinstraße 128, ☎ 29 68, Fax 6 60 15, DZ um DM 80–90; ... in Leistadt: Hotel Annaberg, Annabergstraße 1, 67098 Leistadt, ☎ 0 63 22/9 40 00, Fax 94 00 90, im Mittelalter Ziegelei, dann Weingut und nun Hotel, DZ um DM 190.

🍴 Restaurants in Ungstein: Landhaus Heinrich, s. o., Di–So, lauschiger Innenhof; Honigsäckel, Weinstraße 82, ☎ 86 91, Do–Di, elegante Bodenständigkeit; ... in Kallstadt: Weinkastell Zum weißen Roß, s. o., ☎ 50 34, Mi–So, seit 1488, kultivierte Küche; Breivogel, Freinsheimer Straße, ☎ 6 11 08, Fr–Mi; Kallstadter Hof, s. o., Winzerhof aus dem 17. Jh., selbstgebackenes Brot, Fisch; ... in Leistadt: Annaberg, s. o., Mi–So, stilvoll, auch vegetarisch, Blick!

🍷 Weinstuben in Kallstadt: Weinhaus Henninger, Weinstraße 93, ☎ 22 77, Di–So, besondere Spezialität: Zickleinbraten, üppiger Garten; Wein-

Straßenszene in
Kallstadt

kabinett, Weinstraße 123, ☎ 26 44, Fr–
Di, bodenständige Küche.

Feste in Ungstein: Fest an der Rö-
merkelter, Ende Juni; **... in Kallstadt:** Fest der Hundert Weine, 30. April/
1. Mai; Saumagenkerwe, 1. Septemberwochenende.

Wandertips: 1. Länge: ca. 7 km;
Dauer: ca. $2\frac{1}{2}$ Stunden; Karte: s. S.
218. Der »Historische Rundwanderweg«
(Zeichen: Grenzstein) führt vom nördlichen Ortsende Leistadts nach Westen
durch ein Wochenendgebiet in den Pfäl-

zerwald hinauf und an beschilderten Al-
tertümern, Felsen, einem Steinbruch
usw. entlang. Ab dem Fernmeldeturm
(Orientierungspunkt, falls Zeichen fehlen) und nach lohnendem Abstecher
zum Forsthaus Lindemannsruhe (s. S.
115) geht es hinab und zurück. **2.** Rö-
merrundwanderweg: Ungstein und Leistadt sind Stationen. Info: Tourist-Information Bad Dürkheim, s. S. 115.

**Verbindung nach Ungstein,
Leistadt, Kallstadt:** Bahnsta-
tion Bad Dürkheim, von dort Buslinie
Bad Dürkheim–Grünstadt.

Große Namen im Zentrum

Bad Dürkheim –
Trauben und Salz

Weinadel in Wachenheim,
Forst und Deidesheim

Weinmetropole Neustadt

Im Zentrum von Neustadt

Große Namen im Zentrum

Trauben-, Bade-, Salinen-, Wein- und Wurstmarkt-Kuren in der Salierstadt Bad Dürkheim · Renommierte Weingüter in Wachenheim, Forst, Deidesheim und Ruppertsberg · Villa Rustica und Rückkehr zur Antike · Gang durch die Weinmetropole Neustadt und hinauf zum Hambacher Schloß · Zwischen Kuckucksbähnel und IC: ein Kapitel Eisenbahngeschichte · Abstecher zur Kaiserstadt Speyer und dem ältesten Wein der Welt

Bad Dürkheim – Trauben und Salz

Dürkheim war wie Grünstadt einst leiningische Residenz. Das Selbstbewußtsein der Kreisstadt und ihrer Bewohner speist sich jedoch aus anderen Quellen: Kurbetrieb, Wein, Wurstmarkt, Kloster Limburg, den Saliern und aus allem, was das Füllhorn der Natur über das Städtchen und seine rund 18 000 Einwohner ausschüttet.

Geschichte

Die Salier waren nicht die ersten – die Kelten hinterließen einen Fürstensitz, die sogenannte »Heidenmauer«, und die Römer bauten Kastelle u. a. in Mainz, wofür sie einen Steinbruch ausbeuteten, der seit dem 14. Jh. »Kriemhildenstuhl« heißt. Auch die Franken siedelten hier. Einer der ihren, Turinc, schuf sich am Talausgang der Isenach sein Heim.

Die Salier waren aber die ersten, deren Auge so wohlwollend auf dem bildhübschen Fleckchen Erde ruhte, daß sie über dem steilwandigen Isenachtal ihren Stammsitz wählten, die »Lintburg«. Konrad II., der Begründer der Salierdynastie, schenkte den Benediktinern 1025 die zum Kloster umgebaute Burg und 10 Jahre später auch »Turincheim«. Nach dem Erlöschen salisch-staufischer Macht waren die Leininger Grafen zur Stelle, die nahe der Limburg auf der Hardenburg saßen, zunächst als Schutzvögte ihre Fühler nach Dürkheim ausstreckten und es schließlich als Besitz deklarierten. 1471 verloren sie die Stadt im Krieg mit dem »bösen Fritz« an die Kurpfalz. 1554 erneut leiningisch, 1674 von den Franzosen schwer mitgenommen, ab 1725 Residenz der Leininger

Bad Dürkheim 1 Bahnhof 2 Kurpark 3 Kurhaus 4 Kath. Pfarrkirche St. Ludwig
5 Brunnenhalle 6 Saline 7 Dürkheimer Faß 8 Salinarium 9 Kurzentrum
10 Ostertagbrunnen 11 Prot. Schloßkirche 12 Haus Catoir (Museum)
13 Stadtplatz 14 Römerplatz 15 Tourist-Information

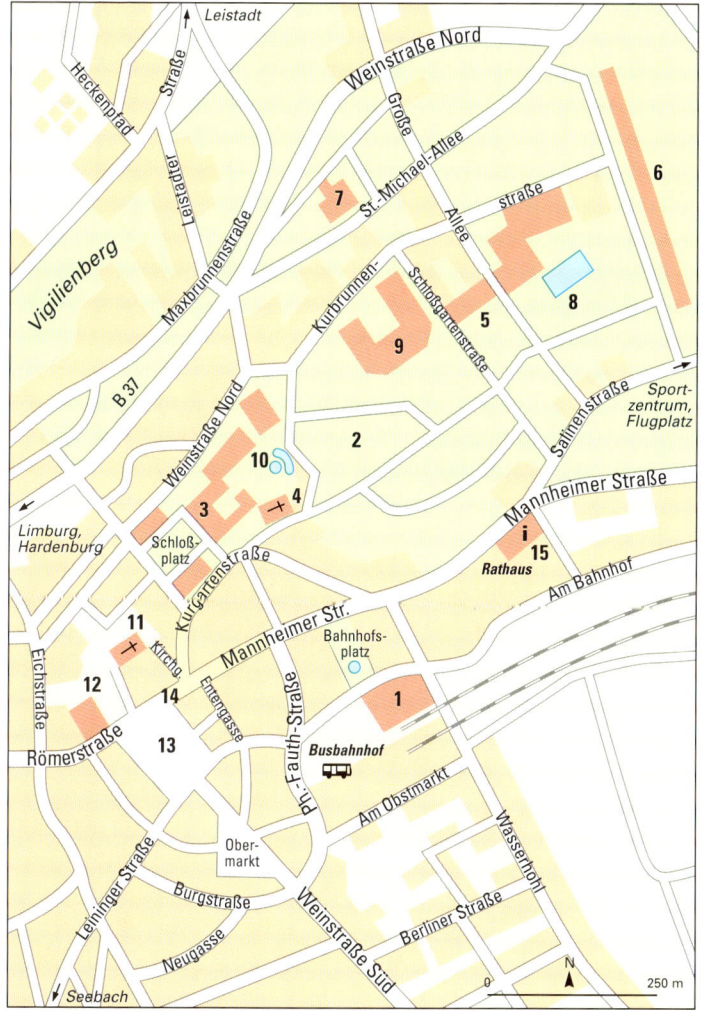

Die ›schöne Anna‹

1831 wäre der »Lederstrumpf«-Autor James F. Cooper, per Postkutsche unterwegs nach Paris, achtlos an Dürkheim vorbeigeschaukelt, hätten nicht beim Pferdewechsel am Gasthaus »Zum goldenen Ochsen« das »ehrliche, von Wohlwollen glänzende Gesicht« des Wirts Johann Balthasar Bergner, die gepflegte Gaststube und die köstlichen Weine ihn zum Bleiben veranlaßt, wie er im Vorwort zu seinem von Dürkheim inspirierten Roman »The Heidenmauer« schreibt. Die Frau des Wirts bleibt unerwähnt. Doch nur wenige Jahre später ist die ›schöne Anna‹ die ungekrönte Königin der Dürkheimer Wirtinnen, während der Ehemann immer mehr in den Schatten tritt.

Am 28. Juli 1800 in Trier geboren, heiratet die Kaufmannstochter Anna Margaretha Marx 1828 in Dürkheim den um elf Jahre älteren Witwer Johann Balthasar. 1836 ziehen die Bergners vom »Ochsen« in ihr neuerbautes Gasthaus »Zu den Vier Jahreszeiten« mit 30 Gästezimmern um und eröffnen es zur Traubenkur-Saison mit Festmahl und Ball. Die Kochkunst der ›schönen Anna‹ lockt illustre Gäste von überall her an. Kur ist damals nicht gleich Diät. Als »ganz einfaches Frühstück« tischt sie z. B. auf: »Kalbs-Cotelettes in einer braunen Sauce, Gerührte Eier mit Bratwürsten, Schweinsfüße auf dem Rost, Gebackener Börsch mit Kopf-Salat«.

Anna Bergner führt nicht nur das Küchenzepter, sie ist auch die Seele des Hauses. »Angenehm und achtenswert zugleich«, charakterisiert Friedrich Blaul sie und fährt fort: »Mit guter Manier weiß sie ein allgemeines Gespräch einzuleiten, und sobald es im Gange ist, eilt sie wieder an eine andere Stelle, wo ihre Gegenwart notwendig ist.« Allerdings ist 1838, als Blaul logiert, ihre »Schäfertaille dahin und hat einer übergroßen Korpulenz Platz gemacht«. Ihrem Gesicht nach wäre sie noch immer eine Schönheit, beeilt er sich hinzuzufügen. Heinrich Hoffmann, Schöpfer der Struwwelpeter-Figur, der zehn Jahre später auf einer Wanderung durch die Pfalz die Gastlichkeit des Hauses genießt, spricht hingegen unverblümt von der »früher schönen, jetzt dicken Anna«.

Gartenkonzerte mit Blechmusik finden allgemein Anklang. Ein glanzvoller »Bürger-Ball« eröffnet den Reigen zahlreicher Tanzbelustigungen im 1844 angebauten Saal. 1840 gründet sich im Gasthof die »POLLICHIA«, 1844 tagen die Aktionäre der Ludwigsbahn. Der spätere Kardinal Johannes von Geissel quartiert sich ein. »Durch ihre weitausgedehnten Bekanntschaften«, resümiert 1858 das »Dürkheimer Wochenblatt«, legte Anna Bergner »den ersten Grund zu der großen Berühmtheit unseres Traubenkurortes«. Mit dem Jet-set der Zeit steht die selbstbewußte Frau, die nebenher noch fünf Kinder versorgt, auf vertrautem Fuße. Auch König Ludwig I., Pensionär auf Schloß Villa Ludwigshöhe, folgt nach einer Stippvisite auf der Limburg am 3. September 1852 samt Gefolge ganz selbstverständlich ihrer Einladung »auf eine einzige Arie«. Sich selbst am Flügel begleitend, singt sie »in vollendeter Bravour und mit bittender, ja flehender Stimme«: »Bleib bei mir und geh nicht fort! In mein'm Herzen ist der schönste Ort«.

»Aber Kommen und Scheiden ist ja unser Aller Loos«, vermerkt das Dürkheimer Wochenblatt ahnungsvoll. 1854 stirbt Johann Balthasar. 1855 läßt Anna Bergner das Inventar des Gasthofs versteigern. Die Jahre bis zu ihrem Tod am 22. April 1882 liegen im dunkeln. Das »zahlreiche Leichengefolge aus allen Kreisen hiesiger Bürgerschaft« weist aber darauf hin, welches Ansehen sie noch immer genoß. Sie selbst setzt sich ein bleibendes Denkmal durch ihr 1858 gedrucktes »Pfälzer Kochbuch« mit »1002 praktisch bewährten Kochrecepten aller Art, begründet auf 30jährige Erfahrung«.

Das Weingut Schaefer huldigt der unvergessenen Botschafterin Dürkheimer Gastlichkeit mit einem Riesling Spätlese namens »Schöne Anna«. Der Gasthof »Vier Jahreszeiten« in der Kaiserslauterer Straße ging 1902 in den Besitz der Winzergenossenschaft über und wurde 1995 verkauft. Der Saal, zeitweise ein Kino, machte inzwischen einem Bürgerhaus-Neubau Platz. Das zusehends verfallende Hauptgebäude ist nun in Privathand und soll restauriert 1998 als Hausbrauerei wiedereröffnet werden. Literaturtip: Unter leider despektierlichen Titeln wie »Omas Pfälzer Suppentopf« bringt der Speyerer Hermann Klein Verlag das »Pfälzer Kochbuch« in Fortsetzungen neu heraus.

Grafen, wurde Dürkheim 1794 abermals von französischen Truppen geplündert, welche damit auch den Schlußpunkt unter die Grafen-Ära setzten. 1945 schließlich löschten Bomben so manchen romantischen Winkel der Altstadt aus.

Rundgang

Gute Verkehrsverbindungen sind für Kurorte das A und O. So bemühte sich Dürkheim schon vor seiner königlich-bayerischen Ernennung zum Solbad (1847) um die Führung der projektierten Ludwigsbahn (s. S. 139) entlang des Haardtrands statt durch die ›Sandwüsten‹ der Rheinniederungen. Aber erst 1865 wurde die Linie nach Neustadt eröffnet; die Anbindung Grünstadts bescherte ihm 1873 einen repräsentativen **Bahnhof.** Ab 1913 gab es dann eine Direktverbindung nach Ludwigshafen und Mannheim. Seither fährt die Rhein-Haardt-Bahn (RHB), eine echte Tram, über die Ebene und platzt zur Wurstmarktzeit aus allen Nähten. Walter Grasers pittoresker **Wurstmarktbrunnen** zeigt denn auch schon beim Aussteigen an, daß die Richtung stimmt und macht zudem Appetit auf das größte Weinfest der Welt.

Man erzählt sich, ein Pfälzer habe Trauben als Nachtisch mit der Begründung abgelehnt, er nehme keinen Wein in Pillenform. Gerade aber Traubenkuren lockten seit Anfang des 19. Jh. Gäste nach Dürkheim. Im **Kurpark** defilierte die Hautevolee und aß unter freiem Himmel die an Ständen feilgebotenen »Pillen«. Erst 1936 wurde das Kuren komfortabler, als das Rathaus, 1822/26 auf den Grundfesten des 1794 abgebrannten leiningischen Schlosses in klassizistischem Stil gebaut, zum **Kurhaus** umgestaltet wurde. Seit 1949 beherbergt es auch eine Spielbank. Nebenan paßt sich die klassizistische kath. Pfarrkirche **St. Ludwig** (1828/30) vollendet der Badatmosphäre an. Außer Traubenkuren locken Weine allerhöchster Güte Gäste an. Dürkheims Winzer haben offenbar ein glückliches Händchen beim Keltern und Ausbau des Segens, den die Natur auf den Großlagen »Hochmess«, »Schenkenböhl« und »Feuerberg« so üppig schenkt. Jahr für Jahr heimsen sie Auszeichnungen bis hin zum Staatsehrenpreis ein. Seit 1905 darf sich Dürkheim »Bad« nennen, seit 1973 Staatsbad. Auf Trink-, Inhalations- und Badekuren stützt die Stadt ihr zweites wirtschaftliches Standbein. Zur **Brunnenhalle** (1934), in der man das Heilwasser der Fronmühlquelle trinkt, sind es nur ein paar Schritte durch den wunderschönen, von Baumexoten bestandenen Park. An seinem Ende steht man vor dem Kolossalbau der 330 m langen und 16 m hohen **Saline.** Schon Kloster Limburg nutzte das Phänomen der mineralhaltigen Grundwasserströme, die aus dem Oberrheingraben auf Dürkheimer Gemarkung artesisch aufsteigen. Die Mönche sie-

Die Saline (Gradierbau) in Bad
Dürkheim

deten das Quellwasser in Pfannen,
bis das begehrte Würz- und Kon-
serviermittel übrigblieb. Nach dem
Verfall der Saline von 1594 entstand wiederum in kurfürstlicher
Regie 1736 das erste Gradierwerk
zur Salzgewinnung großen Stils,
weitere vier folgten kurz darauf,
um die Kurpfalz von Einfuhren un-
abhängig zu machen. Das jetzige
Werk, das letzte der Salinenanlage
»Philippshall«, wurde 1847 anstelle eines Vorgängers erbaut. Schon
damals war die Salzgewinnung un-
rentabel, wenige Jahrzehnte später
gab man sie völlig auf. Seither
rieselt die Sole die Heckenreiser
nurmehr zu Kurzwecken herab.

1992 durch Brandstiftung stark beschädigt, ist das Gradierwerk seit
Mai 1997 wieder intakt. Vom südlichen Treppenturm aus blickt man
über die Stadt. Ein Salinen-Mu-
seum ist im Entstehen.

Nordwestlich der Saline, am
Rande des Wurstmarktgeländes,
steht das **Dürkheimer Faß.** Es wurde 1934 vom Küfer Fritz Keller auf-
geschlagen und könnte, wollte
man es je füllen, 1,7 Mio. l aufneh-
men. Gefüllt werden aber nur die
Gläser derer, die darin dem Reben-
saft zusprechen. Das **Salinarium**
und das neue **Kurzentrum** passie-
rend, machen wir vor der Rückkehr
in die Altstadt im Kurpark an der
Jugendstilanlage des **Ostertag-
brunnens** halt. Vom 16. Jh. an vergibt eine Stiftung des kaiserlichen
Rats Valentin Ostertag Begabtensti-
pendien. Am Valentinstag ist es Sit-

›Zeitreise‹ zum Dürkheimer Wurstmarkt

Schubkarrstände auf dem Dürkheimer Wurstmarkt

Wallfahrt 1996. Anreise im Zug. Marsch zu den Wurst- und Weintrögen, den Jahrmarkt-Superlativen. Die ›Prozession‹ bewegt sich vom Bahnhof durch den Kurpark, unterwegs schließen sich weitere Grüppchen an. Angesichts des Dürkheimer Fasses vereint sie sich mit den Menschenmassen, die sich durch die Budengassen schieben, eingehüllt in den Duft gerösteter Mandeln, umzingelt von Bergen gegrillter Steaks, Pizzas, Crêpes. Megabässe hämmern, Mikros der modernen Marktschreier locken in die Folterinstrumente der Vergnügungsindustrie.

Erste Rückblende: Wallfahrt 1838 zum Wurstmarkt und zu 46 850 Würsten, darunter 28 680 Brat-, 9890 Blut-, 7480 Leber-, 800 Knob-

lauchwürste. Moritatensänger erzählen zu Drehorgelmusik erschröck-
liche Mordgeschichten. Reitschulen (Karussells), die man noch selbst
anschieben muß, sind die Attraktion. Die »Schubkärchler« haben
Hochbetrieb.

Wallfahrt 1996. Nostalgie auf dem Kettenkarussell. Das Riesenrad,
nun hochtechnisiert, ist nicht totzukriegen. Als es einmal zu fehlen
drohte, brach beinah Panik aus. In seinen Schatten ducken sich die 30
»Schubkarchstände«, auf Pfählen errichtete, nach allen Seiten hin offene Hütten, mit roh gezimmerten Tischen und Bänken. Dicht gedrängt auf Tuchfühlung sitzen hier die Weinseligen – und ihrer ist das
Himmelreich der guten Tropfen der »Vier Jahreszeiten«-Winzer und
diverser Weingüter, ausgeschenkt von »Derkemer« Vereins-Zäpflern,
die, namentlich genannt, eine Wurstmarkt-Institution sind. Slalomlauf
für Platzsuchende in den Gängen zwischen den Hütten, denn auch
dort wird im Stehen geschlürft und geschwoft.

Zweite Rückblende: Wallfahrt 1417 zur Kapelle auf dem Michels-
berg. Unter die frommen Pilger, denen Sündenablaß versprochen ist,
mischen sich die ersten Marktbeschicker. Reges Markttreiben ver-
drängt allmählich den religiösen Anlaß. Flandrische Tuche, einheimische Weberwaren, lothringische Rinder und Schweine, Fässer und Zu-
ber aus der Westpfalz und vieles mehr werden gehandelt. Dürkheimer
Winzer, Bäcker und Metzger schaffen auf Schubkarren (»Schubkär-
cher«) Verpflegung herbei. Seit 1577 wird der Markt nurmehr »vndter
dem Michelßbergh vff der Wiesen« abgehalten.

Wallfahrt 1996: Die »WUMA«, die landwirtschaftliche Maschinen-
schau, ist neben einigen wenigen Kleiderbuden ein Relikt des alten
Michaeli-Marktes. Die Betreiber der Weinstände, die »Schubkärchler«, aber sind die wahren Hüter der Wallfahrtstradition. Vom Faß ge-
zapft, kreist der pfälzische Schoppen ($1/2$ l) im »Dubbeglas« (mit »Trun-
kenheits-Haltepunkten«) in der Runde. Konsumiert werden die rund
240 Weine und Sekte des Sortiments auch in den großen rock- und
volksmusikbeschallten Zelten und im Weindorf, wo man mit stilvollen
Gläsern anstößt. Rückreise. Als der Zug den Bahnhof verläßt, kracht
der erste Böller. Maschine aus. Stop! Andächtig betrachten die Fahr-
gäste das Wurstmarkt-Feuerwerk. Verspätung? Wen kümmert's? Die
letzte Leuchtfigur verglimmt am Nachthimmel, die Bahn rollt langsam
an. Die Passagiere klatschen ein Dankeschön. Fröhlich Palz, Gott
erhalt's!

Festtermin: 2. (Fr–Di) und 3. (Fr–Mo) Septemberwochenende, Feu-
erwerk am letzten Abend, Sonderzüge (Aushang an Bahnhöfen).

Der Römerplatz in Bad Dürkheim lädt
zum Verweilen ein

te, jedem Schulkind einen Weck
(Brötchen) zu schenken. Vor dem
Kurhaus peilt man die schmale
Gasse gegenüber an und gelangt
zur 1335 erbauten prot. **Schloßkirche** (Mo–Fr 8–12, Mo, Do auch
14–17 Uhr), deren Turm im 19. Jh.
erhöht wurde. Zu Lebzeiten mo-
delliert und zu Figuren erstarrt,
knien in der Grabkapelle – auf einem Epitaph des Speyerer Bildhauers David Voidel – Graf Emich XI.
(1562–1606) von Leiningen-Har-
denburg und Gemahlin Elisabeth
vor dem Relief ihrer Hardenburg.
Quer über den Platz vor der Kirche
führt eine Gasse direkt zum barok-
ken **Haus Catoir** (1781) in der Rö-

merstraße, das unter einem Dach
Heimat-, Weinmuseum und Klein-
kunst vereint. Schließlich aber ver-
locken **Stadtplatz, Römerplatz** und
Fußgängerzone zum Bummeln und
Verweilen.

Ein Ausflug zur **Hardenburg** ist
beinah obligatorisch. 1317 machten die Grafen von Leiningen-Har-
denburg sie zu ihrem Stammsitz
und sicherten von hier aus die Ge-
leitrechte über die wichtige Straße
in die Westpfalz und nach Lothringen. Nach den Kriegen mit der Kurpfalz war die romanische Anlage
Ende des 15. Jh. so stark beschädigt, daß die Burgherren sie fast
völlig neu als wehrhaftes Renais-
sance-Schloß erbauten. Von 1560–
1725 Residenz, ehe Dürkheim den
Zuschlag erhielt, 1794 zerstört,
thront eine der großen Burgruinen
Deutschlands über dem Isenachtal

und dem gleichnamigen Stadtteil. Neben den Gewölbekellern und einigen Wohnbauten sind seit der jüngst erfolgten Restaurierung weitere Bereiche zu besichtigen. Das Westbollwerk und der Gefängnisturm erschließen eine Aussicht über das Tal.

Ein wunderschöner Waldweg (PWV-Zeichen: blauer Balken) führt von der Hardenburg in etwa eineinhalb Stunden zur Klosterruine **Limburg,** die ebenfalls im Reiseplan dick angekreuzt sein sollte (s. S. 56). In Grethen hat sich in der Herzogmühle das für Leute jeden Alters anschaulich-informative **Pfalzmuseum für Naturkunde** eingerichtet. Es zeigt u. a. Sammlungen der POLLICHIA, die sich seit 1840 der Naturforschung und Landespflege verschreibt, einen Georg-von-Neumayer-Raum (s. S. 94), eine Visualisierung der Bergzaberner Böhämmer-Jagd (s. S. 206) und Kuriositäten wie eine Elwetrittche-Vitrine (s. S. 118). Dürkheim zu verlassen, ohne im Ortsteil Seebach die prot. **Klosterkirche** (13./15. Jh., offen) am Marktplatz aufzusuchen, wäre eine Sünde. Das ehemalige Benediktinerinnenkloster, das unter dem Schutz und Schirm der Leininger eine beliebte Bildungsstätte für adelige höhere Töchter war, wurde ebenfalls von den Truppen Kurfürst Friedrichs I., des Siegreichen, zerstört und ist seitdem nurmehr ein Torso.

Information: Tourist-Information, Mannheimer Straße 24, 67098 Bad Dürkheim, ☎ 0 63 22/1 94 33, Fax 93 51 59, Führung (Mai–Okt., Sa 11.30 Uhr, Treff: Wurstmarktbrunnen), Weinproben in Weingütern; Staatsbad, Kurbrunnenstraße 14, ☎ 96 40, Fax 96 41 07.

Unterkunft: Dorint Hotel, Kurbrunnenstraße 30–32, ☎ 60 10, Fax 60 16 03, DZ um DM 250–280; Kurparkhotel, Schloßplatz 1–4, ☎ 79 70, Fax 79 71 58, DZ um DM 165–225; Gartenhotel Heusser, Seebacher Straße 50–52, ☎ 93 00, Fax 93 04 99, DZ um DM 160–195; Hotel Fronmühle, Salinenstraße 15, ☎ 9 40 90, Fax 94 09 40, DZ um DM 160; Bollers Parkhotel, Kurgartenstraße 17, ☎ 60 20, Fax 60 23 00, DZ um DM 155–240; Hotel Marktschänke, Marktgasse 1, ☎ 9 52 60, Fax 6 60 90, DZ um DM 90–140; Hotel Haus Boller, Kurgartenstraße 19, ☎ 9 45 60, Fax 94 56 30, DZ um DM 90–130. **Naturfreundehaus:** NFH Groß-Eppental, Nr. 212, ☎ 23 80, Mi–Mo, DZ mit Etagen-Du/WC.

Restaurants: Weinrefugium, Schlachthausstraße 1a, ☎ 6 89 74, Mi–So; Tenne, Römerplatz 12, ☎ 43 94, Mo–Sa; Saupferch, Jägerthal, ☎ 0 63 29/ 98 90 21, Di–So; Klosterschänke Limburg, s. S. 57; Forsthaus Lindemannsruhe, ☎ 85 64, Do–So 10–20 Uhr; Sommerresidenz 7 Raben, Jägerthal 8, ☎ 0 63 29/17 24, Flammkuchen und Salate.

Weinstuben: Bach-Mayer, Gerberstraße 13, ☎ 9 21 20, Mo–Sa; Ester, Triftweg 21, ☎ 98 90 65, Mi–So, eigene Metzgerei, aber auch vegetarisch; Zum Rebstöckel, Lingenfelder Straße 2, ☎ 46 03; Woiknorze, Seebacher Straße 13, ☎ 13 01, Mi–So.

Szene: Blockhaus zur Isenach, ☎ 0 63 29/81 47, am Isenachweiher, Live-Konzerte, Boote; Krähenhöhle, Römerstraße 13, ☎ 6 71 34, Di–So, Juni–Aug. Di–Fr, So, Rhythm'n'Blues live und Nudeltöpfe.

Kultur: Haus Catoir, Römerstraße, ☎ 98 07 14; Ruine Limburg, s. S. 67, Aufführungen des »Theaters an der Weinstraße«, Konzerte, Info: Tourist-Information, s. o.; Hardenburg, Jan.–März, Di–So 9–13, 14–18 Uhr, Apr.–Sept. bis 19 Uhr. **Feste:** Pfälzer Wein- und Sektmesse, März, Salierhalle, mit Weinprobe; Pfälzer Weinkost, Mai, Kurhaus; Käskönigfest, Himmelfahrt bis Wochenende und Pfingsten; Parkfest der Lebenshilfe, Sägemühle 8, Anfang Juni; Wurstmarkt (s. S. 112).

Museen: Pfalzmuseum für Naturkunde, Hermann-Schäfer-Straße 17, Di–So 10–17, Mi bis 20 Uhr; Haus Catoir, Heimat- und Weinmuseum, s. o., Di–So 14–17 Uhr; Saline, ab 1998, 9–17 Uhr.

Freizeit: Spaßbad Salinarium, ☎ 6 67 27; türkisches Bad (Hamam) im Kurzentrum; Spielbank, ☎ 9 42 40, ab 14 Uhr, alle zwei Jahre zur Kurgala Riesenroulette im Kurpark; Flugsportverein Bad Dürkheim, ☎ 6 15 00; Isenachweiher (Boote).

Wandertip: Länge: ca. 15 km; Dauer: ca. 6 Stunden; Karte: s. S. 218. Schräg gegenüber der Bushaltestelle Herzogmühle steigt man den Treppenweg (grüner Pfeil) zur Wandertafel hoch, geht links (PWV-Zeichen: roter Punkt) zur Aussichtskanzel (Limburg-Blick), dort Treppen hoch (schwarzer Pfeil und roter Punkt) und kommt auf den Weg (blauer Balken), der links an der Heidenmauer (s. S. 106) vorbei hinauf zum Teufelsstein (s. S. 57, Blick) führt. Am Geiers-Brünnchen vorbei gelangt man zum Bismarckturm (März–Okt., Sa/So 10–17 Uhr, Imbißstand) und von dort zum Forsthaus Lindemannsruhe (Di–So 10–20 Uhr). Wieder zurück am Turm läuft man (grün-weißer Balken) zur PWV-Hütte an der Weilach (Sa/So 10–19 Uhr) und zum Forsthaus Weilach (Sa/So 11–21 Uhr). Vom Parkplatz aus wandernd (weiß-roter Balken), verläßt man etwa 50 m vor dem unterhalb stehenden Türmchen Schäferwarte den markierten Weg, läuft bei Baumwurzeln (!) rechts hoch und links am Ringwall Heidenmauer entlang zum römischen Steinbruch Kriemhildenstuhl. Nun steigt man rechter Hand des Steinbruchs den Treppenweg hoch und folgt bei der Schutzhütte dem Wegweiser zur Wilhelmshöhe (Weg Nr. 6). Vor dem Turm geht man rechts hinab zur Aussichtskanzel, weiter den Pfad hinab, dann links (Bank! roter Punkt) zur Wandertafel und zum Ausgangspunkt zurück.

Blick: Flaggenturm (»Kaffeemühlchen«), zwischen Bad Dürkheim und Wachenheim; Bismarckturm (Sa/So); Klosterruine Limburg; Ruine Hardenburg.

Verbindung: Bahnstation; Rhein- Haardt-Bahn (RHB) Bad Dürkheim–Mannheim; Stadtbusverkehr auch nach Grethen, Hardenburg, Seebach, Leistadt-Annaberg.

Weinadel in Wachenheim, Forst und Deidesheim

Wachenheim

Durch den engen Ortskern Wachenheims zwängt sich die Weinstraße, so daß der erste Eindruck enttäuscht. Vielleicht sollte man daher zunächst zur Ruine **Wachtenburg** hinauf, zu Fuß, denn die Autostraße endet im Tal. Von dort oben hat

Das Weingut Wolf Erben in Wachenheim

man einen unvergeßlichen Blick auf die Ebene, zum Odenwald hinüber und auf das Städtchen selbst. Die Burg entstand nach 1156, als Friedrich Barbarossas Halbbruder Konrad Pfalzgraf wurde.

Wachenheim ist älter, wurde bereits 766 erwähnt und war fränkisches Königsland. 1341 verlieh Kaiser Ludwig IV., der Bayer, dem Ort die Stadtrechte. Seither hielten die Wittelsbacher die Hand drauf, erst die Zweibrückener, dann, nach einem Kriegszug des »bösen Fritz« (s. S. 40), die kurpfälzische Verwandtschaft. »Eine feine Stadt mit edlem und vortrefflichem Wein«, wird Wachenheim im 17. Jh. gerühmt. Dieses Urteil trifft noch immer zu, trotz der Zerstörungen durch die französischen Generäle Turenne (1674) und Mélac (1689). Damals ging, bis auf Reste im enggassigen Kern innerhalb der Stadtmauer, das mittelalterliche Ortsbild unter.

Die seit 1983 kulturell genutzte Ludwigskapelle (1443) am Marktplatz wurde beschädigt, desgleichen die heutige prot. Kirche daneben, die bis vor einigen Jahren Simultaneum war. Eine Trennwand schied den katholischen Chor (14. Jh.) vom protestantischen, 1711 wiederaufgebauten, im neugotisch erweiterten Langhaus. Auch der ortsansässige Ritteradel modernisierte nach 1689 barock, etwa die Kämmerer von Worms (s. S. 151), an die noch der »Dalberger Hof« (Dalberggasse 4) erinnert. Solche Adelsgehöfte, nach 1795 von Winzern ersteigert, prägen den Ort,

Die Jagd auf ›ET‹

Die blaue Stunde versinkt in den glitzernden Lichtern der Ebene, die Schatten um die Wachtenburg wachsen, Abendstille überall. Plötzlich ein vielstimmiges Rufen: »Trittsch, trittsch« – und die Antwort: »uijui-jui«. Die Jagd auf den Pfälzer Nationalvogel beginnt. Vorsicht! Auf Spötter und Skeptiker reagiert das scheue Tier empfindlich. Wein und ausgiebiger Gesang haben die ›Treiber‹ indes genug angetönt, um dem Paar, das mit Laterne und Sack einsam im Wingert ausharrt, eine Elwetrittch zuzutreiben. Ein Jagdhornsignal – Der Vogel ist im Sack! Nun kann in der »Burgschänke« bei Burgvogt Albert Schattner weiter-gefeiert werden. Was den Bayern die Wolpertinger, sind den Pfälzern die Elwetritt(s)che (oder Elwedritsche), kurz ET. Zur Hege und Pflege der »Spezies Utopico Bestialis Palatinensis« hat sich 1982 in Landau sogar ein »Elwetrittche-Verein« konstituiert. Um Wilderern das Hand-werk zu legen, die sich hemmungslos nicht nur am Vogel selber, son-dern mit diebischer Freude an der Gutgläubigkeit von Nichtpfälzern vergreifen, darf seitdem nur mit einem »Elwetrittche-Jagdschein« zum Halali auf das Urvieh geblasen werden. Das Odinstal bei Wachen-heim ist laut Dieter Merkel, Spiritus Rector der Gaudi auf der Wach-tenburg, dessen einzige Einflugschneise zur Weinstraße. Der Volks-hochschulkurs in »Elwetrittchologie« stellt, getreu den Vereinsstatu-ten, den Pfälzer Nationalvogel auf eine wissenschaftliche Basis, ehe

ebenso Gründerzeitvillen in der Bahnhofstraße. Nicht wegzuden-ken sind die großen Weingüter, etwa der Bürklin-Wolfs (Weinstra-ße 4 und 65, letzteres ehemals »Wartenbergscher Hof«), die italie-nisch anmutende Landvilla des Weinguts Wolf Erben (Weinstra-ße 1) sowie der Gebäudekomplex der 1888 gegründeten Sektkellerei Schloß Wachenheim am Markt-platz mit repräsentativer Eingangs-halle und riesigen Kellergewölben.

Ehe man die Tour in Richtung Forst fortsetzt, sollte unbedingt ein Abstecher zur **Villa Rustica** einge-schoben werden. Nach Osten in Richtung Friedelsheim fahrend, biegt man kurz nach der Bahnlinie zum Schild »Villa Rustica« links in die Weingärten ab. Mittendrin ver-steckt sich ein römisches Landgut aus dem 3. Jh., das 1980 bei Flur-bereinigungsarbeiten freigelegt wur-de. Die vorbildlich konservierten Reste erzählen, unterstützt durch Tafeln, anschaulich vom Leben in der Antike. Ein Blick zu den Wald-hügeln der Haardt macht glaub-haft, warum es die römischen Guts-

Elwedritsche-Mutter im Neustadter
Elwedritsche-Brunnen

die Praxis auf dem Fuße und anschließend die Aushändigung des amtlichen Dokuments folgt.

Das Wachenheimer Prachtexemplar wird an diesem Abend nicht verzehrt. Auf den Teller kommen (Hand aufs Herz!) vorher gefangene, gut abgehangene Elwetrittche. Kurz vor Mitternacht dann das Abschiedssignal des Jagdhorns und ein letzter Blick vom »Balkon der Pfalz« in das Lichtermeer der Ebene. Die besondere Affinität der ETs gerade zu diesem paradiesischen Plätzchen wundert niemanden mehr. Info: Volkshochschule, s. S. 120, Termine: Mai/Okt. Zur Wachtenburg kommt man nur zu Fuß. Näheres über den Vogel erfährt man beim Elwetrittche-Verein Landau, Dr. Hans Blinn, ☎ 0 63 41/3 26 09. Amüsante Literatur dazu: Hannes Landauer, Pfälzische Trittchologie, Landau 1994. Tip: Im Pfalzmuseum für Naturkunde (s. S. 228) ist ET eigens eine Vitrine reserviert.

besitzer noch bis ins 5. Jh. hier aushielten, obwohl die Zeiten durch Alamanneneinfälle unsicher geworden waren. Erst ein Brand brachte wohl das Ende. (Die Villa Rustica ist Station des »Römerrundwanderwegs«, Info: Verkehrsamt Wachenheim, s. u.)

ℹ Information: Verkehrsamt, Weinstraße 16, 67157 Wachenheim, ☎ 0 63 22/95 80 32, Fax 95 80 59, Führung nach Absprache.

🛏 Unterkunft: Hotel Goldbächel, Waldstraße 99, ☎ 9 40 50, Fax 50 68, DZ um DM 130–140; Gasthaus Burgstüb'l, Waldstraße 54, ☎ 85 59, Fax 6 60 04, DZ um DM 105; Forsthaus Rotsteig, Am Kurpfalz-Park, ☎/Fax 0 63 25/79 05, DZ um DM 95.
Naturfreundehaus: NFH Oppauer Haus, im Pferchtal, ☎ 12 88, Fr–Mi, DZ mit Etagen-Du/WC.

✕ Restaurants: Gutsschänke Hensel, Bahnhofstraße 31, ☎ 46 81, Mi–So; Stadtmauerschänke, Langgasse 27, ☎ 24 65, Di–So; Kapellchen, Weinstraße 29, ☎ 6 54 55, Mo–Sa; Forsthaus Rotsteig, s. o., Mi–So; Burgschänke Wachtenburg, bei der Ruine, ☎ 6 46 56, Mi–Fr ab 16, Sa ab 12, So ab 10 Uhr, Nov.–Apr. nur Fr–So.

Weinstuben: Gerümpelstube, Hintergasse 4, ☎ 85 50, Fr–Di; Alte Münze, Langgasse 2a, ☎ 6 52 19; Hofgut Odinstal, ☎ 18 59, Fr–So, nur zu Fuß (Wandertip, s. u.), ökologisch umgebaut, kleine Karte, ab 1998 Live-Musik (Klassik bis Jazz).

Szene: Badehaisel, Am Burgtalweiher (Waldstraße), ☎ 6 68 30, Di–So, Kultur- und Kultkneipe.

Kultur: Wachenheimer Serenaden, Info: Verkehrsamt, s. o. **Feste:** Burg- und Weinfest, 2. u. 3. Juniwochenende; Burgfest auf der Wachtenburg, 4. Augustwochenende.

Museen: Waagenmuseum, Waldstraße 34, ☎ 6 36 75, So 10–18 Uhr oder tel. Vereinbarung; Kampffmeyersche Holzlöffelsammlung, Mühlgasse 3, ☎ 6 61 62, nach Vereinbarung.

Freizeit: Kurpfalz-Park, ☎ 20 77, Fax 83 58, ganzjährig, 9-17 Uhr, mit Wildpark, Greifvogel-Vorführung (Mai– Anf. Okt.), Sommerrodelbahn, Bumperboats u. a.; Freibad; Elwetrittchejagd, s. S. 118; Weinabende, Weinseminare, Info: Volkshochschule Wachenheim, Weinstraße 16, ☎ 95 80 46, Fax 95 80 59; Ballonsport-Meeting, Info: Verkehrsamt Wachenheim, s. o.

Blick: Ruine Wachtenburg.

Wandertip: Länge: ca. 15 km; Dauer: ca. 4 Stunden; Karte: s. S. 218. Nach dem Aufstieg zur Burgschänke Wachtenburg führt hinter der Burg ein Treppenweg (PWV-Zeichen: rotes Dreieck) zum Hofgut Odinstal. Alternative: der Pfad unterhalb des markierten Wegs am Kammertwingert der Lebenshilfe vorbei (s. S. 21) und ebenfalls zum Hofgut. Vom Hinterbrunnen (immer rotes Dreieck) aus geleitet der Pfad hinauf zum 516 m hohen Eckkopf, von dessen Aussichtsturm (offen) man einen herrlichen Rundumblick hat (Hütte: Sa/So 10.30–17/18 Uhr). Der Rückweg (weiß-blauer Balken, dann weißer, später roter Punkt) führt zur Wegkreuzung und zunächst (weiß-roter Balken) zu den Heidenlöchern (s. S. 49). Von dort gelangt man (roter Punkt) zur Michaelskapelle (Blick!) und in Serpentinen hinab zum Wanderweg Deutsche Weinstraße (grüne Traube), der links nach Wachenheim zurückführt.

Radtip: Länge: 30 km; Karte: s. S. 218. Vom Campingplatz Burgtal links in den Wald, den Bach überquerend, auf dem Forstweg (rechte Bachseite) hinauf, kurz vor dem Rotsteig-Gipfel auf die Straße wechselnd, kommt man zum Kurpfalz-Park und Forsthaus Rotsteig. Kurz nach der Abzweigung ins Silbertal fährt man auf dem Waldweg (PWV-Zeichen: rotes Dreieck) dicht am Bach zum Forsthaus Benjental (Sa–Do 10 Uhr), auf der Straße zu den Gasthäusern Looganlage (Mi–So) oder Talmühle (tägl.), hinab kurz vor Mußbach. Dort biegt man in den Radweg (Schild: Deidesheim) ein und fährt bis auf die Ortsdurchquerungen Forst (alte Straße) und Deidesheim immer auf dem Radweg neben der Weinstraße nach Wachenheim.

Verbindung: Bahnstation.

Forst

Forst, die nächste Station der Tour, läßt das Herz jedes Weinliebhabers höher schlagen. »Feurig auf seinem Horst, sprudelt der Wein von Forst«, reimte um 1800 der Speyerer Joh. Fr. Butenschön. Im 9./10. Jh. entstanden, ist es im Kern ein typisch fränkisches Einstraßendorf geblieben. Da der Hauptverkehr über die Umgehungsstraße fließt, läßt es sich auf Weinstraßen-Pflaster ungestört flanieren. Feigenbüsche stehen vor fast jedem der traufseitigen, prächtigen Gehöfte. Barock oder klassizistisch, bis auf den Renaissancebau »Altes Schlössel« (Weinstraße 84), künden sie vom Wohlstand der großen Weingüter. Ehemals ein solches war das frühklassizistische Gebäude (Weinstraße 57), in dem seit 1925 der Winzerverein Forst eine Gaststätte betreibt. Dort speist man im »Napoleonzimmer«. Der Kaiser soll hier übernachtet haben. Ganz sicher lagerte 1525 Kurfürst Ludwig V. von der Pfalz, der Friedfertige genannt, vor dem zum Hochstift Speyer gehörenden Ort, um mit den aufständischen Bauern den »Forster Vertrag« zu schließen, der dann doch gebrochen wurde. Recht locker nahm es ein spanischer General namens Frangipani im ansonsten brutalen Dreißigjährigen Krieg. Er soll beim Abzug dem Wein militärische Ehren erwiesen und ihn solchermaßen gepriesen haben: »Du Sankt Forst, du Forster Kirchenstück. Es wird die Zeit kommen, daß man dich als den vorzüglichsten unter allen Weinen der Erde erkennen wird«. Rund 250 Jahre später schmeckte Fürst Bismarck im fernen Preußen der »Forster Ungeheuer ganz ungeheuer«. Für Friedrich Blaul (s. S. 22) war der

Weingut Spindler in Forst

Forster »die Blume der pfälzischen Weine« schlechthin. Er begründete das mit den »Feuergeistern«, die ihn »kochen«. Die eher nüchterne Erklärung: Vulkangestein macht Forster Rieslinge unverwechselbar. Der lockere Tuff vom Pechsteinkopf düngte früher die Wingerte. Die Basaltsteine pflasterten Pfälzer Straßen.

Durchs Margarethental kommt man zu den aufgelassenen Steinbrüchen. Der nördliche gleicht einer Mondlandschaft, der aufgeschüttete südwestliche wartet mit einer ›Bergsee‹-Idylle und dem Blick in die Ebene auf. Ein Tip für ›Blick-Süchtige‹: Kurz nach den Steinbrüchen stößt man auf den PWV-Wanderpfad (Zeichen: rotes Dreieck), der auf dem Weg zum Eckkopf hinauf ein ›Fenster‹ zur Ebene nach dem anderen öffnet (siehe auch Wandertip S. 120).

Ein Abstecher nach **Niederkirchen** lohnt sich allein schon wegen der kath. Pfarrkirche St. Martin mit dem bemerkenswerten romanischen Vierungsturm (s. S. 58) und dem gotischen Chor.

 Information: Tourist-Information Deidesheim, s. S. 124.

Restaurant in Forst: Winzerverein, Weinstraße 57, ☎ 06326/2 59.

Weinstuben in Forst: Zum Schokkelgaul, Weinstraße 96, ☎ 56 69, Mi–Mo; Acham-Magin, Weinstraße 67, ☎ 3 15, Mi–Sa, exquisite Leberknödel; Gutsausschank Spindler, Weinstraße 44, ☎ 58 50, Di–Sa, herzhaft pfälzisch Küche und ein schöner Garten.

 Feste in Forst: Hansel-Fingerhut-Spiel, 3. Sonntag vor Ostern (Lätare): alter Frühlingsbrauch mit mehreren Darstellern auf der Weinstraße, wobei Zaungäste vorm »schwarzen« Hansel nicht sicher sind; Weinkarussell beim Ungeheuer, Anfang August.

Verbindung nach Forst, Niederkirchen: Bahnstation Deidesheim, von dort Buslinie (BRN) Ludwigshafen–Deidesheim.

Deidesheim

Seit ›Maggie‹, ›Gorbi‹, Boris Jelzin und andere Staatsgäste Helmut Kohls in **Deidesheim** waren, sind Pfälzer Saumagen, Lewwer- un Grieweworscht (Leber- und Blutwurst) in aller Munde. In den 80ern wurde das Städtchen zum politischen Nabel der Welt. Auch nach Abzug der Prominenz gruppieren sich um den Marktplatz mit dem Andreasbrunnen (1851) unbeirrt der Deidesheimer Hof, verzahnt mit dem ehemaligen Amtshaus, das Rathaus (16./18. Jh.) mit der Freitreppe (1724), die »Kanne« als ältestes Gasthaus der Pfalz und die spätgotische kath. Pfarrkirche St. Ulrich (offen). Die nahe Feigengasse versprüht weiterhin südländisches Flair.

Schon um 1100 erbauten die Speyerer Fürstbischöfe in ihrem nördlichsten Territorium eine Wasserburg. 1360 erwirkten sie das Be-

Weintest bei Bassermann-Jordan
in Deidesheim

festigungs- und 1395 unter König Wenzel das Stadtrecht. Infolge der Katastrophe von 1689, der das mittelalterliche Ortsbild zum Opfer fiel, läßt sich das alte Deidesheim nur im Kirchenbereich mit Beinhaus (Ende 15. Jh.) und Friedhofskreuz (nach 1554), in der Spitalkapelle (15. Jh.), der Stadtmauer-,

Spitalgasse und vor allem im Schloßgarten (Wassergraben) aufspüren, wo der Turmschreiber (s. S. 66) residiert. Die bischöfliche Burg wurde nach 1689 zum Schloß umgebaut, 1794 erneut zerstört und machte schließlich Gründerzeitvillen Platz, von denen eine heute das Weingut »Schloß Deidesheim« ist.

Nach Ende des Geburtsadels (1797) bestimmte der Weinadel, vor allem die Jordans, Bassermann-Jordans, Buhls, Deinhards, Sibens von ihren barocken, klassizistischen und gründerzeitlichen Villen in der Wein-, Ketschauerhof- und Niederkircher Straße aus die Ortsgeschichte. Gebildet, politisch und gesellschaftlich aktiv, stellten sie über Jahrzehnte hinweg Bürgermeister, Landtags- und Reichstagsabgeordnete. Dr. Ludwig Bassermann-Jordan arbeitete am »Deutschen Weingesetz« (1909) mit, das »Naturwein« als Qualitätskriterium gegen Masse und Verschnitt setzte. Sein Bruder Dr. Friedrich von Bassermann-Jordan verfaßte die »Geschichte des Weinbaus«, noch immer eine wichtige Informationsquelle. Armand Buhl nahm Einfluß auf Bismarcks Sozialgesetzgebung. Kommerzienrat Emil Seylers Landhaus im florentinischen Stil (heute Sektgut Menger-Krug) war eine gastfreundliche Adresse für Künstler, u. a. für Johannes Brahms und den Schriftsteller Karl May.

Der Volksmund nannte die Besitzer der großbürgerlichen Villen »Flaschenbarone«. Sie bauten den Wein selbst aus, unterhielten weltweit Handelskontakte und nahmen an internationalen Prämierungen als Beschicker oder Juroren teil. Durch Forschungen, z. B. bezüglich der Reblausplage, und verbesserte Kellertechnik (Dr. Andreas Deinhard) gaben sie der Weinbauwissenschaft Auftrieb. Im Unterschied dazu mußten die Kleinwinzer den Most an Kommissionäre, Weinhändler oder die »Flaschenbarone« billig verkaufen und konnten auch Reblausbefall und Absatzkrisen nicht so gut wegstecken. So

entstand auf Initiative des Lehres Johannes Mungenast 1898 in Deidesheim der erste Winzerverein der Pfalz. Von da an wurden Winzervereine und -genossenschaften ein fester Wirtschaftsfaktor.

Information: Tourist-Information, Stadthalle, Bahnhofstraße 11, 67146 Deidesheim, ✆ 0 63 26/9 67 70, Fax 50 23.

Unterkunft: Steigenberger MAXX Hotel, Am Paradiesgarten 1, ✆ 97 00, Fax 9 70 03 33, DZ um DM 205–225; Hatterer's Hotel, Weinstraße 12, ✆ 60 11, Fax 75 39, DZ um DM 190–290; Hotel Deidesheimer Hof, Marktplatz 1, ✆ 9 68 70, Fax 76 85, DZ um DM 160–315; Gästehaus Hebinger, Bahnhofstraße 21, ✆ 3 87, Fax 74 94, DZ um DM 155; Hotel Garni Ritter von Böhl, Weinstraße 7, ✆ 97 22 01, Fax 97 22 00, DZ um DM 130; Hotel Haus Sonneck, Kirschgartenstraße 24, ✆ 82 27, Fax 57 20, DZ um DM 95–120.

Restaurants: Schwarzer Hahn (Deidesheimer Hof), s. o.; Zur Kanne, Weinstraße 31, ✆ 9 66 00; Goldener Weinberg, Weinstraße 8, ✆ 3 51, gutbürgerlich.

Weinstuben: Gutsausschank Dr. Kern, Schloßstraße 4, ✆ 9 66 99, Sa–Mi; Zum Woibauer, Schloßstraße 8a, ✆ 83 80, Di–So; Kirchenstübl, Kirchgasse 8, ✆ 82 68, Mi–Mo; Zum Alten Spital, Weinstraße 42, ✆ 81 43, Do–So.

Feste: Historische Geißbockversteigerung, Pfingstdienstag; Jazzette, ✆ 98 03 83, 3. Juniwoche; Waldfest bei den »Drei Eichen« im Sensental, 3. Juliwochenende; Weinkerwe, 2./3. Augustwochenende; Kunsthandwerkertage, 1. Novemberwochenende.

Museen: Museum für Weinkultur, Altes Rathaus, Marktplatz, Mi–So 16–18 Uhr; Museum für Film- und Fototechnik, Weinstraße 33, März–Dez., Mi–So 16–18.30 Uhr.

 Freizeit: Freibad; Kutschfahrten (Apr.–Okt.), Radwandern usw., Info: Tourist-Information, s. o.; Mineralienbörse, nach Pfingsten.

 Blick: Michaelskapelle; Eckkopf.

 Verbindung: Bahnstation.

Touren kurz vor der Weinstraßen-Mitte

Von Deidesheim aus gibt es zur motorisierten Anreise nach Neustadt zwei attraktive Alternativen per Rad.

Die eine Tour macht am Südende Deidesheims einen Schlenker auf die alte Straße nach **Ruppertsberg,** das sich durch das exponierte Teehaus (1840) im Weingut Bürklin-Wolf ankündigt. Nach einem Besuch der kath. Pfarrkirche St. Martin (offen), einer gotischen Hallenkirche mit bemerkenswerter Steinkanzel (1510), legt man bei vorzüglichen Weinen wie dem »Reiterpfad« gewiß erst einmal eine Pause ein, ehe man auf den Radweg entlang der Weinstraße (B 271) zurückkehrt und schließlich Neustadt-Mußbach erreicht. Dabei hat man stets das wunderbare Panorama der Haardtberge vor

Augen, bis hin zum Hambacher Schloß.

Die Mußbacher tragen zwar nicht ihre eigene, aber eine »Eselshaut« zu Markte. **Mußbachs** bekannteste Weinlage wird pfiffig vermarktet, als lebendiger Grauer beim Eselshautfest, Maskottchen der Trachtengruppe und Symboltier für den Wein. Statt der »Eselshut« (Weideplatz) tauchte in einer Chronik des 18. Jh. die Verballhornung auf. Dabei blieb es bis heute. Sonst blieb natürlich nicht alles beim alten. Enge Straßen mit Zubringerfunktion nach Neustadt schnüren den Ortskern ein, an ihnen ist aber auch die Siedlungsstruktur noch zu erkennen. Das fränkisch gegründete Geviert aus prot. Kirche (14./18. Jh.) und Gut gehörte bis 991 dem Kloster Weißenburg und war danach Königsland. Das Hofgut, ab dem 13. Jh. im Besitz des Johanniterordens, nach 1794 privat, dann desolat, 1970 vom Land Rheinland-Pfalz erworben, entwickelte sich dank einer Mußbacher Initiative zum Kulturzentrum »Herrenhof« mit Ausstellungen, Konzerten und Lesungen. Die Weingärten des Johanniterguts sind der Staatlichen Lehr- und Forschungsanstalt für Landwirtschaft, Weinbau und Gartenbau am Ortsrand angegliedert.

Die zweite Tour verläßt beim Wegweiser »Pfalzblick« den Radweg, führt hoch zum Wanderweg Deutsche Weinstraße (Zeichen: grüne Traube) und dort am Saum der Haardt entlang, begleitet von immer neuen Ansichten der Ebene.

Bei den ›Wetterfröschen‹ auf dem Weinbiet

Alle reden vom Wetter – zwei Pfälzer aber vollbrachten Pioniertaten: Kurfürst Karl Theodor unterhielt 1780–95 mittels seiner »Societas Metereologica Palatina« ein Datennetz von Amerika bis zum Ural, wobei die Klimawerte überall zur gleichen mittleren Ortszeit abgelesen und per Diplomatenpost befördert wurden. Die damals ausgeklügelten »Mannheimer Stunden« gelten noch heute. 100 Jahre später explodierten dank Dr. Georg von Neumayers Weitsicht und Managertalent die maritimen Wissenschaften. Der erste Direktor der Deutschen Seewarte in Hamburg engagierte fähige Köpfe zum Brainstorming und stattete Polar- und Afrika-Expeditionen mit modernsten Meßgeräten aus. 1909 starb er in Neustadt. Mit solchen und anderen Überraschungen wartet Hans-Jochen Kretzer in seinem kleinen Museum auf dem Weinbiet auf. Als Chef der Wetterstation, einer von weltweit 10 000, ist er für das korrekte Sammeln von Daten, die an den Zentralrechner des Deutschen Wetterdienstes in Offenbach gehen, verantwortlich, und für die Verteilung an Behörden und Medien. In absehbarer Zeit aber wird wohl auch auf dem Weinbiet ein ›eiserner Gustav‹ vollautomatisch das besorgen, worin der Mensch bislang der Maschine noch überlegen ist: Wolkenklassifikation, Sichtweite und Zustand des Erdbodens. Noch aber klettern die ›Wetterfrösche‹ auf die Plattform ihres Turms, lassen sich auf dem windintensiven Posten mitunter Stürme bis zu 200 km/h um die Nase blasen, lesen in der Klimahütte im Garten nebenan meteorologische Daten ab und leisten ihren Beitrag zur Treffsicherheit im ›Wahrsagen‹. Immerhin, für drei Tage hat man die sichere Vorhersage-Quote auch dank Wettersatelliten schon auf 86 % hochgeschraubt – acht Tage sind noch schwierig. Zum Weinbiet kommt man nur zu Fuß, etwa vom Parkplatz Meisental oberhalb Haardts aus; s.a. Wandertip S. 129. Wetterstation: ☎ 21/3 34 07, tägl. 9–17 Uhr, Besichtigung nach Anmeldung; PWV-Hütte Weinbiethaus, ☎ 0 63 21/3 25 96, Sa–Do, Ende Juli/ Anf. Aug. geschlossen.

Auf diesem Weg fährt man die Neustadter Ortsteile Königsbach, Gimmeldingen und Haardt an.

Königsbach, 1220 als »Kuninigisbach« bezeugt und zunächst direkt dem König unterstellt, weiß sich nicht so in Szene zu setzen wie etwa das benachbarte Gimmeldingen. Vielleicht weil ihm trotz seiner verwinkelten Gäßchen, die sich sanft am Hang des Stabenbergs hochziehen, die wirklich romantischen Winkel fehlen. Weinlagen wie »Jesuitengarten«, »Ölberg« oder »Reiterpfad« indessen haben einen hervorragenden Klang, Königsbacher Rotweine lassen Kenner aufhorchen. Kein Wunder, daß das Hochstift Speyer Wert auf den Besitz des Orts legte, was bis auf ein rund 300jähriges Intermezzo (1353–1632) der Herren von Hirschhorn (Neckartal) auch bis 1794 der Fall war. Auf beider Spur bringen das Bischofsschlößchen (1759) mit dem charakteristischen Eingangserker und Zwiebelturm und das Hirschhornschlößchen (1604). Dort wohnt der Pfarrer, der die Messe in der kath. Pfarrkirche St. Johannes der Täufer (offen: tägl. 9–18 Uhr) vor dem Tafelbild eines niederrheinischen Meisters (1470/80, s. S. 60) liest. Das Herrenhaus des Schlößchens Hildenbrandseck (17./18. Jh.) wurde zum Kloster der Hildegardisschwestern.

»Meerspinne« und Mandelblüte – **Gimmeldingen** verdient Aufmerksamkeit nicht nur wegen des originellen Namens seiner berühmtesten Weinlage oder wegen des Mandelblütenfests, das traditionell den Reigen weinseliger Festivitäten eröffnet, sondern auch als Ausgangspunkt für Wanderungen. An Wochenenden pilgern ganze Völkerscharen hinauf in den Ort

mit seinen südländisch-üppigen Innenhöfen, widerstehen noch der Versuchung, in die Weinstuben einzukehren, um sich vorerst ans idyllische Silbertal im Pfälzerwald zu verlieren. Wenn auch erst 1109 namentlich erwähnt, zur Pfalzgrafschaft und später zur Kurpfalz gehörig, deutet ein 1926 zwischen Kurpfalz- und Loblocher Straße entdecktes Mithras-Heiligtum auf die Präsenz der Römer hin. Das Original steht im Historischen Museum in Speyer, eine Kopie an Ort und Stelle. Während dieser Siedlungskern zum Standort der spätgotischen kath. St. Nikolauskapelle wurde, bildete sich oberhalb steil abfallender Straßen ein zweiter rings um die prot. Kirche (1803) mit ihrem romanischen Turm.

In **Haardt** angekommen, hat man Neustadt schon fast erreicht, der Übergang ist fließend. Aber auch ohne Anlehnung an die übermächtige Nachbarschaft konnte sich der 1256 beurkundete Weinort, an dem irgendwann einmal das Etikett »Balkon der Pfalz« kleben blieb, profilieren. Der pflegliche Umgang mit alter Bausubstanz in Winzergehöften des 16.–19. Jh. und eben vor allem seine Lage überzeugte die Juroren des Wettbewerbs »Unser Dorf soll schöner werden« mehrmals von Haardts besonderer Preiswürdigkeit. Über allem thront das Haardter Schloß nicht von ungefähr, wurde es doch 1876 auf dem Gelände der Burg Winzingen erbaut, die Herzog Friedrich von Schwaben errichten ließ. Von der

Malerisch gelegen: das Haardter Schloß

Wehranlage sind noch Ringmauerreste und die Burgkapelle St. Nikolaus zu erkennen (Zugang: beim Kriegerdenkmal führt eine schmale Straße hinauf zum Antiquitäten-Anwesen Brune).

ⓘ **Information für Ruppertsberg:** Tourist-Information Deidesheim, s. S. 124; **... für Mußbach, Königsbach, Gimmeldingen, Haardt:** Tourist-Information Neustadt, s. S. 137.

🛏 **Unterkunft in Haardt:** Tenner, Hotel (Garni), Mandelring 216, 67433 Neustadt, ☎ 0 63 21/96 60, Fax 96 61 00, DZ um DM 140–170; Hotel Mandelhof, Mandelring 11, ☎ 8 82 20, Fax 3 33 42, DZ um DM 95–100.

✗ **Restaurants in Mußbach:** Winzerstuben, An der Eselshaut 32, ☎ 0 63 21/61 58, gemütlich, gutbürgerliche Küche, Do–Mo; **... in Königsbach:** Winzerstube Bäder, Deidesheimer Straße 12, ☎ 0 63 21/68 51, Fr (abend)–Mi; **... in Haardt:** Probsthaus, Mandelring 93, ☎ 6 84 51, exquisite Speisen und Preise, Ebenen-Blick; Winzergaststätte, Mandelring 7, ☎ 28 32, Mi–Mo, gutbürgerlich.

🍷 **Weinstuben in Ruppertsberg:** Keller's Keller, Obergasse 12, ☎ 0 63 26/87 28, Fr–So, berühmte Salate; **... in Mußbach:** Eselsburg, Kurpfalzstraße 62, ☎ 6 69 84, Mi–Sa, Kultlokal, wo Fritz Wiedemann in seiner Kunst weiterlebt; Gutsschänke Schüle Erben, Kurpfalzstraße 49, ☎ 61 18, Fr–Di; Elwetrittsche-Stubb, Meckenheimer Straße 1, ☎ 6 02 10; **... in Gimmeldingen:** Kommerzienrat, Loblocher Straße 34, ☎ 063 21/6 82 00, Fr–Mi; Meer-spinnkeller, Peter-Koch-Straße 43, ☎ 6 01 75, Mi–Mo, Spinnendekoration im Keller; Muglers Kutscherhaus, Peter-Koch-Straße 47, ☎ 6 63 62, Di–So, Atmosphäre.

🍷 **Szene in Haardt:** Musikantenbuckel, Mandelring 75, ☎ 6 96 07, Mi–So, »Mubu«, gelegentlich Live-Musik.

🎭 **Kultur in Mußbach:** Herrenhof, ☎ 6 67 72, Info: s. o. **Feste in**

Ruppertsberg: Ostereierschießen, Ostern, am »Pfalzblick« oberhalb des Orts; **... in Königsbach:** Weinkerwe, 2. Juniwochenende; **... in Gimmeldingen:** Mandelblütenfest mit Wahl der Mandelblütenkönigin, März/April, Termin über die Tagespresse; Loblocher Weinzehnt, Pfingsten; Weinkerwe, August; **... in Haardt:** Weinfest, Freitag vor bis Himmelfahrt; Wein- und Quetschekuchekerwe, 1. Septemberwochenende; **... in Mußbach:** Pfälzer Öko-Weinfest im Herrenhof, 3. Juniwochenende; Eselshautfest, Mitte Juli; Weinkerwe, 1. Augustwochenende.

Museum in Mußbach: Weinbaumuseum Herrenhof, Do 10–14, Fr 15–18 Uhr.

Wandertip: Länge: ca. 11 km; Dauer: ca. 3 Stunden; Karte: s. S. 218. Vom Parkplatz (Sportplatz) in Gimmeldingen aus geht's (PWV-Zeichen: rotes Dreieck) zum Forsthaus Benjental (Sa–Do, ab 10 Uhr). Dort überquert man die Straße und steigt (weiß-blauer Balken) hinauf zum Weinbiet (s. S. 126). Wieder hinabgehend (blauer Punkt), stößt man im Meisental nach der Kneippanlage auf den »Kaiserweg« (weiß-roter-Balken), folgt ihm, zunächst auf dem asphaltierten Weg und dann auf dem Waldpfad, der am Haardtrand entlangführt (Blick am Wilhelmsplatz), umrundet den ›aktiven‹ Steinbruch und kommt zum Ausgangspunkt zurück.

Verbindung nach Ruppertsberg, Königsbach, Haardt: Bahnstation Neustadt oder Deidesheim, von dort Buslinie (BRN) Bad Dürkheim–Neustadt; ... **nach Mußbach, Gimmeldingen:** Bahnstation Mußbach.

Weinmetropole Neustadt

»In luftiger Trinkkemenaten – / Den Ort gesteht man nicht ein – / Da prüften drei späte Nomaden / Den edelsten pfälzischen Wein.« Der denkwürdige Ort für des Dichters Joseph Victor von Scheffel Laudatio auf des »Rieslings feinperlendes Gold« war 1865 das Haus des Verlegers Eduard Witter am Marktplatz in Neustadt. Scheffel genoß sichtlich beides, die heitere, offene Lebensart der Neustadter Freunde und ihre Weinkeller. Eine mediterrane Pflanzenwelt entfaltet sich im Umkreis des Speyerbachs, dessen Tal sich trichterförmig in den Pfälzerwald hineinschiebt. Im Schutz mächtiger Bergkuppen, nördlich Wolfsberg (480 m) und Weinbiet (554 m), südlich Nollenkopf (490 m) und Hohe Loog (619 m), klettern

Häuser und Weinberge Neustadts von der Ebene aus windgeschützt die Hänge immer höher hinauf.

Geschickt spielt man alle bacchantischen Superlative aus: größte weinbautreibende Gemeinde im Bundesgebiet, Krönungsstätte von Weinköniginnen, größter Winzerfestumzug Deutschlands und – als Tüpfelchen auf dem i – einziger Ort, in dem Brautpaare in einem »Haus des Weines« den Bund fürs Leben schließen. Ein bißchen zuviel heile Welt, daher gleich die Kehrseite der Medaille: Das Mittelzentrum Neustadt mit rund 55 000 Einwohnern wird von Verkehrsströmen angezogen wie Motten vom Licht. Vieles davon ist hausgemacht, unter anderem in der Funktion als kreisfreie Stadt mit einer Vielzahl an Behörden und kommunalen Einrichtungen aller Art begründet. Dem drohenden Verkehrsinfarkt und dem Verfall unter Putz und tristen Farben versteckter, historischer Bausubstanz begann man schon in den 60er Jahren mit der Sanierung der Altstadt entge-

Neustadt 1 Bahnhof 2 Tourist-Information 3 Saalbau 4 Marstall 5 Marktplatz 6 Haus Zur Brücke 7 Rathaus 8 Scheffelhaus 9 Stiftskirche 10 Kartoffelmarkt 11 Haus des Weines 12 Casimirianum 13 Kath. Pfarrkirche St. Marien 14 Kunigundenstraße 15 Metzgergasse 16 Zum Spinnrädel 17 Mittelgasse 18 Hintergasse 19 Villa Böhm (Museum) 20 Eisenbahnmuseum

genzuwirken. Manch häßliches Entlein entpuppte sich als stolzer Schwan. In gekonnter Mischung von Konsum und Wohnlichkeit entstand ein urbanes Zentrum, das überwiegend den Fußgängern gehört. Entsprechend lebendig ist es tagsüber, am späten Abend allerdings huscht man durch fast menschenleere Gassen. Wahrscheinlich hat sich dann alles in die Gemütlichkeit der Weinstuben verlagert, von denen es gelungene Exemplare auch in den Ortsteilen Gimmeldingen, Mußbach, Haardt (s. o.) und Hambach (s. u.) gibt.

Geschichte

Vermutlich zwischen 1160 und 1190 von Pfalzgraf Konrad gegrün-

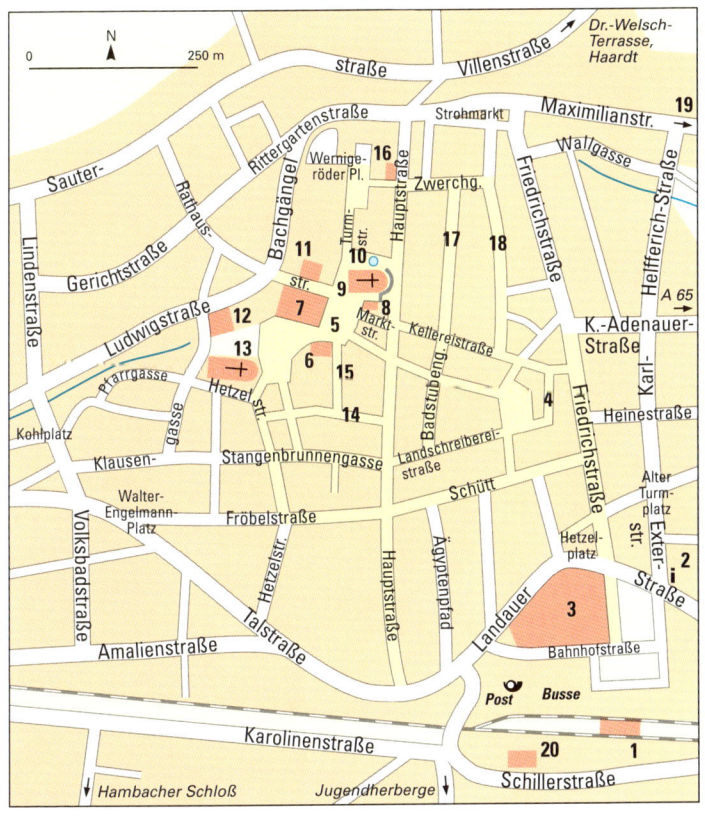

det, wurde »Niuwenstat« durch König Rudolf I. von Habsburg bereits 1275 mit Stadtrechten privilegiert und 1309 mit dem Münzrecht. Dank Pfalzgraf Johann Casimir, zu dessen Fürstentum Pfalz-Lautern Neustadt von 1576 an gehörte, bis er 1583 Kurfürst wurde, konnte man sich zeitweilig sogar mit der Aura einer Universitätsstadt umgeben. Bis zum 18. Jh. Sitz des kurpfälzischen Oberamts, wurde die französisch-revolutionäre Kantonsstadt nach 1815 bayerische Bezirksstadt. Aus der liberalen Bürgerschaft rekrutierte sich ein Großteil der ›Provokateure‹, die 1832 das Hambacher Fest inszenierten (s. S. 42). Bis zur Mitte des 19. Jh. infrastrukturell nicht eben verwöhnt, änderte sich das rapide ab 1847 mit der ersten pfälzischen Eisenbahn von Ludwigshafen nach Neustadt (s. S. 139). Handel und Wandel blühten, die Einwohnerzahl stieg und schob neue Stadtviertel vor sich her.

Rundgang

Zugreisenden macht Neustadt das Aussteigen leicht, denn der **Bahnhof** liegt am Rande der Altstadt. 1866, fast 20 Jahre nach der Eröffnung der Bahnlinie erbaut, spiegelt das restaurierte, spätklassizistische

Neustadt, Blick auf die Türme der Stiftskirche

Sandsteingebäude voll den Geist jener Zeit wider, als es noch ein Stück Kultur war »anzukommen«. Vom Bahnhofsplatz ist der **Saalbau,** Neustadts kulturelles Zentrum, nur einen Steinwurf entfernt. 1980 bis auf die Grundmauern abgebrannt und 1984 wieder eröffnet, wird in dem Gründerzeitbau in alter Tradition während des Weinlese-Fests die Weinkönigin gekrönt (s. S. 142). Dann sind vor seiner Pforte die Häuschen des Weindorfs aufgebaut, vielfältige Gerüche von »Dampnudle« bis zu »Gebreedelten« und vor allem Wein, Wein und nochmals Wein steigen in die Nase und verteilen sich auch in den schmalen Gassen der nahen **Fußgängerzone** mit ihren schmucken Läden und schön renovierten Fachwerkhäusern. Durch das Gäßchengewirr der Altstadt gerät man unversehens zum **Marstall,** wo im **Elwedritsche-Brunnen** des Neustadter Bildhauers Gernot Rumpf die pfälzischen Fabeltiere (s. S. 118) posieren, Bronzewesen von spritziger Vitalität. Zehn Wasserspender stehen für die Stadt, ihre neun Ortsteile und den Wunsch, daß neben dem Wein auch die Wasserquellen nie versiegen.

Am **Marktplatz,** wo sich 1832 Tausende zum Zug auf das Hambacher Schloß versammelten, herrscht auch heute rings um den **Königsbrunnen** reges Treiben, nicht nur an den drei Markttagen. Mit den ersten wärmenden Sonnenstrahlen werden Stühle und Tische herausgestellt, füllen sich die Straßencafés und Restaurants inmitten der behutsam restaurierten Gebäude aus Gotik, Renaissance und Barock. Der vorher an der Südseite des Platzes offen fließende Speyerbach wurde samt seiner Rattenpopulation in die Unterwelt verbannt, wovon das einstige Gerichtshaus **Haus zur Brücke** mit dem Fachwerkerker profitierte. Im Rückgebäude residiert die 1954 gegründete »Weinbruderschaft«, die sich mit Ordensmeister Dr. Theo Becker an der Spitze als ›Weingewissen der Pfalz‹ versteht. Vis-à-vis des 1729–43 als Jesuitenkolleg erbauten **Rathauses** fällt ein viergeschossiges Fachwerkhaus mit schieferverkleidetem Giebel (um 1580) auf, das **Scheffelhaus,** wo der eingangs zitierte Joseph Victor dem Weingenuß erlag. Hier muß es recht laut zugegangen sein, denn sein Gedicht notiert die Mahnung des Nachtwächters: »Ihr Herren, und lasset Euch sagen, die Stadtgemeinde braucht Schlaf, die Glocke hat elf Uhr geschlagen, wer jetzt nicht zu Bett geht, zahlt Straf.«

Die Glocke war gewiß die der prot. **Stiftskirche,** des Wahrzeichens Neustadts, deren Türme auch in der Höhe völlig verschieden sind. Auf dem südlichen hockt ein barockes Türmerhaus, ab 1744 Wohnung des Türmers, der zugleich Brandwächter und Glöckner war. Zuletzt Behausung des Organisten, soll es nach Renovierung und Brandschutzanpassung vermietet werden. Von der Brüstung hat man einen großartigen Rund-umblick auf die gesamte Stadt und die bewaldeten Hänge einschließlich des Hambacher Schlosses. Das Geläut im Südturm ist nach mehreren Reformatoren und Pfalzgraf Johann Casimir benannt. Im Nordturm hängt außer der Kaiserglocke, der mit 14 t Gewicht größte Stahlgußglocke der Welt, die Kurfürstenglocke. Sie erinnert an Kurfürst Ruprecht I., der 1368 die Kirche errichten ließ, und an seinen älteren Bruder Rudolf II., der gleich ihm im Chor des auch als Grablege kurpfälzischer Wittelsbacher bestimmten Gotteshauses Ruhe fand.

1566 übergab Kurfürst Friedrich III. die Kirche den Reformierten. 1708 zur Simultankirche geworden, feiert man bis heute – wenn auch getrennt – Gottesdienste unter einem Dach. Den Katholiken ist der Chor vorbehalten (Zugang vom Kartoffelmarkt aus, offen). Nicht nur die Außenansicht mit Strebepfeilern, Wasserspeiern und Fialen, auch der Innenraum ist gegenüber dem 10 m kürzeren Langhaus ungleich reicher gegliedert. Er schmückt sich mit einem prachtvollen barocken Hochaltar sowie kostbarer gotischer Wandmalerei (s. S. 59). Im dreischiffigen Langhaus, das wie die Türme zum protestantischen Teil der Kirche gehört, erschließt sich die Schnörkellosigkeit der Reduktionsgotik besonders intensiv zur Empore und zur Vorhalle hin. Reich geschnitztes Presbytergestühl stiftete Eitel von Sickingen, von 1485 an Vogt auf Burg Winzingen.

Neustadt: In dem ehemaligen Jesuitenkolleg am Marktplatz hat heute das
Rathaus seinen Sitz

Auf dem urban getrimmten einstigen **Kartoffelmarkt** hinter der
Kirche verheißt eine Gernot
Rumpfsche Brunnenplastik das Paradies, in dem natürlich Weinlaub
und Trauben nicht fehlen dürfen.
Derart inspiriert findet man ohne
Probleme die Rathausstraße und
dort das **Haus des Weines,** den
ehemaligen Kuby'schen Hof. Der
Gotik- und Renaissancekomplex
öffnet sich unter einem Rundbogen
zum schönsten Innenhof Neustadts
und offeriert die Vielfalt der Weine
und Weinprodukte (auch sonn-/
feiertags geöffnet).

Von der Rathausstraße zweigt
die Ludwigstraße ab. Sie führt zum
Speyerbach und zum **Casimirianum,** einem wuchtigen dreigeschossigen Renaissancebau, von
1578–84 Sitz der ersten Universität der Pfalz. Auslöser war ein reli-
giöser Bruderzwist im Hause Wittelsbach. Als Kurfürst Ludwig VI.,
ein Lutheraner, die Anhänger der
Lehre Calvins von der Universität
Heidelberg vertrieb, nahm der jüngere Bruder und Calvinist, Pfalzgraf
Johann Casimir, die Professoren
mit offenen Armen auf. Am Casimirianum lehrten bekannte Persönlichkeiten wie Zacharias Ursinus,
Mitverfasser des Heidelberger Ka-
techismus.

Johann Casimirs sprichwörtliche
Jagdleidenschaft – als »Jäger von
Kurpfalz« lebt er im Volkslied weiter – gab ihm übrigens eine List ein,
als die störrischen Neustadter Bürger ihn trotz väterlichen Testaments
als Herrn über das neue Herzog-

tum Pfalz-Lautern partout nicht akzeptieren wollten. Ein Fest, das sie ihm nicht verweigern konnten, verließ er unter dem Vorwand einer nächtlichen Pirsch, ließ aber statt dessen seine vor den Toren lauernden Söldner ein. Damit war die Angelegenheit gegen die Neustadter entschieden. Nach dem Tod Bruder Ludwigs selbst Kurfürst geworden, nahm Johann Casimir die Professorenschaft mit nach Heidelberg, den Neustadtern den Hauptstadt- und Universitäts-Nimbus weg und ließ nur die Lateinschule zurück. In der Aula des restaurierten Casimirianums, seit 1887 protestantisches Eigentum, geben nun die schönen Künste bei Konzerten und anderen kulturellen Veranstaltungen den Ton an.

Nach Umrundung des Casimirianums passiert man die sehenswerte neugotische kath. Pfarrkirche **St. Marien** (offen), kehrt in die Altstadt zurück, streift durch die weinüberrankte **Kunigundenstraße,** biegt in die bildschöne **Metzgergasse** ein, die mit zahlreichen Zunftzeichen die früheren Hausbesitzer verrät, und kommt erneut zum Marktplatz. Hier lädt die geschäftige Hauptstraße nach Süden hin zum Weiterbummeln ein, wobei so manches Kleinod lohnt, den Blick nach oben zu richten. In entgegengesetzter Richtung läßt sich das alte Neustadt weiter erkunden, z. B. das frühere »**Zum Spinnrädel**« an der Abzweigung Zwerchgasse, das Wohn- und Sterbehaus des schon erwähnten Zacharias Ursinus.

Dem Reiz der östlich parallel zur Hauptstraße verlaufenden **Mittel- und Hintergasse** kann man sich schwer entziehen, kapituliert

schließlich vor der Häufung stimmungsvoller Lokale und legt eine Pause ein, vielleicht bei einem Glas Wein. Um dann in Scheffels Preislied einzustimmen: »s' ist halt e verflucht feiner Troppen, ich segne die Hügel der Pfalz.«

Information: Tourist-Information, Exterstraße 2, 67433 Neustadt a. d. W., ☎ 0 63 21/92 68 92, Fax 92 68 91, Stadtführung: März–Nov., Mi 10.30 Uhr, Sept./Okt., auch So 10.30 Uhr.

Unterkunft: Hotel Kurfürst, Mußbacher Landstraße 2, ☎ 74 41, Fax 3 21 51, DZ um DM 150; Hotel TREFF PAGE, Exterstraße 2, ☎ 89 80, Fax 89 81 50, DZ um DM 140–220; Pension Villa Déco, Haltweg 30, 67434 Neustadt, ☎ 21 05, DZ um DM 100. **Jugendherberge/Naturfreundehaus:** DJH Neustadt, Hans-Geiger-Straße 27, bis 1998 geschlossen; NFH Heidenbrunnertal, Heidenbrunnenweg 100, ☎ 8 81 69, Di–So, Mehrbettzimmer.

Restaurants: Zur Post, Hauptstraße 94, ☎ 8 01 64; Gerberhaus, Hintergasse 6, ☎ 8 87 00, Di–So; Weinbiethaus, s. S. 126; Liebstöck'l, Mittelgasse 22, ☎ 3 31 61, klein und besonders; Naturpark, Schöntalstraße 12, ☎ 3 24 32, Mi–So, Paradies mit kleinem Zoo.

Weinstuben: Zwockelsbrück, Bergstraße 1, ☎ 35 41 40, Di–So, seit 1793; Backblech, Hintergasse 18, ☎ 8 12 50, Flammkuchen; Zur Herberg, Mittelgasse 3, ☎ 76 88, Mo–Sa, beste Familienrezepte.

Szene: Wespennest, Friedrichstraße 36, ☎ 3 47 85, Kulturkneipe; Novalis, Hintergasse 26, ☎ 27 60, 10–2 Uhr, sonntags Brunch; Madison,

Am Kartoffelmarkt 2, ☎ 8 83 84, Mi–So, Disco mit Tradition; Internetcafé, Konrad-Adenauer-Straße, ab 11 Uhr, Internet: http://www.concept-net.de.

Kultur: Info Tourist-Information, s. o., auch zur Freilichtbühne Villa Böhm (Neustadter Schauspielgruppe); Stiftskirche: Marktkonzerte, Sa 11.30–12 Uhr (Sommer) mit anschließender Turmbesteigung; Anmeldung für Kirche/Casimirianum: Casimirianum, ☎ 8 19 81; Kulturverein Wespennest, Friedrichstraße 36, ☎ 3 50 07, Teil des Neustadter ökologischen Anarchismus-Projekts »WESPE« (»Werke selbstverwalteter Projekte und Einrichtungen«), s. Szene; Hambacher Schloß, s. S. 143. **Feste:** Wolfsburgfest, 2. Augustwochenende; Deutsches Weinlesefest, 1. u. 2. Oktoberwochenende.

Museen: Städtisches Museum Villa Böhm, Maximilianstraße 25, bis ca. 1999 geschlossen; Hambacher Schloß, s. S. 229; Eisenbahnmuseum, s. S. 140.

Freizeit: Spaßbad »Moby Dick«, Sauterstraße, ☎ 40 25 30; Flugsportverein Neustadt, Flugplatz Lilienthal in Lachen-Speyerdorf, ☎ 13 45 (o. Tourist-Information, s. o.), Motor- und Segelflug; »Kuckucksbähnel«, s. S. 138.

Blick: Stiftskirche; Dr.-Welsch-Terrasse; Hambacher Schloß.

Wandertips: 1. Länge: ca. 7 km; Dauer: ca. 1 $^1/_2$ Stunden. Der Rundwanderweg (Zeichen: 4) führt vom Neustadter Strohmarkt durch die Fußgänger-Unterführung (dann rechts!) über den Haardter Treppenweg zur Dr.-Welsch-Terrasse mit Blick auf die Stadt, dann links zur Wolfsburg (Burgschenke, März–Nov., Sa ab 14, So ab 9.30 Uhr, und bei gehißter Stadtfahne) und zurück. **2.** Länge: ca. 11 km; Dauer: ca. 3 Stunden; Karte: s. S. 218. Zur Hohen

Loog startet man beim Herz-Jesu-Kloster, Waldstraße 145, und läuft stetig bergan (PWV-Zeichen: roter Punkt), an der Schutzhütte am Speierheld (485 m) vorbei und durch Heidelbeerfelder zum Hohe-Loog-Haus hinauf (Mi, Sa, So und in den Sommerferien von Rheinland-Pfalz). Nach einem Blick zur Kalmit und in die Ebene wandert man (schwarzes W auf weißem Grund) zum Hambacher Schloß und von dort (roter Balken) nach Norden hinter den Häusern Hambachs vorbei zum Herz-Jesu-Kloster zurück.

🚲 **Radtips: 1.** Länge: 45 km; Karte: s. S. 218. Vom Hbf. Neustadt fährt man zunächst auf der B 39 (Lambrecht) stadtauswärts, nach ca. 1 km überquert man diese beim Parkplatz, kommt zum »Radweg Elmstein« und in den Wald. In der ehemaligen Tuchmacherstadt Lambrecht mit dem wunderschönen Zunfthaus (Fachwerk) angekommen, umrundet man die ehemalige Dominikanerinnen-Klosterkirche (14./15. Jh.), fährt kurz auf die B 39 und verschwindet wieder im Wald. Unter »Tiefblicken« auf die »Kuckucksbähnel«-Strecke (s. u.) geht es an den Burgruinen Erfenstein und Spangenberg vorbei zum Forsthaus Breitenstein (Mi–So) und nach Elmstein. Vom Ortsteil Appenthal aus passiert man in Elmstein-Harzofen das Naturfreundehaus (s. S. 140), von dem aus eine schmale Straße hinauf zur PWV-Wolfsschluchthütte (Mi, Sa, So) und nach Esthal führt. Zurück fährt man über die Sattelmühle nach Frankeneck, dann auf dem Radweg nach Neustadt. **2.** Radweg Neustadt-Speyer (weißes Rad auf grünem Grund, R 58); Länge: ca. 30 km (einfach). Vom Schulzentrum Böbig aus geleitet das Zeichen durch Wald und Flur nach Speyer (s. S. 144). Zurück bietet sich eine Zugfahrt an.

🚉🚌🚕 **Verbindung:** Bahnstation, IC/EC/IR-Haltepunkt; Stadtbusse, Ruftaxi Neustadt, ☎ 75 81 oder 75 82.

Auf Eisenbahnspur um Neustadt

Von Mai bis September zuckelt vierzehntäglich an Sonn- und Feiertagen das »Kuckucksbähnel« das Speyerbachtal hinauf nach Elmstein. Etwa zwei Dutzend Neustadter Bahn-Enthusiasten machen's möglich. Nostalgie in vollen Zügen! Familien mit Kind und Kegel, Vereine, Wald- und Wein-Wanderer. Fotohalts unterwegs. Kein Gedanke mehr an das nüchterne Kalkül, das 1909 die Strecke Lambrecht–Elmstein für die Holz- und Papierindustrie im Tal eröffnete und sie 1977 stillegte, als Passagier- und Gütermengen nicht mehr stimmten. An das harte Leben der Wäldler erinnert das Waldarbeitermuseum in Elmstein. Heimatbahnhof der T3-Lok »Speyerbach« und weiterer eiserner Dinos ist das Eisenbahnmuseum in Neustadt, ein Lokschuppen von 1847. Nur einen Bahnsteig weiter stoppen ICs und ECs und wird vielleicht bald die ICE-Schickeria durchdüsen. Auf ihrem Weg nach Paris tauchen die modernen Giganten in den Frankensteiner Tunnel ein, unweit der klassizistischen Villa, die sich der Eisenbahnpionier Paul Camille von Denis (1795–1872) unterhalb der Burgruine Diemerstein 1848 bauen ließ und bis 1854 bewohnte. Als Teilnehmer am Hambacher Fest bei seinem bayerischen Dienstherrn in Ungnade gefallen, reiste Denis 1833 nach England und in die

USA, kehrte fasziniert vom Eisenbahnwesen zurück und baute 1835 die erste deutsche Strecke Nürnberg – Fürth. In der Pfalz ist sein Name untrennbar mit dem 11. Juni 1847 und der ersten Fahrt der »Ludwigsbahn« von Ludwigshafen über Schifferstadt nach Neustadt bzw. Speyer verbunden. 1848/49 verlängerte er die Trasse zu den Kohlegruben des damals bayerischen Bexbach. Noch immer schlängelt sich modernste Technik durch das enge Tal auf der alten Trasse, Geschwindigkeitsfetischisten ein stetes Ärgernis. Für Reisen-

Eisenbahnmuseum Neustadt

de die Chance, die Augen für die romantische Schönheit des Pfälzerwaldes zu öffnen.

Naturfreundehaus/PWV-Wanderheim: NFH Elmstein, Esthaler Straße 63–65, ☏ 0 63 28/2 29, Fax 5 69, ganzjährig, Hauptaus hotelmäßig, Jugendhäuser mit Etagenbetten/Etagen-Du/WC; PWV-Lichtenstein-Hütte, bei Neidenfels, ☏ 0 63 25/76 05 oder ☏ 76 91, Mi und Sa 14–19, So 9–20 Uhr, 10 Betten.

Restaurant in Erfenstein: Burgschenke Burg Spangenberg, ☏ 0 63 25/20 27, Sa/So; Infos zum Burgfest (Himmelfahrt): ☏ 0 63 21/8 62 27.

Museen: Eisenbahnmuseum Neustadt, ☏ 0 63 21/3 03 90 und 0 63 25/86 26 (H. Kayser), Sa, So, Feiertage 10–16 Uhr; **... in Elmstein:** Waldarbeitermuseum und Wappenschmiede, zu den »Kuckucksbähnel«-Terminen geöffnet, ☏ 0 63 25/86 26.

Verbindung nach Elmstein: Bahnstation Neustadt, von dort Buslinie (BRN) Neustadt–Elmstein.

Hambach, das Schloß und eine fliegende ›Zigarre‹

In Neustadts Ortsteil **Hambach** schmiegen sich alte Häuser aneinander, der Weinstraßen-Süden rückt heran. Die kath. Pfarrkirche St. Jakobus in einem der drei Ortskerne ist nicht zu übersehen. In ihrem frühgotischen Turm entdeckt

man ungewöhnlich gut erhaltene Wandmalereien (Anf. 14. Jh.) und im barocken Saalbau eine reiche Rokokoausstattung. Werktags-Gottesdienste ohne Organisten sind hier kein Problem. Dann spielt Pfarrer Leo Matthes die Chororgel (Di, Do 8 Uhr), deren aufgeklappte Flügeltüren flötende Engel aus eigener Emailkunst-Produktion sichtbar machen. Vorwiegend biblische Motive werden in der Pfarrhaus-Werkstatt künstlerisch umgesetzt, in der Festtagsliturgie verwendet und auf kirchlichen Basaren verkauft. Pfarrer Matthes ist nicht nur Künstler, sondern auch Lebenskünstler. Am Erlebnistag Deutsche Weinstraße (s. S. 53) füllt z. B. Kochkunst die Pfarrgemeindekasse. Dann zaubert der von ihm initiierte Männerkochclub aus der professionell ausgestatteten Pfarrküche Gerichte auf die Tische im Hof, deren exklusive Qualität sich weit herumgesprochen hat.

Neubebauung zieht sich die Weinberge hoch und verringert die Distanz zum **Hambacher Schloß** auf dem Bergkegel. Die Einheimischen haben mit ›ihrem‹ Schloß zu leben gelernt. Immerhin war es nach dem spektakulären Fest von 1832 (s. S. 42) ein Schimpfwort, ein »Hambacher« zu sein. So sollte denn auch die Geste Zweibrückener Bürger, dem Kronprinzen Maximilian anno 1842 die Ruine zu schenken, die Wittelsbacher versöhnlich stimmen. Maximilian, auf Anraten des Maikammerers Jakob von Hartmann (s. S. 149) nicht ab-

Hambacher Schloß

geneigt, ließ nach Plänen von August von Voit mit dem Ausbau beginnen und verlor wohl angesichts der väterlichen Entscheidung für die Villa Ludwigshöhe, der Revolution 1848/49 und der enormen Kosten die Lust daran. So verschwand der Schloßtraum à la Hohenschwangau in der Schublade, die Ruine aber bekam im Volksmund einen dritten Namen: »Maxburg«. Als salische Reichsburg hat-

te sie wegen der dichten Kastanienwälder »Kästenburg« geheißen. Zum 150jährigen Hambacher-Fest-Jubiläum restauriert und überdacht, lehrt eine ständige Ausstellung deutsche Demokratiegeschichte.

Neun Orte hat Neustadt ›geschluckt‹, alle schon vor oder kurz nach der Jahrtausendwende entstanden, so auch **Diedesfeld, Duttweiler, Geinsheim** und **Lachen-Speyerdorf.** Alle vier verleugnen ihre Dorfvergangenheit nicht. Auf dem seit 1911 bestehenden Flugplatz Lilienthal in Lachen-Speyer-

Von Königinnen und höfischen Festen

Eine pfälzische Weinkönigin mit ihren Prinzessinnen

Mainzer Rheingoldhalle und ein Gruppenfoto mit 1368 rheinland-pfälzischen Weinhoheiten, darunter betagten Königinnen von 1935 und 1936. Rainer Brüderle, Wirtschafts- und einziger Weinbauminister Deutschlands, hatte am 26. Februar 1996 Grund zum Strahlen: Der Eintrag ins »Guiness-Buch der Rekorde« ist unter Dach und Fach! Friede, Freude, Eierkuchen? Mitnichten! Die Majestäten wollen kein bloßer PR-Gag sein. Die ihnen auch in ihrer einjährigen Amtszeit von manchen Veranstaltern zugedachte Rolle des schmückenden Beiwerks lehnen sie ab. Als »Botschafterin des Weins« haben sie jede Angst vor ›großen Tieren‹ abgelegt und pochen darauf, ernstgenommen zu werden. Es

dorf fand am 20. Juli 1930 ein Großereignis statt, das 100 000 Schaulustige anlockte. Auf Initiative des in Neustadt ansässigen Ingenieurs Max Atteln landete das Luftschiff »Graf Zeppelin«, sechs Jahre vor der Katastrophe in Lakehurst (USA), die das Aus für die ›Zigarren‹ bedeutete.

 Information: Tourist-Information Neustadt, s. S. 137.

🛏 **Unterkunft in Hambach:** Hotel Burgschänke Rittersberg, Am Hambacher Schloß, ☎ 0 63 21/3 99 00, Fax 3 27 99, DZ um DM 110–120.

🍴 **Restaurant in Hambach:** Burgschänke Rittersberg, s. o., ☎ 8 62 50, Fr–Mi, Küche und Blick gut.

🍷 **Weinstuben in Hambach:** Mohre Jule, Schloßstraße 58, ☎ 8 40 72, Di–So, Hambacher Institution; Faßdaube, Weinstraße 269, ☎ 8 25 70, Mi–Mo, gemütlich; Schloßschänke,

142

sind keine Dummchen oder ›humpenschwenkende Weingroßtanten‹, sondern junge Frauen mit Beruf oder Studium, die wissen, was »für ein knallhartes Geschäft Weinwerbung ist und was sie für die Betriebe bedeutet«. Mindestens 18 Jahre müssen sie sein, ledig, Töchter von Winzern oder Familien, die eng mit dem Weinbau verbunden sind, um sich zunächst um regionale Titel wie »Weinprinzessin« – im Leiningerland »Weingräfin« – zu bewerben, ehe sie nach der Krone einer Pfälzischen Weinkönigin oder der Deutschen Weinkönigin greifen können. Traditionell ist Neustadt Krönungsort. Wenn beim Weinlesefest draußen auf dem Vorplatz und in den »Woihaiselscher« des Weindorfs die Stimmung steigt, hat eine Jury die Kandidatinnen bereits über Weinthemen ausgequetscht, Favoritinnen werden gehandelt. Endrunde! Am späten Abend dann im Saalbau Jubel der Fans oder lautstarke Enttäuschung, sobald das Ergebnis feststeht. Nach der Kür der Pfälzischen Weinkönigin (seit 1932), wobei traditionell der Neustadter Kinderchor »Weinkehlchen« assistiert, geht es etwa eine Woche später um die nationale Würde (seit 1948). Unter 13 Anwärterinnen aus allen deutschen Weinbaugebieten wurde 1996 mit Ines Hoffmann erstmals eine Sächsin Deutsche Weinkönigin.

Erste Amtshandlung der frischgebackenen Pfälzer und deutschen Hoheit ist hoch auf geschmückten Wägen die Teilnahme am Neustadter Winzerfestzug, dem größten Deutschlands. Danach halten sie Hof, wobei sie sich Hunderte von Repräsentationspflichten mit ihren Weinprinzessinnen teilen: national und international, bei großen Messen, bei kleinen Vereinen, vor allem aber bei der Eröffnung von Weinfesten. Feste in den Winzerhöfen der Weinstraße – höfische Feste zuhauf. Die Pfalz feiert, ein Anlaß findet sich immer.

Hambacher Schloß, ☎ 3 13 25, März–Nov. zu den Schloß-Öffnungszeiten; Maxburg, Weinstraße 179, ☎ 3 26 09, Di–So, im Herbst/Winter Live-Musik, legendäre Salate.

🎭 **Kultur:** Hambacher Schloß, ☎ 3 08 81, März–November tägl. 9–18 Uhr, Demokratie-Dauerausstellung, Theatersommer, »Hambacher Gespräche«, Konzerte, Info: Tourist-Information Neustadt, s. S. 137; Hambacher*Musik*Fest, ☎ 0 69/4 94 05 97, Juni. **Feste in Hambach:** Andergasser Fest, 1. Mai und folg. Wochenende, viel junges Publikum; Brunnen- und Gässelfest, 3. Juniwochenende; **... in NW-Diedesfeld:** Weinkerwe, Ende August.

🚉🚌 **Verbindung nach Hambach:** Bahnstation Neustadt, von dort Buslinie (WNL) Neustadt–Landau oder Neustadt–Hambacher Schloß; **... nach Diedesfeld:** Bahnstation Neustadt, von dort Buslinie (WNL) Neustadt–Landau; **... nach Lachen-Speyerdorf, Duttweiler:** Bahnstation Neustadt, von dort Buslinie (BRN) Neustadt–Speyer.

Speyer, Maximilianstraße und Dom

Abstecher zur Kaiserstadt Speyer am Rhein

Speyer sehen und nicht sterben, sondern immer wiederkommen. Vom Stadtturm Altpörtel aus das Panorama einfangen, in einem Straßencafé der Maximilianstraße sitzen, die südfarbenen Häuserfassaden auf sich wirken lassen, durch schmale Gassen schlendern, im Judenbad (Mikwe) nachdenklich werden, am Rhein flanieren, den ältesten Traubenwein der Welt im Museum bestaunen, in die reiche Kultur der Römer- und Bischofsstadt ab- und voll ins Leben eintauchen inmitten viel jungen Volks.

Vor allem aber sollte man den mächtigen Kaiserdom aufsuchen, in die Krypta hinabsteigen, die wohl die größte Unterkirche des Abendlands ist, um zur Grabplatte König Rudolfs I. von Habsburg und zur Gruft mit den Sarkophagen salischer und staufischer Kaiser und Kaiserinnen zu gelangen. Dort liegt auch Konrad II. begraben, der Erbauer des Doms (ab 1030, 1061 geweiht). Nach seinem Willen sollte die kreuzförmige Basilika Grablege seines Geschlechts sein. Der Salier Heinrich IV. allerdings mußte nach seinem Tod (1106) fünf Jahre in der noch ungeweihten Afrakapelle des Doms aufgebahrt auf seine Bestattung warten, bis ihn der Papst vom Kirchenbann löste. Verschiedene Bauphasen lassen sich bei Umrundung des Doms ablesen. Aus der ersten Phase (1030–61) stammen Schiff und Untergeschoß der beiden Osttürme, aus der zweiten (1080–1106) Querhaus, Apsis und Vierungsturm. Der Westbau ist eine neuromanische Schöpfung um die Mitte des 19. Jh.

Klöster, Stifte, Freie Reichsstadt, Schauplatz von Reichstagen, Sitz des Reichskammergerichts (1530–1689), Weinhandelszentrum im Mittelalter – Geschichte auf Schritt und Tritt, die natürlich die Katastrophe von 1689 nicht ausläßt. Danach blieb die Stadt zehn Jahre lang unbewohnt. Barocke Bauten erhoben sich über den Trümmern, u. a. auch die prot. Dreifaltigkeitskirche. Die Unterwelt der riesigen, teils zweistöckigen Weinkellergewölbe aber ist noch reinstes Mittelalter und wird zum Teil gastronomisch genutzt. Übrigens hat Speyer wohl die größte ›Kneipendichte‹ Deutschlands, Zeichen für eine gesellige Bürgerschaft. Als Mittelzentrum konnte es einige bedeutende Industrie halten, besticht aber eben vor allem durch seine ungeheure Lebendigkeit. Von Neustadt oder Landau sind es rund 25 km dorthin.

Information: Tourist-Information, Maximilianstraße 11, 67346 Speyer, ✆ 0 62 32/1 43 92, Fax 1 43 32, Stadtführung; Domführung (Domkapitel): ✆ 10 20, Fax 10 24 10.

Restaurants: Ratskeller, Maximilianstraße 12, ✆ 7 86 12; Dulda, Hasenpfuhl 36, ✆ 2 83 29; Kutscherhaus, Fischmarkt 5a, ✆ 7 05 92; Pfalzgraf, Gilgenstraße 26b, ✆ 7 47 55; Domhof, Große Himmelsgasse 6, ✆ 7 40 55, Hausbrauerei.

Weinstuben: Zum alten Engel, Mühlturmstraße 1a, ✆ 7 09 14, im Keller; Zur Schwarzamsel, Korngasse 18, ✆ 7 74 03.

Kultur: Literaturtage, Mai; Speyerer Kulturtage, Ende Mai/Juni; Internationale Kirchenmusiktage, September; »Nacht der Poesie«, Herbst; Dom, Orgelkonzerte zu Festtagen; Kinder- und Jugendtheater, Kleine Pfaffengasse 8, ✆ 7 70 28.

Museen: Historisches Museum der Pfalz, mit Weinmuseum, Di–So 10–18 (Mi bis 20 Uhr); Feuerbachhaus, Allerheiligenstraße 9, Mo–Fr 16–18, So 11–13 Uhr; Purrmann-Haus, Kleine Greifengasse 4, Di–Fr 16–18, Sa/So 11–12 Uhr; Technik-Museum, Geibstraße, tägl. 9–18 Uhr, u. a. Automobile und Flugzeuge.

Freizeit: Rhein-Ausflugsschiffe; Imax-Kino (Technik-Museum); Altpörtel, Turmöffnung 1. Apr.–31. Okt.

Radtip: Radweg Neustadt–Speyer, s. S. 138.

Verbindung: Bahnstation; Anlegestelle der Köln-Düsseldorfer Schiffahrtsgesellschaft.

Eden ist nicht nur ein Wort

Helden, Monarchen und Madonnen – Von Maikammer bis Hainfeld

Am Fuße des Teufelsbergs – Von Burrweiler bis Frankweiler

Landau – Stadt im Grünen

Sonnentempel im Kurpark von Gleisweiler

Eden ist nicht nur ein Wort – Auf der ersten Etappe der Südlichen Weinstraße

Ludwigs I. ›schönste Quadratmeile‹: Edenkoben, Rhodt unter Rietburg, Weyher und St. Martin • Ausflug zur Kalmit im Pfälzerwald • Malerisches Wanderer-Eldorado: Das Modenbach- und Hainbachtal • Geilweilerhof: Regentschaft über Rebläuse und Pilze • Öl im Weinberg bei Nußdorf • Abstecher nach Landau, der einst ›stärksten Festung der Christenheit‹

Hottenträger in St. Martin

Die Gründung des Vereins »Südliche Weinstraße« im Jahr 1971 war gleichzeitig die Geburt eines äußerst zugkräftigen Imageträgers für die Gemeinden südlich von Neustadt. 1978 übernahm dann sogar der Landkreis den Namen. Von Maikammer bis Schweigen wirbt man gemeinsam mit Wein, Wald, Burgen und einem überaus milden Klima, das auf Sonneninseln wie etwa Gleisweiler gar Mainau zum Vergleich herausfordert.

In Maikammer trifft die B 38, die ab Neustadt am Ebenenrand eine gerade Linie nach Landau zieht, mit der L 512 zusammen, die bis Hainfeld das Etikett »Deutsche Weinstraße« trägt und in Frankweiler von der L 508 abgelöst wird. Die erste Etappe des Wegs in den »wilden Süden« endet mit einem

Abstecher zur Südpfalzmetropole Landau an der Pforte zum Wasgau und Elsaß.

Helden, Monarchen und Madonnen

Maikammer

Den oft bemühten Begriff vom »Rebenmeer« kann der 3750 Einwohner zählende Ort für sich beanspruchen, denn er gehört zu den fünf größten Weinbaugemeinden Deutschlands. Auf den Lagen »Heiligenberg«, »Immengarten«, »Kirchenstück« und »Kapellenberg« reifen Topqualitäten. Zwei Helden erblickten in Maikammer das Licht der Welt. Der eine war ein Filmheld – Holmes Zimmermann schrieb ein Kapitel der Frühgeschichte des deutschen Films (s. S. 67) mit. Der andere stand zunächst in Diensten Napoleons, ehe ihn bayerische Könige zum General und in den Adelsstand erhoben. Als solcher ist Jakob Michael Freiherr von Hartmann (1795–1873) 76jährig auf dem berühmten Gemälde der Kaiserproklamation in Versailles zu sehen. Das Geburtshaus des Feldherrn, Diplomaten und Kunstfreunds steht in der Weinstraße Süd 24. Vom überlebensgroßen Denkmal des Generals auf dem Marktplatz aus lassen sich auf kürzestem Wege alle Sehenswürdigkeiten ansteuern: herrschaftliche

Winzergehöfte des 16.–18. Jh. (Markt-, Wein- und St. Martiner Straße), großbürgerliche Anwesen des 19. Jh. (Bahnhofs- und Weinstraße) und die kath. Pfarrkirche St. Cosmas und Damian (1756/57). Dort stand ursprünglich jener gotische Flügelaltar, der nun die Kapelle des Ortsteils Alsterweiler zum Mekka für die Kunstwelt macht (s. S. 60; wegen Renovierung ist die Kapelle bis 1998 geschlossen).

Maikammer wurde erstmals um 1100 erwähnt, gehörte bis 1798 zum Hochstift Speyer, ist aber gewiß wesentlich älter. Dort wo sich rechts der Weinstraße in Richtung Edenkoben ein klassizistisches Wingerthäuschen über die Weinberge reckt, grub man in der Gewanne Heiligenberg einen Siedlungskern der Neusteinzeit aus.

Information: Büro für Tourismus, Marktstraße 1, 67487 Maikammer, ☎ 0 63 21/58 99 17, Fax 58 99 16.

Unterkunft: Hotel Immenhof, Immengartenstraße 26, ☎ 5 80 01, Fax 5 80 04, DZ um DM 140; Hotel Waldhaus Wilhelm, Kalmitstraße 6, ☎ 5 80 44, Fax 5 85 64, DZ um DM 120–150; Hotel Zum Goldenen Ochsen, Marktstraße 4, ☎ 5 81 01, Fax 5 86 73, DZ um DM 120–130; Motel Am Immengarten, Marktstraße 71, ☎ 55 18, DZ um DM 115; Gästehaus Mandelhöhe, Maxburgstraße 9, ☎ 5 72 95, Fax 5 99 82, DZ um DM 65–80.

Restaurants: Alt Maikammer, Weinstraße Nord 35, ☎ 5 81 71, Mi–Mo, Saisonales im Keller; Hotel-

Blick auf Maikammer

Restaurant Immenhof, s. o., rollstuhlgerecht; Zum Goldenen Ochsen, s. o., alteingesessen; Waldhaus Wilhelm, s. o., Di–So, Wild und Pilze.

 Weinstube: Straußwirtschaft Kiefer, Friedhofstraße 103, ✆ 5 92 82, Mai und Aug.–Okt., Mi, Fr–So.

 Feste: Weinfest an Christi Himmelfahrt.

 **Freizeit:** Freibad Wiesenstraße 18, Mai–Sept.; Weinlehrpfad Mandelhöhe, Beginn an der Alsterweilerer Kapelle.

 Verbindung: Bahnstation.

St. Martin

Von Alsterweiler aus kommt man durchs Rebland nach St. Martin. Der einzige deutsche Ort, der nach dem fränkischen Heiligen benannt ist – und vermutlich eine fränkische Gründung war – und zum Hochstift Speyer gehörte, wird nicht von der Deutschen Weinstraße, wohl aber vom Wanderweg berührt. Mehrfach preisgekrönt, zuletzt 1996 als »typisches Winzerdorf«, hat sich der Luftkurort durch konsequente bauliche Beschränkungen das Image eines Weinstraßen-Juwels redlich erworben und scheinbar mühelos die dadurch angelockten Besucherströme verkraftet. Eine Fülle malerischer Bauten und Winkel gibt es in St. Martin: Wohnhäuser mit Erkern, Torbögen aus dem 16. Jh., das Alte Schlößchen, die Alte Kellerei, das Briefmarkeneck (1947/48 auf einer rheinland-pfälzischen 20-Pfennig-Marke), dazu der offen fließende Kropsbach. Im Innern der kath. Pfarrkirche St. Martin (offen), deren Turm und Chor spätgotisch, das Langhaus barock-neugotisch ist,

findet man ein spätgotisches Sakra-
mentshaus und ein Dalbergsches
Doppelgrabmal (16. Jh.).

»Ist kein Dalberg da?« erscholl
traditionell bei jeder Kaiserkrönung
der Ruf. Das Privileg des Ritter-
schlags vor allen andern dokumen-
tiert das Ansehen dieses Adelsge-
schlechts, das am Heiligen Grab
kämpfte, die Kämmerer von Worms
stellte, den Humanisten, Wormser

Bischof und kurpfälzischen Hofkanzler Johann von Dalberg (1455–
1503) und den Mannheimer Natio-
naltheater-Intendanten Wolfgang
von Dalberg (1750–1806) hervor-
brachte (s. S. 64), von 1318–1794
die Kropsburg über St. Martin bewohnte und 1902 dem Winzerverein den Namen gab.

Auch wenn am Martinstag der
Bischof von Tours durch die Stra-

Der hl. Martin auf der Kirchgarten-
mauer der kath. Pfarrkirche in St. Martin

ßen getragen wird, hätte er doch
allen Grund, auf Maria eifersüchtig
zu sein, denn sie hat ihm als Haus-
figur, die Wingerte hütende Madonna auf der Weltkugel (18. Jh.)
und zuletzt 1912 mit der Lourdes
Grotte (nicht weit von Kropsburg
und Dichterhain), den Rang als

Objekt volksnaher Frömmigkeit
abgelaufen.

Information: Büro für Tourismus,
67487 St. Martin, ☎ 0 63 23/
53 00, Führung: Ostern–Nov., Do 10
Uhr.

Unterkunft: Hotel Haus am Rebenhang, Einlaubstraße 64, ☎
9 44 30, Fax 94 43 30, DZ um DM
135–160; Hotel Haus am Weinberg,
Oberst-Barrett-Straße 1, ☎ 94 50, Fax
8 11 11, DZ um DM 100–140; Gästehaus Grüner Baum, Tanzstraße 2,

✆ 45 32, Fax 94 43 30, DZ um DM 80–90.

Restaurants: St. Martiner Castell, Maikammerer Straße 2, ✆ 95 10, Mi–Mo; Haus am Rebenhang, s. o., Di–So, Fernblick; Grafenstuben, Edenkobener Straße 38, ✆ 27 98, Di–So; Haus am Weinberg, s. o., ✆ 94 51 21; Dalberg, Tanzstraße 18, ✆ 98 92 24, Do–Di-mittag; Parkcafé Im Stöckelfeld, ✆ 40 88, Sa–Mi; Altes Rathaus, Tanzstraße 9, ✆ 24 04, Di–So.

Weinstuben: Christmann, Edenkobener Straße 50, ✆ 37 13, Fr– Mi; Bergel, Talstraße 5, ✆ 41 22, Mi– Mo; Straußwirtschaft Schwab, Maikammerer Straße 20, ✆ 54 42, 15. Aug.–Ende Okt., Mi–So, ab 1998 ganzjährig als Weinstube.

Szene: Wirtshaus im Wolsel, Totenkopfstraße 336, ✆ 55 45, Kastaniensaumagen, vegetarische Kost, Open-air-Musik.

Feste: Weinfest, Juli–Anfang August; Martinus-Weinfest, 11. November, mit Umzug.

Blick: Kropsburg; Friedensdenkmal (s. S. 161).

Verbindung: Bahnstation Edenkoben, von dort Buslinie (WNL) Landau–Neustadt.

Edenkoben und Kloster Heilsbruck

Mitten im Rebenparadies liegt der Luftkurort **Edenkoben**. Wein, Wald und Kultur – auf diese kurze Formel könnte man das Städtchen bringen. Schon bei der ersten Nennung vor über 1200 Jahren ging es um Wein. Wein war abermals ausschlaggebend, als anno 1262 Zisterzienserinnen von Harthausen (bei Speyer) hierher umzogen, ein Kloster und Gut anlegten und es zum ökonomischen, kulturellen und karitativen Zentrum machten.

Kloster Heilsbruck am westlichen Ortsende Edenkobens hieß damals »Pons Salutis« (Brücke zum Heil). Welch ein Name für ein Kloster, das dem Weinbau in der Pfalz entscheidende Impulse gab! Schenkungen und Stiftungen bescherten ihm bis ins 16. Jh. hinein über 1500 Mustergüter in 46 Ortschaften.

Die erfolgreiche Bewirtschaftung dieser weit verstreut liegenden Güter war nur durch eine Standardisierung des Verfahrens bei der Bodenbearbeitung, dem Ausbau und der Lagerung des Weins möglich. Jede Neuerung, die vom Mutterkloster ausging, wurde vor Ort sofort übernommen. In der Verfeinerung der Weinkultur spielten die Nonnen Heilsbrucks eine herausragende Rolle. 1560 wurde das Kloster säkularisiert, die frommen Winzerinnen zogen aus. 1648 kam es an die Kurpfalz. Die weltlich-adeligen Herrschaften erwiesen sich als gelehrige Schüler in Sachen Weinkultur, desgleichen deren bürgerliche Nachfolger.

Von der Klosteranlage existieren noch die gewaltigen Umfassungsmauern (wohl aus der Erbauungszeit), das zur Probierstube umfunktionierte Refektorium (um 1540)

Fall auf die Höhe

König Ludwig I. von Bayern

»Welch milde Luft weht da! Daß mit süßen Früchten bedeckte Kastanien meine Villa umgeben, südlichen Klimas beste Zeugen! Meine Schwiegertochter, die Toskanerin, erinnert ihre Lage an die Apenninen«, schwärmte König Ludwig I. von Bayern (1786–1868) anno 1852 nach dem Einzug auf Schloß Villa Ludwigshöhe. Frühere Visiten hatten Pläne reifen lassen, »in des Königreichs mildestem Teile eine Villa italienischer Art« zu bauen. 1845 stand der Platz oberhalb Edenkobens fest, im Mai 1846 wurde der Grundstein gelegt.

Just als Ludwig die Entwürfe seines Hofarchitekten Friedrich von Gärtner für die Sommerresidenz studierte, reiste eine Irin namens Maria Dolores Eliza Gilbert an die Isar und feierte als »spanische Tänzerin Lola Montez« im Münchner Hoftheater Triumphe. »Leuchtend blaue Augen, / Gleich des Südens Aether klar, / Die in Seligkeit uns tauchen, / Weiches, glänzend schwarzes Haar…«, faßte der spontan entflammte König seine Gefühle für die 32 Jahre jüngere Lola in Poesie (er schrieb und veröffentliche Gedichte). Er ließ sie porträtieren, vermachte ihr eine Jahresapanage, ernannte sie zur Gräfin Landsfeld, stellte sich taub gegen Vorwürfe, sie nehme Einfluß auf die Regierungsgeschäfte. Trotz wachsender Unruhen löste er zwei Kabinette auf, ließ die Universität München schließen und provozierte im bis-

und der Treppenturm (16. Jh.), einst Teil der Querhausfassade der im 19. Jh. bis zu den Fensterbänken abgebrochenen Kirche. Deren Fundamente sind gleichzeitig die Mauern des imposanten Kellers, der dadurch seine einmalige Kreuzform erhielt. Dort lagern, ausschließlich in Eichenfässern, über 100 000 l Wein. Gut Heilsbruck ist der größte mit Holzfässern wirtschaftende Betrieb Deutschlands. (☎ 0 63 23/ 28 83, Fax 42 93, Mo–Fr 8–12 und 13–17, Sa 8–12 Uhr.)

Der Wein spielte in Edenkoben durchgängig eine große Rolle. Es war Hauptort des »Kammertbaus« (s. S. 20) und Wirkungsstätte des Rebenzuchtpioniers Gustav Adolf Froelich. Auf sandig leichten bis schweren Lehmböden der Weinlagen »Kirchberg«, »Klostergarten«, »Mühlberg« und »Schwarzer Letten« reift die ganze Bandbreite von Spitzenweinen und Sekten. Als im 16. Jh. die Pfälzer Kurfürsten dem Ort Marktrechte verliehen, kam auch der große Waldbesitz (1088

lang ruhigen Bayern die 1848er Revolution. Die explosive Lage zwang Ludwig schließlich zur Ausweisung Lolas. Am 20. März 1848 dankte er zugunsten seines Sohnes Maximilian ab.

Im August 1852 bezog er mit Therese, der »besten aller Frauen«, wie er seine Gemahlin reumütig pries, Schloß Villa Ludwigshöhe. Nach Friedrich von Gärtners Tod hatte Leo von Klenze das Ensemble vollendet, zu dem auch Kavalierbau und Marstall (heute Sportschule des Südwestdeutschen Fußballverbands) gehörten. Ludwigs Faszination von der Antike, gespeist durch häufige Italienreisen samt Besuch der Ausgrabungen in Pompeji, übertrug sich auf den vierflügeligen »Königsbau« und dessen Ausstattung mit Mosaikböden, Decken- und Wandbemalung im »pompejanischen« Stil.

Fern vom garstigen München genoß der greise Pensionär die Natur, wanderte, dichtete und wurde für seine »geliebten Pfälzer«, denen er die Bosheiten des Hambacher Fests und der Revolution verzieh, zum volkstümlichen Gönner. Die pfälzische Gegenliebe, direkt und deftig, hängt jeweils zum Weinfest der Statue auf dem Edenkobener Ludwigsplatz ein Schild um: »König Ludwig empfiehlt Dampfnudeln mit Weinsoße«. Im Speisesaal des landeseigenen Schlosses Villa Ludwigshöhe werden hingegen »Villa Musica«-Konzerte serviert. Die Slevogt-Galerie im West- und Südflügel zeigt eine Werksammlung des bedeutenden Impressionisten.

(Schloß Villa Ludwigshöhe, ☎ 0 63 23/9 30 16, Fax 9 30 17, Di–So, Apr.–Sept. 9–12.15 und 14–17 Uhr, Okt.–März 9–12.15 und 14–16 15 Uhr, Dez. geschlossen.)

ha) ins Spiel – heute ein ökologisches Kapital ersten Ranges. ›Sanfter Tourismus‹ soll daher den Autoverkehr zumindest am Wochenende aus dem Edenkobener Tal verbannen.

Die kurpfälzische Epoche hinterließ markante Spuren im Ortsbild. Am gotischen Turm der barocken prot. Kirche (Führung: Mai–Okt., Mo 10–12 Uhr) erinnert das »Edenkobener Holzklafter« an die ehemals reichen Märkte. Marktgerecht sind auch die steinernen, rundbogigen Hofeinfahrten der behäbigen Winzerhäuser und ihre mit Handwerkszeichen verzierten Scheitelsteine (16.–19. Jh.) in der Metzgergasse, Bahnhof- und Klosterstraße. Das Amtshaus des Oberschultheißen mit sehenswerten Lambrismalereien ist heute ein Museum.

Die französische Herrschaft brachte Ende des 18. Jh. den Aufstieg zur Kantonsstadt im Département Mont Tonnere. 1818 erhielt Edenkoben, nun bayerisch, offiziell den Titel einer Stadt. Stattliche

Privat- und Amtsgebäude wie das Königlich Bayerische Amtsgericht (heute Fachhochschule für Finanzen) oder die Hofapotheke, wittelsbachische Ehrenmäler und das Standbild des Königs auf dem Ludwigsplatz erinnern daran. Mit dem kunstsinnigen König Ludwig I. reiste schließlich 1852 die große Kultur nach Schloß Villa Ludwigshöhe, das oberhalb Edenkobens liegt. Mitten im Ort ein Stück Exotik: Der Lederstrumpfbrunnen erinnert an Joh. Adam Hartmann, Vorbild für James F. Coopers Waldläufer, die Slevogt-Büste im Ensemble an dessen Illustrator.

Information: Büro für Tourismus, Poststraße 23, 67480 Edenkoben, ☎ 0 63 23/95 92 22, Fax 95 92 88, am Wochenende: Hotel Gutshof Ziegelhütte, Luitpoldstraße 79, ☎ 15 51.

Unterkunft: Parkhotel, Unter dem Kloster 1, ☎ 95 20, Fax 95 22 22, DZ um DM 170; Hotel Pfälzer Hof, Weinstraße 85, ☎ 29 41, Fax 98 05 05, DZ um DM 90–150; Hotel Gutshof Ziegelhütte, s. o., DZ um DM 80–140; Gästehaus Weingut Fitz, Klosterstraße 157a, ☎ 52 85, Fax 52 78, DZ um DM 75–90.
Naturfreundehaus/PWV-Wanderheim: NFH im Sauermilchtälchen, ☎ 18 51, Di–So, Mehrbettzimmer; Edenkobener Hütte am Hüttenbrunnen, Edenkobener Tal, ☎ 28 27, Mi–Mo, Mehrbettzimmer und Lager.

Restaurants: Parkhotel, s. o., Di–So; Pfälzer Hof, s. o., Fr–Mi; Schubert, Bahnhofstraße 191, ☎ 50 08, Di–So; Villa Medica, Klosterstraße 179, ☎ 80 20, Privatklinik, Café und Anlagen öffentlich; Siegfriedschmiede, ☎ 39 12, Mi–Mo; PWV-Hütte Hüttenbrunnen, s. o.

Weinstuben: Alte Kanzlei, Weinstraße 120, ☎ 39 83, Mi–So, Keller; Waldgaststätte beim Friedensdenkmal, s. S. 162.

Kultur: Künstlerhaus Edenkoben, Klosterstraße 177, ☎ 23 25, s. S. 66; Herrenhaus Edenkoben, Klosterstraße 175, ☎ 79 98; Kloster Heilsbrucker Weintage, Juli/August, Kulturprogramm, insbesondere Theater; Schloß Villa Ludwigshöhe, s. S. 155.
Feste: Owwergässer Winzerkerwe, 2. Juniwochenende, mit mittelalterlichem Markt; Kloster Heilsbruck, s. o.; Weinfest der Südlichen Weinstraße, 4. Septemberwochenende.

Museum: Museum für Weinbau- und Stadtgeschichte, Weinstraße 107, Apr.–Okt., Fr 16–19, Sa 15–18, So 14–17 Uhr, Nov.–März, So 14–17 Uhr, stilvoll-moderne Präsentation.

Freizeit: Hilschweiher, Bootsbetrieb Karfreitag–Ende Okt.; Weinlehrpfad; Edenkobener Tal: Triefenbach- und Kneippanlage, Hilschweiher.

Blick: Friedensdenkmal; Rietburg; Schloß Villa Ludwigshöhe.

Radtip: Länge: 20 km; Karte: s. S. 218. Eine relativ sanfte Tour: Man radelt über die Villastraße zum Weinlehrpfad, biegt beim Tennisplatz in Richtung Rhodt ab und nochmals links zur Rietania-Hütte (Sa/So ab 10 Uhr). Es folgen ca. 200 m nicht asphaltierten Wegs bis Weyher, das man in Richtung Modenbachtal durchquert. Vom Glokkenbrunnen (s. S. 162) am Ortsausgang (Parkplatz) fährt man auf der Straße weiter, macht nach 50 m links ein Abstecher zur Michaelskapelle und genießt dort den Blick auf Edenkoben, Burrweiler und die St.-Anna-Kapelle. Die Tour führt weiter ins Modenbachtal bis zur Einmündung auf die Hauptstraße, dann in Richtung Burrweiler zur Buschmühle. Am Bach entlang, durch Hainfeld hindurch erreicht man das Weingut Erlenmühle und kehrt schließlich zurück nach Edenkoben.

 Verbindung: Bahnstation.

Rhodt unter Rietburg

Rhodt ist sichtbar gewordene Poesie – das spüren offenbar Tausende von Radlern und Wanderern, die es am Erlebnistag Deutsche Weinstraße (s. S. 53) magisch dorthin zieht. Von der Rhodtmania war schon 150 Jahre zuvor König Ludwig I. erfaßt, als er in der Nähe das Schloß Villa Ludwigshöhe bauen ließ. Von dort aus rollte die Equipage der Königin die nach ihr benannte There-

sienstraße hinab, deren Kastanienallee und bildschöne Häuserfront seither unzählige Male auf Leinwand oder Film gebannt wurde. Therese, im Unterschied zu Ludwig evangelisch, besuchte die Gottesdienste in der Rhodter Georgskirche. Im reichverzierten Saalbau (1470/ 1720) mit Holzempore und klassizistischer Orgel steht im Presbytergestühl noch immer ihr mit silbernem »T« und Krone geschmückter Prunksessel. (Schlüssel: Prot. Pfarramt, Herrengasse 16, ☎ 0 63 23/ 29 42, Führung: So 10 Uhr)

Das Baden-Durlacher Allianzwappen über dem Eingangsportal erinnert hingegen an die Zeit, als der Ort eine rechtsrheinische Enklave war. Die Herrschaft der Württemberger (seit 1344) und

später der Markgrafen von Baden-Durlach (1603–1801) bescherte den Rhodtern das erste Weinreinheitsgesetz der Welt (s. S. 20) und ein milderes Schicksal. Keine Kriegsschäden erlitten daher herrschaftliche Weingüter, prächtige Torbogen (16.–19. Jh.), das Rathaus (1606/1777), das schwäbische Gefängnis (1574) mit dreifachem Gitter und hoheitlichem Normalmaß für Elle und Zoll oder das »Schlössel« (1751) am Ortsausgang nach Edenkoben. Urwüchsige Gassen führen nicht selten in verspielte Innenhöfe und zu einer der sympathischsten Einrichtungen der Weinstraße, der Weinstube mit Familienanschluß. Genau dort sollte man die traditionsreichen Lagen

Theresienstraße in Rhodt

Information: Fremdenverkehrs-verein Durlacher Hof, Wein-straße 44, 76835 Rhodt u. Rietburg, ☎ 0 6323/98 00 79, Führung nach Ver-einbarung.

Unterkunft: Hotel Waldkirch, Weinstraße 53, ☎ 58 25, Fax 8 11 37, DZ um DM 120; Hotel Garni Durlacher Hof, s. o., DZ um DM 90; Gasthof Alte Rebschule, Theresienstra-ße 200, ☎/Fax 55 17, DZ um DM 70–80.

Restaurants: Alter Kastanienhof, Theresienstraße 79, ☎ 8 17 52, Mi–So, Kulinarisches im Weingut; Rhodter Adler, Weinstraße 10, ☎ 63 11, Fr–Di, Mi/Do nur abends; Alte Reb-schule, s. o., Di–So; Zur Sonne, Wein-straße 39, ☎ 21 32, Mo–Fr; Höhengast-stätte Rietburg, ☎ 29 36, Karfreitag–1. Nov.

Weinstuben: Waldkirch, s. o., ☎ 70 53, Fr–Mi, originell; Alte Schmiede, Weinstraße 35, ☎ 71 79, Mo abend–So; Zum Schwanen, Edes-heimer Straße 5, ☎ 39 94, Öffnung auf Anfrage.

Kultur: Malerferien, Info: Büro für Tourismus Edenkoben, s. S. 156. **Feste:** Rhodter Blütenfest, Pfing-sten, Fr–Mo; Fest des Neuen Weines, 3. Septemberwochenende.

Blick: Rietburg; Schloß Villa Lud-wigshöhe.

Wandertip: Länge: ca. 11 km; Dauer: ca. 3 Stunden; Karte: s. S. 218. Von der Talstation der Rietburg-bahn fährt oder läuft man (PWV-Zei-chen: roter Punkt) hoch zur Ruine Riet-

»Klosterpfad«, »Rosengarten« und »Schloßberg« testen und sich nicht irritieren lassen vom Spruch auf dem kunstvollen Torsturz des alten Friedhofs (Mühlgasse): »Tod ich will Dir ein Gift sein, Höll ich will Dir ein Pestilenc sein.« Das kann unmöglich eine Anspielung auf den heute dort angepflanzten Weinberg sein.

burg und von dort hinab (roter Punkt) zur Edenkobener Hütte am Hüttenbrunnen. Kurz davor führt rechts ein Pfad (rotes Kreuz) im Tal am Triefenbach entlang zum Hilschweiher (Bootsverleih, Bewirtung im Freien: Karfreitag–Ende Okt.) und zur Gaststätte Siegfriedschmiede (Mi–Mo-mittag). Danach gelangt man (roter Balken) wieder zum Ausgangspunkt.

Verbindung: Bahnstation Edenkoben, von dort Buslinie (WNL) Neustadt–Landau.

Ausflüge zur Kalmit, dem Sieges- und Friedensdenkmal und zur Ruine Rietburg

Wenn sich im Spätherbst Inversionsnebel über die Rheinebene und zuweilen auch über den Haardtrand legen, läßt einzig eine Tour auf den 673 m hohen Gipfel der **Kalmit** wieder tief durchatmen. Nicht selten nämlich scheint dann dort die Sonne. In vorderster Linie der Haardt ragt die höchste Erhebung des Pfälzerwaldes aus dem Grabenrand steil auf. Auf der kürzesten Route durch das Alsterweilerer Tal sind aus dem Stand 500 Höhenmeter auf 6 km zu überwinden. Fordert der ›Hausberg‹ Vorderpfälzer Radtourenfahrer von dieser Seite aus viel Kraft und Puste, ist das Hinabrollen über die Totenkopfstraße nach St. Martin ein um so unvergeßlicheres Erlebnis, vor allem in der allererersten Morgenfrühe.

Ist man mit dem Auto unterwegs, sollte man die Totenkopf-Strecke wählen und es auf dem Parkplatz Hüttenhohl (Abzweigung Elmstein) stehen lassen, um eigenfüßig den Gipfel zu erklimmen (PWV-Zeichen: weiß-grüner Balken, von der Straße aus!). Längs des Pfads am Hüttenberg geben riesige Sandsteinblöcke des »Felsenmeers« Einsicht in die Elementargewalt der Verwerfungen und Brüche, die vor Jahrmillionen den Pfälzerwald emporgehoben und in der Zwischeneiszeit die mächtigen Felsbänke durch Frostsprengung zertrümmert haben. Der Ausblick von der Terrasse belohnt die Anstrengung des Aufstiegs mit dem Panorama von Weinland und Ebene. Das Kalmithaus, die erste bewirtschaftete Pfälzerwaldhütte überhaupt, ist, bau-

Sieges- und Friedensdenkmal bei Edenkoben

lich mehrmals verändert, seit 1908 in der Obhut der Ludwigshafener PWV-Sektion. Heute ragen die Parabolantennen des Sende- und Empfangsmastes der Telekom 51 m hoch in den Himmel, aber schon 1795 diente der Gipfel den Franzosen als Telegrafenstation auf der Linie Mainz–Paris. Die Kalmit wurde 1928–45 bis zur Ablösung durch das Weinbiet (s. S. 126) als Wetterstation genutzt. Heute befindet sich in dem alten Turm eine Erdbebenwarte. Es heißt, der massive Steinklotz reagiere selbst auf Ölbohrungen im fernen Schottland. (PWV-Kalmithaus, ☎ 0 63 21/ 54 24, Sa/So 9–18 Uhr, Mai–Okt. zusätzlich Mi, Gruppenanmeldung: ☎ 06 21/ 82 11 88.) Zurück emp-

fiehlt sich nach einem Stück vertrauten Wegs (Kalmit-Parkplatz: gelb-grüner Balken) an der Weggabelung (weißer Punkt/Wegweiserstein »Totenkopf«) der direkte Weg zurück. Die Wanderung dauert etwa 1 $^1/_2$ Stunden. Das **Sieges- und Friedensdenkmal** steht auf einem vorgeschobenen Plateau des Werderbergs (350 m). Es ist von Edenkoben aus mit dem Auto oder Fahrrad über einen Fahrweg 3 km nach Westen in Richtung Kropsburg zu erreichen und vom südlichen Ortsrand St. Martins aus zu erwandern. Durch Weinberge und am Saum von Kastanienwäldern entlang kommt man dann erst zum Schluß auf die Straße. Der Ausflug abseits der Touristenpfade lohnt nicht nur wegen des Blicks von der Turmplattform, sondern auch wegen der Konfrontation mit deutscher Geschichte.

Dies beginnt schon im Wald mit Gedenksteinen für Otto Fürst von Bismarck und Helmuth Graf von Moltke. Die Jugendstilanlage (1899) selbst, ein Werk des Bildhauers August Drumm, ist in einer Reihe zu sehen mit all den nach der Reichsgründung in Versailles (1871) landauf landab entstandenen Siegesdenkmälern. Die für Franzosen latent provokante Pose des »Einigkeit macht stark«-Spruchs im Kuppelmosaik der Halle entschärft ein idealisierter Jüngling hoch zu Pferde, der den Wunsch nach dauerhaftem Frieden personifizieren soll. (Waldgaststätte beim Friedensdenkmal, ☎ 0 63 23/59 18, Di–So ab 11 Uhr, Schlüssel bei Absperrung des Gitters.)

Will man sich zur **Ruine Rietburg** nicht von der Rietburgbahn, der einzigen pfälzischen Sesselbahn, auf 544 m bringen lassen, sondern zieht einen Fußmarsch vor, so folge man einem Pfad von dem Schloß Villa Ludwigshöhe aus oder ab der Talstation der Bahn hin zum Pavillon Schöner Punkt, dem Lieblingsauslug König Ludwigs I. Ein Serpentinenweg führt zur Burgterrasse und einem wahrhaft königlichen Panorama. Auf der im 13. Jh. erbauten Reichsburg hauste Hermann von Riet. 1254 hielt er Elisabeth gefangen, die Gemahlin König Wilhelms von Holland, der während des Interregnums einer der päpstlichen Gegenkönige zu den Staufern war. Der Ritter büßte die ruchlose Tat mit der Zerstörung der Burg und der Talfahrt seines Geschlechts. (Rietburgbahn, ☎ 0 63 23/18 00, ab März So, Karfreitag–1. Nov. tägl. 9–17 Uhr, Höhengaststätte.)

Weyher

Von Rhodt und der Weinstraße sind es 2 km bergan zum 300 m hoch gelegenen Dorf Weyher. Mit dem Rücken lehnt es sich an die mit Eßkastanien durchforsteten Berge, die seine hohen Weinlagen vor kalten Winden schützen, schiebt seine Gemarkung wie einen ausladenden Bauch in die Rheinebene und füllt ihn mit Reben an sonnensteilen Hängen.

Weyher ist ein frommes Dorf: Heiligenfiguren an Häusern, Bildstöcke in den Weinbergen, wie die »Madonna in den Reben« (1749) östlich des Orts. Nahe dem Schneckenturm des ehemaligen Rathauses (1608) steht inmitten des Friedhofs die kath. Pfarrkirche St. Peter und Paul (1712/16), der einst 23 Pfarreien unterstanden. So verwundert ihr reicher Innenschmuck mit Barockaltar und Rokokofiguren an den Seitenaltären nicht. Der kreuzrippengewölbte Chor sowie der eigenwillig an die Ecke gestellte Turm (14. Jh.) deuten auf einen gotischen Vorgängerbau hin (So nachm. offen, sonst Gitter). Draußen an der Südwand der Kirche trauern auf einem Grabmal (1785) vier Putten um die Mutter Johann Andreas von Traitteurs, der am Eingang zum Modenbachtal mit einem neuartigen ›Luftballen‹ Furore machte (s. S. 166). Am südlichen Ortsausgang erinnert der **Glockenbrunnen** an acht mutige Weyherer, die 1794 die Kirchenglocken vergruben und damit vor der Soldateska retteten. 1804 wieder im Kirchturm aufgehängt, gehören sie zu den ältesten der Pfalz. Weiter in Richtung Modenbachtal thront auf dem Rötzberg die **St. Michaelskapelle** und gibt eine grandiose Sicht ins Tal und die Ebene frei.

Information: Büro für Tourismus Edenkoben, s. S. 156, am Wochenende: Hotel Zum Kronprinzen, Josef-Meyer-Straße 11, 76835 Weyher, ☎ 0 63 23/70 63, Fax 70 65; Orts-/Kirchenführung: O. Hundemer, ☎ 44 44.

Unterkunft: Hotel Zum Kronprinzen, s. o., DZ um DM 90–120; Gästehaus Nossek, Oberdorf 46, ☎ 9 31 31, Fax 9 31 32, DZ um DM 80–110; Gästehaus Siener, Froelichstraße 5, ☎ 44 67, Fax 60 98, DZ um DM 60–90.

Restaurants: Zum Kronprinzen, s. o., Mi–Mo; Zur Winzerstube, Kirchgasse 19, ☎ 45 91, Sa–Mi; **PWV-Hütte:** Schweizerhaus, ☎ 56 44, So, Sept./Okt. Sa/So, Vorderpfälzer Kulthütte am Blättersberg, Spielplatz.

Feste: Weinfest, 2. Septemberwochenende, Fr–Mo; Kunst und Wein, 4. Oktoberwochenende, Fr–So.

Blick: St. Michaelskapelle; Ludwigsturm (Blättersberg).

Verbindung: Bahnstation Edenkoben, von dort Buslinie (WNL) Neustadt–Landau.

Hainfeld, Modenbachtal und Edesheim

Von Rhodt aus kommt man nach **Hainfeld,** auf das schon die Maximilian-Joseph-Kapelle (1824) an der Kreuzung uralter Feldwege einstimmt. Hainfeld schmückt sich noch mehr als Weyher mit sakraler Kunst. Die Immaculata auf der Weltkugel, eine außergewöhnlich schöne spätbarocke Figur, die etwas unglücklich an der vielbefah-

renen Kreuzung Richtung Edesheim und Burrweiler steht, ist der ›Star‹ unter all den Schutzheiligen und Madonnenfiguren. Sie beschirmen stattliche Winzerhäuser, zuweilen ergänzt durch Inschriften an Skulpturen und Gesimsen. Auch an der Treppe zur kath. Pfarrkirche St. Barbara fordert ein lateinischer Vers (1725) zu Füßen der Schutzpatronin auf, nicht vorüberzugehen, ohne ein Ave gesprochen zu haben. Im Gotteshaus, das Baustile vom Barock (1718/19) bis ins 20. Jh. vereint, ist in der Fensternische des sehr viel älteren Kirchturms die Heilige auf einer Wandmalerei des 14. Jh. abgebildet. Sie trägt eine Krone aus Rebenblättern. (Schlüssel: Pfarrhaus nebenan, ☎ 0 63 23/ 39 35.)

In Vino vita – aber auch im Wasser ist Leben! Seit der Dorfbrunnen (1561) mit seinem eigenwillig gewinkelten Trog von der Ortsmitte in die Steinstraße umquartiert wurde, ist der Zulauf von der »Kindelsquelle« unterbrochen – und nun kommen die Hainfelder Kinder wie alle anderen zur Welt. Noch aber sprudelt der Bach, der dem **Modenbachtal** den Namen gab. Folgt man seinem Lauf die Steinstraße aufwärts und zum Ort hinaus, schwillt er zuweilen zu einem kleinen Weiher an, dann wiederum springt er über Stauwehre. Links vom Weg liegt die einstige Mittelmühle, rechts steigen die Weinberge steil gen Weyher hin an, die Burrweiler Mühle lädt zur Rast ein.

Nach **Edesheim** führt ein Abstecher in die Ebene. 756 erwähnt, gehörte es zur Abtei Weißenburg, dann zum Hochstift Speyer. Außerdem ist es Geburtsort des Philosophen Baron Paul Thiry von Holbach (1723–89), der später in Paris als Weggefährte Denis Diderots einer der geistigen Väter der Französischen Revolution wurde. Dies entbehrt nicht einer gewissen Tragik, denn 1794 wurde Edesheim von den Revolutionstruppen eingeäschert. Holbachs Familiensitz, das Kupperwolfschlößchen (1724), trennt nur die Luitpoldstraße vom Edesheimer Schloß. Dieses war einst Wasserburg des Klosters Weißenburg (14. Jh.), dann 1500–1806 Amtssitz des Hochstifts Speyer. Vor einigen Jahren wurde das kurz vor dem Verfall stehende Schloß samt riesigem Parkareal und Weinbergen von einem kunstsinnigen Privatmann gekauft, restauriert und 1996 mit Freiluft-Schloßfestspielen, Ausstellungen, Konzerten und einem Luxushotel wiederbelebt.

Bei der Zerstörung des Orts wurde auch die 1742–44 errichtete kath. Pfarrkirche St. Peter und Paul stark beschädigt, 1811 im klassizistischen Stil wiederaufgebaut und 1934 erweitert. 1995 brannte sie infolge eines technischen Defekts völlig aus, wurde aber inzwischen wiederhergestellt. Im stillen Kirchgarten gerät man angesichts der Doppelmadonna (um 1770), eines im Südwesten einmaligen Kunstwerks, ins Meditieren über Gott und die Welt.

Information: Büro für Tourismus, Edenkoben, s. S. 156; Sa/So: Hotel Zum Kronprinzen, s. S. 163.

Unterkunft in Edesheim: Hotel Garni Schloß Edesheim, Luitpoldstraße 9, 67483 Edesheim, ☎ 0 63 23/ 9 42 40, Fax 94 24 11, DZ um DM 210–300; Wein-Castell, Staatsstraße 21, ☎ 23 92, Fax 8 16 76, DZ um DM 130; Weingut Rainer Boos, Ludwigstraße 150, ☎ 22 88, DZ um DM 50–60.

Restaurants in Hainfeld: Am Dorfbrunnen, Weinstraße 28, ☎ 0 63 23/98 07 34, Mi–So; Burrweiler Mühle, ☎ 98 07 51, Mi–So, Karpfen, serviert am Mühlenteich; **... in Edesheim:** Wein-Castell, s. o., Mi–So, Gutes im Weingut; Brunnenterrasse, Staatsstraße 58, ☎ 9 41 20, Mai–Okt.

Weinstuben in Hainfeld: Hummel, Roschbacher Straße 3, ☎ 68 11, Fr–So, Spezialität »kanzlergetesteter« Saumagen; **... in Edesheim:** Weinprobierkeller der Südlichen Weinstraße, Info: ☎ 0 63 41/94 04 11, Fax 94 05 02, nur Gruppen; Im Alten Posthof, Staatsstraße 17, ☎ 98 01 23; Doris, Weingut Erlenmühle, ☎ 74 41, Fr–So, unverfälscht pfälzisch.

Kultur in Edesheim: Schloßfestspiele, Juni–Aug., ☎ 98 16 60; Im Alten Posthof, s. o., Ausstellungen. **Feste in Hainfeld:** Weinkerwe, 3. Augustwochenende, Fr–Di; Fest des Federweißen, 1. Oktoberwochenende; **... in Edesheim:** Wein- und Sektfestival, 2. Juniwochenende; Schloßgartenfest, 4. Juliwochenende, Info: Schloß Edesheim, s. o.; Weinkerwe in den Winzerhöfen, 1. Septemberwochenende.

Radtip: Radwanderweg Edesheim–Speyer, s. Information.

 **Verbindung nach Edesheim:** Bahnstation; **... nach Hain-**

Torschlußstein in Burrweiler

feld: Bahnstation Edenkoben oder Edesheim, von dort Buslinie (WNL) Neustadt–Landau.

Am Fuße des Teufelsbergs – Von Burrweiler bis Frankweiler

Je mehr man sich Burrweiler nähert, desto deutlicher zeigt sich die **St.-Anna-Kapelle** auf dem Annaberg, einem Hangvorsprung des Teufelsbergs (598 m). 1895/96 neugotisch erbaut, blieb vom älteren Bauwerk (1715) der Grafen von der Leyen, Herren Burrweilers, nichts übrig. Nach einer Fleckfieberepi-

demie 1749 zum Wallfahrtsort geworden, büßen seither Scharen von Pilgern schon allein beim Aufstieg (Wallfahrt: Juli/Aug.).

Steile Gassen, erdfarbene Winzerhäuser und eine schmucke Dorfkirche prägen das Ortsbild von **Burrweiler.** Der spätgotische Charakter der kath. Kirche Mariä Heimsuchung (1523–25) ist fast durchweg erhalten, das Innere mit reichem Netzgewölbe im Chor, wohlproportionierten Renaissance-Grabmälern der Ortsherren sowie Kanzel und Taufstein aus der gleichen Epoche ausgestattet (offen).

Eingefahrene Tradition hat es in Burrweiler leicht, denn dem ›Kneipengang‹ nach dem Kirchgang steht nur die Kirchhofmauer im Wege. Ein mit Tierornamentik geschmückter Renaissance-Torbogen vor dem Amtshaus der Herren von

Heiße Luft über Burrweiler

Traitteurs ›Luftballen‹-Start

»Herr Tretter, Herr Tretter, de Luftballon schlägt wedder (dagegen). Hätt' er unne meh neigeblose (unten mehr hineingeblasen), wär' er owwe (oben) nit angestoße!« unkte so mancher der vielen Schaulustigen, die am 17. Oktober 1784 bei Burrweiler den sensationellen Start eines Heißluftballons nicht verpassen wollten. Der Konstrukteur Johann Andreas von Traitteur war kein Unbekannter, stammte doch sein Vater aus Maikammer, seine Mutter aus einer Weyherer Familie. 1753 im rechtsrheinischen Philippsburg geboren, Jurist, vielseitig gebildet, an technischen Neuerungen interessiert, machte er in kurpfälzischen Diensten Karriere.

Die von den Brüdern Montgolfier entfachte Begeisterung animierte ihn zu eigenen Flugexperimenten. Vor der Burrweilerer ›Show‹ im Modenbachtal hatte er schon ähnliche Ballons in Mannheim und Germersheim gestartet. Nicht immer verliefen seine Versuche erfolgreich. Die Spötter verstummten aber schlagartig, als schließlich, nachdem brennendes Papier und Stroh in der Glutpfanne genügend heiße Luft in die Papierhülle des fast 10 m hohen Ballons geblasen hatte, Traitteur und seine Gehilfen die Halteseile lösten, das Gefährt senkrecht hochstieg, nach Siebeldingen abtrieb und über den Pfälzerwald davonschwebte. Erst in Elmstein (westlich Neustadts) ging das Monstrum nieder.

Traitteurs unbemannte Flug-Experimente waren nur Marginalien auf seinem Lebensweg. Rektor der Universität Heidelberg, Wasserleitungsbauer, Festungsplaner und Salinen-Unternehmer waren seine beruflichen Fixpunkte. 1825 starb er in Bruchsal. (Ballonfahren an der Weinstraße, Kontakt s. S. 222.)

Dahn führt zur Winzergaststätte im barocken Haupthaus (1754). Burrweiler war einst dem Kloster Heilsbruck (s. S. 153) lehenspflichtig, was hervorragende Weinqualitäten nahelegt. Speziell die Schiefernuance der Lage »Schäwer« bringt die Geschmacksnerven zum Flattern.

Gleisweiler – mildes Klima und mediterranes Ambiente. Dem ›pfälzischen Nizza‹ mit seinen Gäßchen und seiner sich in das Ensemble hübscher Winzerhäuser verspielt einpassenden, von Franz Wilhelm Rabaliatti 1760–62 erbauten kath. Pfarrkirche St. Ste-

phan (offen) fehlt zwar das Meer, aber nicht das Wasser. 1843/44 ließ der Landauer ›Wasserdoktor‹ Ludwig Schneider nach Plänen Leo von Klenzes, des Hofarchitektenten Ludwigs I., ein Sanatorium im klassizistischen Stil bauen. Als eine der ersten Kaltwasseranstalten Deutsch-lands mit allerlei Kuranwendungen wurde es bald zur Adresse für die ›genervte‹ High-society. Leibhaftige Kühe sorgten in der »Schweizerei« nicht nur für Nachschub zur Molkenkur, sondern auch, daß »ländliches Parfüm durch die Schächte hinauf in die Krankenzimmer und in die kranken Lungen« drang. Die ganz auf Naturheilkräfte ausgerichtete Kur schloß auch eine Traubenkur aus eigenem Anbau ein.

Im Hainbachtal ließ der Prießnitz-Schüler Schneider ein Badehaus errichten, das als Kombination von Dusche, Sturzbach und Wellenbad wahrscheinlich das einzige dieser Art in Deutschland war. In Vergessenheit geraten und jüngst wiederentdeckt, wurde die ›Walddusche‹ teilrestauriert. Man erreicht sie auf der Hainbachtalstraße und einem Waldweg am Bach entlang quellaufwärts. Gleisweilers Renommee aber begründete der ebenfalls von Schneider angelegte Park. Im Umkreis der heutigen Privatklinik wachsen Zitronen, Feigen, Bananen, Fächerpalmen, Bambus, Tempelbaum, Sumpfzypresse, werden Mammutbäume bis zu 50 m hoch. Oben auf dem Sonnentempel (1770) sieht man bei klarem Wetter bis zum Schwarzwald und den Vogesen –, wird man zum Sonnenanbeter und braucht weder Toscana noch Riviera.

Frankweiler bettet sich vor der hellen Kulisse des Steinbruchs am Ringelsberg in die Reb- und Waldlandschaft. Die hell- bis dunkelroten Ziegeldächer seiner Winzerhäuser lugen unter dem üppigen Grün hervor, wobei sich allein der gedrungene spätgotische Turm (1487) der prot. Kirche St. Georg hervorwagt, und macht den Landessieger 1992 im Wettbewerb »Unser Dorf soll schöner werden« glaubhaft. Frankweilers Laufbrunnen sind wie

ein Sinnbild des Wechselbads diverser Herrschaften: an die Pfalzgrafen verpfändet, von diesen an die Herren von Scharfeneck (Burg Neuscharfeneck im Ramberger Tal) verliehen, pfalz-zweibrückisch und schließlich kurpfälzisch.

Kurz nach dem Ortsende führt links ein Weg (Hinweisschild) zur **Dagobertshecke.** Wohl wegen der Willkür, der die einfachen Leute durch die hohen Herrschaften ausgesetzt waren, ist die Erinnerung an den »guten König Dagobert« so lebendig geblieben. Der Sage nach verbargen ihn die Leute von Frankweiler anno 626 auf der Flucht vor Verfolgern in einer Weißdornhecke und vertrieben die Angreifer. Sein Dankgeschenk waren die »Haingeraiden«. Die Sage hat einen historischen Kern: Über Jahrhunderte hinweg galt unter Berufung auf Dagobert in fünf Haingeraiden bis Diedesfeld ein genossenschaftliches Waldnutzungsrecht, das erst die französische Verwaltung Anfang des 19. Jh. abschaffte. Mit dem drohenden Ruin des Walds begründete danach die bayerische Obrigkeit das Verbot des Holzschlagens und Brennholzsammelns. Hungersnöte machten damals fast jeden fünften Pfälzer zum »Forstfrevler«. Als wolle Dagobert persönlich protestieren, fuhr 1823 ein Blitz in den über tausendjährigen Weißdorn. 1852 wurde die Dagobertshecke neu gepflanzt.

 Information in Burrweiler: Ofenmuseum, s. u.; **… in Gleisweiler:**

Verkehrsverein, Weingut Kost, Hainbachtalstraße 3, 76835 Gleisweiler, ☎ 0 63 45/30 00, Fax 12 23, Führung nach Vereinbarung; ... **in Frankweiler:** Tourist-Information, Weinstraße 16, 76833 Frankweiler, ☎ 0 63 45/35 23.

Unterkunft in Gleisweiler: Gasthaus Zickler, Kirchstraße 1, ☎ 9 31 39, Fax 9 31 42, DZ um DM 85–100; Pension Zum Weinberg, Badstraße 18, ☎ 33 41, DZ um DM 80–95; Haus Lieselotte, Wiesenstraße 13, ☎ 26 91, DZ um DM 60; ... **in Frankweiler:** Pension Brand, Weinstraße 28, ☎ 15 31, DZ um DM 80.

Restaurants in Burrweiler: Grafen von der Leyen, Weinstraße 70, ☎ 0 63 45/36 20, Sa–Do; Ritterhof zur Rose, Weinstraße 11, ☎ 35 98, ambitioniert und fein; Buschmühle, Modenbachtal, ☎ 45 98, Mi–So; Burrweiler Mühle, s. S. 164; ... **in Gleisweiler:** Zum Weinberg, s. o., Fr–Mi, traditionelle Gemütlichkeit, Ebenenblick; ... **in Frankweiler:** Robichon, Orensfelsstraße 31, ☎ 32 68, Mi–So, französisches Gaumen-Plaisir.

Weinstuben in Burrweiler: Vesperstube & Landmetzgerei Argus, Hauptstraße 104, ☎ 82 77, Fr–So, Wirt am Akkordeon; ... **in Gleisweiler:** Zur Eulengasse, Badstraße 6, ☎ 34 73, Fr–So, Keller, pfälzisch; Weingut Schönsiegel, Bergstraße 20, ☎ 36 63, März–Okt., gemütlich, Blick; Gutsausschank Kost, s. o., Feb.–11. Nov., Mi, Fr–So; ... **in Frankweiler:** Weinstube Brand, Weinstraße 19, ☎ 15 31, Do–Mo, variable Küche im Ambiente des 16. Jh.

Museum in Burrweiler: Ofenmuseum, Hauptstraße 69, ☎ 91 90 33, Do–So 14–18 Uhr und nach Vereinbarung. Lohnt sich!

Feste in Burrweiler: Kerwe, 1. Julisonntag, Fr–Di; Weinfest, letzter Augustsonntag; ... **in Gleisweiler:** Weinkerwe »Kunst und Wein«, 1. Augustwochenende, in den Winzerhöfen. ... **in Frankweiler:** Kastanienblütenfest, Wochenende nach Pfingsten; Riesling-Kerwe, Ende Juni.

Freizeit in Gleisweiler: Mal-, Töpferkurse, Info: Verkehrsverein, s. o.; Weinlehrpfad Gleisweiler Hölle.

Blick: St.-Anna-Kapelle bei Burrweiler; Sonnentempel im Kurpark Gleisweiler; Trifelsblickhütte (530 m) am Teufelsberg.

Wandertips: 1. Länge: ca. 15 km; Dauer: ca. 4 $1/2$ Stunden; Karte: s. S. 218. Von Burrweiler aus folgt man zunächst dem Schild St.-Anna-Kapelle (PWV-Zeichen: blauer Balken), zweigt kurz danach bei einer kleinen Baumgruppe (mit Bänken) rechts zum Wallfahrtskreuzweg ab, erreicht die St.-Anna-Kapelle (s. S. 165) auf dem Annaberg und von dort aus die PWV-Annahütte (So ab 10 Uhr, Juli–Nov. Sa/So). Dann wandert man (blauer Balken) zur Trifelsblickhütte (Sa/So ab 10 Uhr), kommt am Teufelsfelsen vorbei zum Dreimärker-Rastplatz und gen Norden (blau-weißer Balken) zum Parkplatz im Modenbachtal. Von dort läuft man (gelb-weißer Balken) nach Osten bis zur Straße, überquert sie, geht nach links (roter Balken) zur Buschmühle (s. o.), überquert den Bach, folgt dem Weg Nr. 16 und stößt bei der Burrweiler Mühle (s. S. 164) auf den Wanderweg Deutsche Weinstraße (grüne Traube), der nach Burrweiler zurückführt. **2.** Länge: ca. 15 km; Dauer: ca. 4 Stunden; Karte: s. S. 218. Vom Parkplatz im Westen Frankweilers läuft man (PWV-Zeichen: blau-weißer Balken) zur »Sackpeif« (PWV-Ringelsberghütte, 462 m, So), von dort zur Weggabelung (schwarzer Punkt im weißen Balken) zum Orensfelsen (564 m), von dem aus der Blick einmalig ist (Trifels). Nach Norden zu, vorbei am Gleitschirmflieger-Platz, gelangt man zum Zimmerplatz und zur PWV-Landauer Hütte (Sa/So 10–18 Uhr, Oster-/Sommerferien in Rheinland-Pfalz tägl.). Von dort sollte man unbedingt einen Abstecher (gleiches Zeichen) zur Ruine Neuscharfeneck (Blick!) unternehmen. Zurück zur Hütte und nach Osten durch das traumhaft schöne Hainbachtal (rot-weißer Balken) kommt man (roter Balken) nach Frankweiler zurück.

Radtip: Länge: ca. 30 km; Karte: s. S. 218. Für »Profis«! Von Burrweiler durchs Modenbachtal gelangt man hinauf zum Forsthaus Heldenstein (Di–So), erklimmt die Lolosruhe (574 m) – den im Radler-Jargon zweithöchsten Paß der ›Pfälzer Alpen‹ – und fährt nach Edenkoben ab.

Verbindung nach Burrweiler, Gleisweiler: Bahnstation Edenkoben oder Edesheim, von dort Buslinie (WNL) Neustadt–Landau; ... **nach Frankweiler:** Bahnstation Landau, von dort Buslinie (SüdwestBus) Landau–Ramberg.

Regentschaft über Rebläuse und Pilze – Der Geilweilerhof

Im Rebland zwischen Frankweiler und Siebeldingen liegt idyllisch der Geilweilerhof, der auf eine 1184 erwähnte Siedlung »Geilevilre« zurückgeht. Heute ist er eine der 13 Bundesforschungsanstalten für Rebenzüchtung. Die Geburtsstunde der Önologie (Weinbauwissen-

schaft) schlug nicht von ungefähr um die Mitte des 19. Jh. Die aus Übersee eingeschleppte Reblaus und die Rebkrankheiten Echter und Falscher Mehltau führten damals zu eklatanten Krisen im Weinbau. Der Edenkobener Weingutsbesitzer Gustav Adolf Froelich (1847–1912) züchtete ab 1876 durch Selektion eine reich tragende, hochwüchsige Silvanerrebe. 1922 wurde die Froelich-Rebe staatlich anerkannt. Der Ranschbacher Peter Morio (1887–1959), Lehrer an der 1899 gegründeten Neustadter Weinbauschule (heute: Staatliche Lehr- und Forschungsanstalt in Mußbach), ›erfand‹ auf dem Geilweilerhof die Rebsorte Morio-Muskat.

Dr. August Ludowici (1866–1945), Falzziegelfabrikant, Weltreisender, Philosoph, Literat, kaiserlicher Konsul, Landauer Festhallen-Stifter und Landwirt in einer Person, erwarb 1895 den Geilweilerhof als Weingut. 1923 durch die Franzosen ausgewiesen, schenkte er das Gut dem Kreis Pfalz. Seinem Wunsch gemäß wurde ein Rebenzüchtungsinstitut eingerichtet. Neueste ›Kinder‹ der Önologen sind z. B. die Phoenix- und die Regent-Rebe. (Bundesforschungsanstalt für Rebenzüchtung, Geilweilerhof, 76833 Siebeldingen, ☎ 0 63 45/4 10; Weinprobe, auch brandneue Sorten: Mo–Do 8–11.30 und 12.30 – 15.30 Uhr, Fr bis 14.30 Uhr; Labors: Besichtigung möglich ab 8 Personen, nach Voranmeldung; Tag der offenen Tür: Sept.)

Geilweilerhof

Wein und Öl – Siebeldingen und Nußdorf

Das fachwerkreiche, aus der Ebene leicht ansteigende, rebenumrankte, sonnenzugewandte **Siebeldingen** wird von der außen gotischen (um 1300/16. Jh.), innen barock gestalteten Kirche St. Quintinius beschirmt, die seit nunmehr 300 Jahren Simultankirche ist. (Schlüssel: K. Hoffmann, Weinstraße 76; K. Zoffinger, Weinstraße 96, ☎ 0 63 45/38 91.) Seit drei Jahren ist das Dorf zur Zeit der Weinlese für die Medien interessant geworden. Dann nämlich wechselt der Pianist Justus Frantz kurzfristig das Metier und wird zum Winzer. Sein Wingert, ein Geschenk zum 50. Geburtstag, bringt in guten Jahren etwa 2000 Flaschen Silvaner.

Nußdorf, seit 1969 Ortsteil Landaus, hat sich aufgrund langer Eigenständigkeit seinen Dorfcharakter bewahrt. Man erreicht es von Siebeldingen aus über Frankweiler oder Godramstein. Das »Bauernkrieg-Haus« im Ortszentrum war in die Turbulenzen jener Zeit verwickelt, als Not und Unfreiheit, speziell Hörigkeit und Fron, u. a. im Elsaß den Bauernkrieg auslösten. Die Unruhen schwappten in die Pfalz über und kulminierten Ostern 1525 in Nußdorf. Von hier zog der »Nußdorfer Haufen« gen Norden, um sich als »freie Christenmenschen« an Adel und Klerus mit bitterster Gewalt zu rächen, machte zunächst Station an der Dagobertshecke (s. S. 168), dem legendären Ort bäuerlicher Freiheit, und vereinte sich später mit dem »Bockenheimer Haufen« (s. S. 74).

Zwischen Nußdorf und Landau stehen mitten in den Wingerten Maschinengiganten. Bohrungen auf 36 km² rund um Landau stoßen in 1000 m Tiefe auf die Rheingrabenschicht, wo vor Jahrmillionen nach dem Zurückweichen des Meers der Umwandlungsprozeß des Faulschlamms von Pflanzen und Kleinstlebewesen in **Erdöl** einsetzte. Das »Reichsbohrprogramm« förderte in den 30er Jahren mit dem »Schwarzen Gold« auch die Kriegswirtschaft. Seit 1955 bohrt nun die BASF-Tochter Wintershall den in der Petrochemie wegen seiner Reinheit hochgeschätzten Stoff. Jedoch: 45 000 t jährlich sind gerade 1,25 % der nationalen Ausbeute. Diese Unrentabilität könnte spätestens im Jahre 2006 die Landauer Betriebsfackeln auspusten. Noch aber arbeiten die Maschinen und versorgen z. B. das Landauer

La-Ola-Bad mit preiswerter Heizenergie.

Information in Siebeldingen: Verkehrsverein, 76833 Siebeldingen, ☎ 0 63 45/70 65; Führung: Di 14 Uhr, Anmeldung unter ☎ 86 58; **... in Nußdorf:** Büro für Tourismus Landau, s. S. 181.

Unterkunft in Siebeldingen: Hotel Sonnenhof, Mühlweg 2, ☎ 33 11, Fax 53 16, DZ um DM 135; **... in Nußdorf:** Hotel Landhaus Herrenberg, Lindenbergstraße 72, 76829 Nußdorf, ☎ 0 63 41/6 02 05, Fax 6 07 09, DZ um DM 170.

Restaurants in Siebeldingen: Sonnenhof, s. o., Fr–Mi, exquisite Speisen; **... in Nußdorf:** Landhaus Herrenberg, s. o., Fr–Mi, mit Weinstube, selbstgezogenes Federvieh, Wild.

Weinstube in Siebeldingen: Zum Faßschlubber, Bismarckstraße 1, ☎ 51 29, Di–So, Genuß im Keller, nicht nur pfälzisch; Kanalmühle, Heerstraße 16, ☎ 18 21, Do–Mo, pfälzische Küche in einem alten Innenhof.

Kultur in Siebeldingen: Kultur- und Kleinkunstverein, ☎ 39 90 oder ☎ 0 63 41/8 94 08; Siebeldinger Kunstwoche, Weingut Wilhelmshof, ☎ 91 91 47, Anfang Juni. **Feste in Siebeldingen:** Faßschlubberfest, 2. Augustwochenende, mit Kleinkunstfestival und Winzerolympiade; Weinfest in den Winzerhöfen, 3. Augustwochenende; **... in Nußdorf:** Weinkerwe, Anfang August.

Museum in Nußdorf: Bauernkrieg-Haus, März–Okt., jeweils 1. Sonntag im Monat 14–16 Uhr.

Verbindung nach Siebeldingen: Bahnstation; **... nach Nußdorf:** Bahnstation Landau, von dort Buslinie (SüdwestBus) Landau–Ramberg.

Landau –
Von der Festungs-
zur Gartenstadt

Landaus Metamorphose begann 1871, als es seine Mauern durch Ringstraßen und einen luftigen Grüngürtel ersetzte, und endete, als es seiner Grenzlandrolle ledig war. Der ehemals deutsch-französische Zankapfel wächst nun, von der Einigung Europas ermutigt, in die Rolle eines grenzübergreifenden Mittelzentrums hinein. Das neue Image der seit 1949 kreisfreien Stadt, die mit Eingemeindungen rund 40 000 Einwohner hat, wird durch die Vorzugslage in der Rheinebene, die Ansiedlung mittelständischer Betriebe und ein viel-

fältiges kulturelles Angebot unterstützt. 1990 erhielt sie mit der Aufstockung der Pädagogischen Hochschule zur Universität Koblenz-Landau einen weiteren Innovationsschub. Die Stadt ist auf ihre alten Tage wieder jung geworden, lebensbejahend, ein offenes »Tor zum Wasgau« und ins Elsaß.

Geschichte

Als der »allerchristlichste König« Ludwig XIV. die Pfalz von 1688 an mit Krieg überzog, hatte er bereits seit knapp einem halben Jahrhundert mit Landau ein Faustpfand in der Hand, das für die französische Elsaßpolitik eine wichtige strategische Funktion erfüllte. Die »Aue« im Sumpfland der Queich, in der Chronik des Klosters Sinsheim als »Landawe« 1106/1108 erstmals namentlich festgemacht, geriet in den ›Sumpf‹ europäischer Machtpolitik und spielte diese Rolle zwangsweise bis zur deutsch-französischen Versöhnung.

Dabei hatte sich alles so verheißungsvoll angelassen. Dem Lehen Graf Emichs IV. von Leiningen-Landeck verlieh König Rudolf I. von Habsburg 1274 Stadt- und Marktrechte und erhob Landau 1291 zur Reichsstadt. 1324 verpfändete sie Ludwig der Bayer an das Bistum Speyer, aus der sich die Stadt erst 1511 lösen konnte. Der Landvogtei Hagenau unterstellt, wurde Landau Mitglied der »Dekapolis« (1521), des Zehnerbunds elsässischer Städte, im Westfälischen

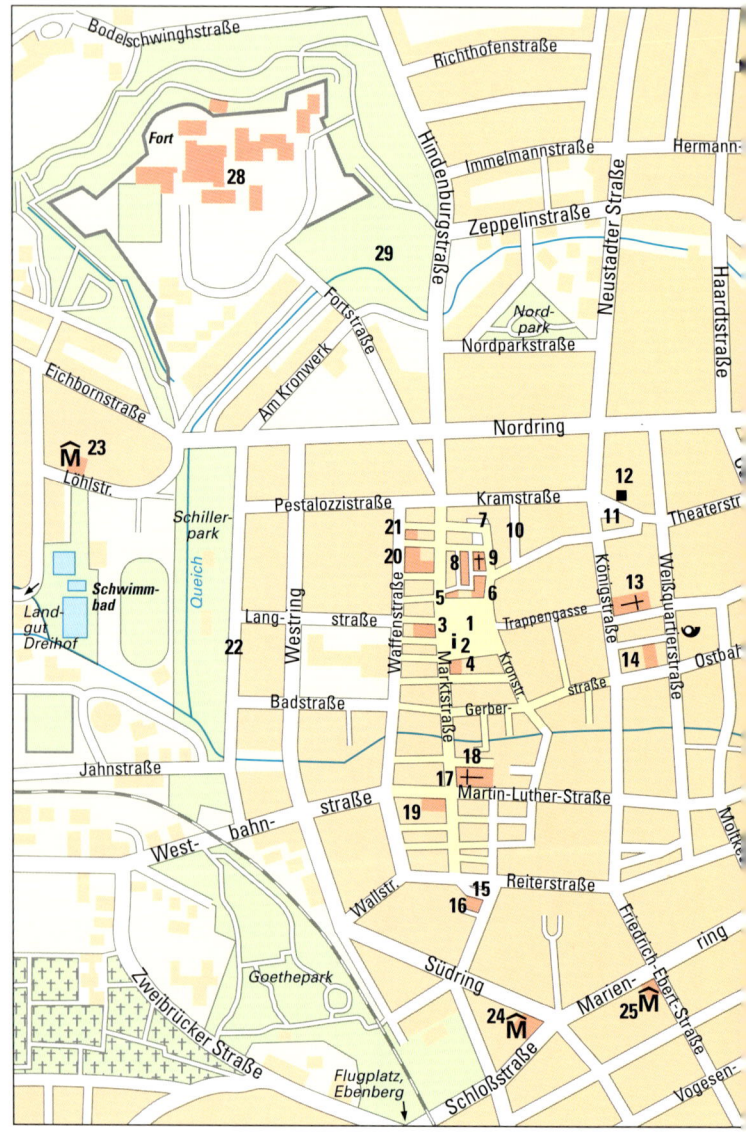

Frieden von Münster (1648) gleich diesen unter französischen ›Schutz‹ gestellt, dann Objekt der Reunionspolitik Ludwigs XIV. und französischer Besitz, was es bis 1815 blieb. Vergleicht man den Merian-Kupferstich von 1663, der ein mittelalterliches Stadtbild mit Wehr-, Kirchtürmen und Mauer auf rechteckigem Grundriß zeigt, mit der sternförmigen Festung nicht einmal 30 Jahre später (Merian-Stich und Modell im Museum »Haus Mahla«), wird man mit der größten Tragödie der Stadt in ihrer Geschichte konfrontiert. Den Plänen des Marschalls de Vauban, Ludwigs XIV. Festungsbaumeister, eine der »stärksten Festungen der Christenheit« zu bauen, um das Einfallstor ins französische Elsaß zu schließen und eine strategisch günstige Position für Eroberungszüge zu schaffen, stand das alte Landau im Wege. So wurden 1689 wäh-

rend des Festungsbaus ganze Stadtviertel kurzerhand angezündet. Für
das neue Landau zogen bis zu
20 000 Arbeiter Mauern hoch, ein
eigens angelegter Kanal beförderte
Albersweilerer Gneis, massenhaft
wurde Kalk der Kleinen Kalmit verarbeitet (s. S. 197).

Nach 1816 unterstand Landau
der bayerischen Krone, war bis
1871 Bundesfestung, nach dem Ersten Weltkrieg französische, im
Dritten Reich deutsche und nach
dem Zweiten Weltkrieg wieder
französische Garnison. Die martia-
lische Drohgebärde hat ausge-
dient. Das Militär bereitet den
Rückzug vor und überläßt die Stadt
sich selbst und dem Aufbruch in
eine zivile Zukunft.

Rundgang

Spürbar wird dies auf dem **Rathausplatz** (Marktplatz), der nach
dem Vaubanschen Brand (1689)
angelegt wurde und damals Para-
deplatz hieß. Paradiert wurde über
Jahrhunderte hinweg hier sehr viel,
und Rekruten legten Gelöbnisse
ab. Zwar hält der bayerische Prinz-
regent Luitpold auf dem Denkmal-
sockel die Zügel noch in der Hand,
aber Roß und Reiter haben Patina
angesetzt wie die waffenstrotzende
Vergangenheit. Unbekümmert sitzen die Landauer in den Straßencafés, feiern Feste, schlendern
durch die bunte Fülle des Wochen-
markts. Die bayerische Komman-
dantur (1827), seit 1941 **Neues**

Am Rathausplatz in Landau

österreichische Thronfolger König Joseph I. als Oberbefehlshaber der Reichsarmee 1702 (nochmals 1704) zur Belagerung der französischen Festung mit dem gesamten Hofstaat, zu dem Bäcker, Metzger, Ärzte, Musikanten usw. gehörten, eben alles, was ein hochwohlgeborener Herr brauchte. An seiner triumphalen Rückkehr nach Wien partizipierte auch die Kutsche, so daß nach 1723 »Landauer« als Typenbezeichnung allgemein üblich wurde.

Die Stadthausgasse öffnet sich zum **Martha-Saalfeld-Platz,** so genannt nach der in Landau geborenen Dichterin (s. S. 66), die im Dritten Reich nicht mehr publizieren durfte und deren eindringlichste Erzählung »Die Judengasse« subtile Rekonstruktion des Lebens in einem Viertel ist, das genau hier war. Die dralle, Vitalität versprühende »Landavia«-Figur des Bildhauers Martin Mayer wirkt da irgendwie fehl am Platze, denn nur wenige Schritte weiter führt die Blumgasse zum **Frank-Loebschen Haus.** Das einstige Wirtshaus »Zur Blum«, ein bauliches Kleinod aus Stilelementen verschiedener Epochen und einem wunderschönen Innenhof mit umlaufenden Holzgalerien, kaufte 1870 Anne Franks Urgroßvater, bis 1940 war es in Familienbesitz. Vor der Deportation in die KZs wurden die letzten jüdischen Bürger in die-

Rathaus, nimmt dem Platz die Strenge, ebenso die prächtigen Bürgerhäuser wie etwa die **Adlerapotheke** (19. Jh.) oder das frühklassizistische **Böckingsche Haus,** dessen Verbindungsbau (1935) mit den leuchtend weißen Treppenfluchten in das ehemals **Städtische Kaufhaus** (15./19. Jh.) übergeht. Einst genutzt als Handels- und Lagerhaus mit Eichgeräten, Safran-, Woll- und Fruchtwaagen im Erdgeschoß sowie dem städtischen Tanzsaal im Obergeschoß, ist es jüngst zum Musentempel reanimiert worden. Auf seiner Traufseite zeigt ein Wandbild Günther Zeuners den »Landauer«. In einer solchen Kutsche mit nach beiden Seiten rückklappbarem Verdeck reiste der

ses Haus zwangseingewiesen. 1987 wurde es im Beisein von Überlebenden als Begegnungs- und Erinnerungsstätte öffentlich zugänglich gemacht.

Ein Stück andersgeartete Geschichte gegenüber. Die **Katharinenkapelle,** seit 1872 Gotteshaus der Alt-Katholiken, baute 1344 der Rat der Stadt für die Beginen, eine Gemeinschaft karitativ engagierter Frauen. Wandmalereien überstanden die Profanierung infolge der Reformation und auch die Nutzung im 17./18. Jh. als Gefängnis, Pulver-, Getreidemagazin, Weinkeller usw. (Schlüssel: Frank-Loebsches Haus während Öffnungszeiten). Über die Kaufhausgasse und Passage zurück zum Rathausplatz und links hinein in die Theaterstraße, die einst Martha Saalfelds Judengasse war, holt uns die Vergangenheit wieder ein.

Von dieser Altstadtzelle aus nahm Ende des 19. Jh. der wirtschaftliche Aufstieg bedeutender Weinhandelsfirmen seinen Ausgang. Jüdische Bürger Landaus öffneten der strukturarmen Südpfalz mit Beginn des Industriezeitalters, das 1855 mit der Eisenbahn und nach 1871 im Gründerfieber einsetzte, überregionale Märkte, indem sie die Weinvermarktung weltweit organisierten. Anders als im »Edelweingebiet« der Mittelhaardt gab es keinen Weinadel (s. S. 123), sondern nur Kleinwinzer ohne ausreichendes Kapital. Landau wurde größtenteils dank seiner jüdischen Bevölkerung zur Wein-

handelszentrale. Die ruhige Epoche bis 1914 schuf bürgerlichen Wohlstand, der sich noch an der Ringstraßen-Architektur ablesen läßt.

Vorbei am **Kleinen Platz**, im Volksmund Grumbeereplätzl (Kartoffelplatz) genannt, folgen wir der Theaterstraße bis zur Mündung in die Königstraße, halten uns aber zunächst links zum **Untertorplatz** und dem **Deutschen Tor,** das wie sein Pendant im Südwesten, das Französische Tor, zu Festungszeiten die einzige Verbindung zur Außenwelt war. Die Kehrseite interessiert, denn dort schleudert noch immer das flammende Sonnenhaupt Ludwigs XIV. allen potentiellen Feinden ein trutziges »Nec Pluribus Impar« (»Auch mehreren gewachsen«) entgegen. In der Grünanlage signalisiert ein Felsbrocken die Veränderung: »Der Deutsch-Französischen Freundschaft« ist dort eingraviert.

Zurück in der Königstraße tretem wir ein in den stillen Kreuzgang der **Augustinerkirche,** der in seiner Geschlossenheit pfalzweit einmalig ist. Ins Gotteshaus selbst kehrt man von der Straßenfront aus ein (offen). Die einstige Klosterkirche (1405–13) der Augustiner-Eremiten, eine turmlose dreischiffige Basilika, offenbart wie die Stiftskirche den Stil der von den Bettelorden beeinflußten Reduktionsgotik, die ohne allzuviel Zierart auf schlichte Glaubensvermittlung baute. Seit der Aufhebung des Simultaneums mit den Protestanten (1893) in der Stiftskirche – offiziell kath.

Pfarrkirche Heilig Kreuz, behält sie traditionell als Konzertstätte den alten Namen bei.

Man könnte nun rechts in die Martin-Luther-Straße abzweigen, um an deren Barockgebäuden entlang zur Stiftskirche zu kommen. Ein Abstecher in die Rosengasse führt zum ehemaligen **Bezirksgefängnis.** 1851 von August von Voit erbaut, wurde es mittlerweile in ein Appartementhaus umfunktioniert, wobei die Gitter an den Fenstern noch an seine ursprüngliche Nutzung erinnern. Man könnte auch die Reiterstraße entlanggehen bis zum **Obertorplatz,** auf der Kehrseite des **Französischen Tors** im barocken Ziergiebel ebenfalls das Haupt Ludwigs XIV. und den gleichen Trutzspruch entdecken und nahebei das Grabmal Baron de Montclars aufsuchen. Der erste Festungskommandant Landaus, an der Zerstörung der Pfalz (ab 1688) aktiv beteiligt, wurde von der Stiftskirche in die Seitengasse verbannt.

Falls man sich für diese Variante entscheidet, gelangt man durch die Meerweibchenstraße zur prot. **Stiftskirche,** die von Graf Emich IV. von Leiningen-Landeck für die Augustiner-Chorherren erbaut und 1333 geweiht wurde. Das Innere der dreischiffigen Basilika (Seiteneingang offen) beeindruckt durch die harmonische Klarheit der Form – der Einfluß süddeutscher Bettelorden ist unverkennbar. Wuchtige Rundpfeiler trennen das Mittelschiff von den Seitenschiffen, denen auf

Landavia-Figur in Landau

der Nordseite 1490 ein weiteres mit Netzgewölbe hinzugefügt wurde. Schon 1521 siegte in Landau die Reformation. Den katholischen Stiftsherren blieb nur der Chor, der Rest der Kirche war protestantisch. Nach der Aufhebung des Simultaneums mit den Katholiken wurde 1897 im Zuge der Restaurierung auch das mit einer Flachdecke versehene Mittelschiff nach dem Vorbild der Seitenschiffe eingewölbt. Wie ein fröhliches Augenzwinkern in all dem ruhigen Ernst wirkt die verschwenderisch barocke Orgel (1772) Ignaz Seifferts, die von Engelsfiguren auf dem Emporengeländer flankiert wird. Von den Konventsgebäuden ist nur der Kapitelsaal erhalten. Dort wird nun angesichts 1897 wiederentdeckter gotischer Wandmalerei getauft.

Der **Stiftsplatz** war Schnittpunkt des mittelalterlichen Landau. Auf dem quadratischen, nach oben hin ins Achteck übergehenden Westturm (1349/1458) sitzt ein barockes Türmerhäuschen. Der Turm ist in städtischem Besitz, an der Innenwand der Halle ist noch das Eichmaß zu erkennen. Vor dem Westportal steht Martin Luther (ebenfalls von Martin Mayer), hat die Bibel gesenkt und schaut an den vorübereilenden Passanten vorbei.

Schräg gegenüber erregt über einem Laden namens Schuhgalerie eine ›Kopfgalerie‹ Aufmerksamkeit. Medaillons, 1888 an der Fassade angebracht, erinnern an berühmte Quartiergäste der ehemals kommunalen Herberge **Zum Maulbeerbaum** (1488–1671), die vor allem der Adel schätzte. Franz von Sickingen inszenierte hier 1522 den »Landauer Bund«, das letzte Aufbegehren der süddeutschen Reichsritterschaft.

Die Marktstraße entlang schlendert man zum Rathausplatz, den man als Schaltstelle für einen Abstecher (an der Sparkasse vorbei) zur **Roten Kaserne** nutzen könnte, aber nicht unbedingt muß, vor allem wenn der Besuch zur Weihnachtszeit stattfände. Dann nämlich ist Thomas Nast (s. S. 47) auf dem nach ihm benannten Nikolausmarkt (Rathausplatz) viel le-

bendiger als in der Roten Kaserne, wo er 1840 als Sohn eines Militärmusikers geboren wurde. In der Burghofgasse stößt man auf ein Relikt der mittelalterlichen Stadt. Der Galeerenturm, einst Eckturm der Befestigung, diente im 18. Jh. als Gefängnis für Sträflinge, die auf die Galeeren geschickt werden sollten.

Der Stadtkern wird von breiten **Ringstraßen** umschlossen, die nach 1871 anstelle der Festungswerke gebaut wurden. Ganze Zeilen großbürgerlicher historistischer Villen und mehrstöckiger Gebäude mit reichem Fassadenschmuck entstanden dort, in den angrenzenden Vierteln sowie speziell an der **An 44** und machen Landau einzigartig unter den pfälzischen Städten. Sie sind zu einem nicht geringen Teil Hinterlassenschaft jener Kaufleute, die im Gründerzeit-Boom einen regen Handel nicht nur mit Wein begannen. Fixpunkte in diesem Viertel sind Museen wie das **Strieffler-haus** unweit der An 44, die **Villa Streccius** (Südring) oder das **Haus Mahla** (Marienring). Ausgedehnte Parks ziehen sich heute hier entlang.

Der Schwanenweiher im **Ostpark** markiert die Südostflanke des Überschwemmungskessels, worin die Wasser der Queich im Kriegsfall geleitet wurden. Mit der Sanierung der dortigen **Festhalle,** dem von Dr. August Ludowici (s. S. 170) gestifteten und Hermann Goerke 1905–07 erbauten Jugendstil-Monument, soll ab dem Jahr 2000 begonnen werden. Dann werden sich eine Zeitlang nicht mehr wie gewohnt berühmte Dirigenten gegenseitig den Taktstock in die Hand geben können. Im Nordwesten blieb in Resten des Forts ein Stück militärischer Vergangenheit erhalten – mittendrin steht heute die **Universität.** Im Überschwemmungskessel der Zitadelle ist der **Zoo** mit Pinselohrschweinen, Braunbärgehege und vielem mehr untergebracht.

Information: Büro für Tourismus, Marktstraße 50, 76829 Landau, ☎ 0 63 41/1 31 81, Fax 1 31 95, Stadtführung, Kutschenfahrt im »Landauer« (auch mehrtägig), Weinbergsfahrt mit dem Schoppenbähnel (Aug./Sept.), Veranstaltungskalender.

Unterkunft: Parkhotel, Mahlastraße 1, ☎ 14 50, Fax 14 54 44, DZ um DM 190–220; Hotel Kurpfalz, Horstschanze 8, ☎ 45 23, Fax 8 57 24, DZ um DM 150; Hotel Brenner, Linienstraße 16, ☎ 2 00 39, Fax 8 40 91, DZ um DM 140–160; Hotel Bexten, Ostbahnstraße 27, ☎ 8 09 42, DZ um DM 90.

Restaurants: Parkhotel, s. o., mit Nachtcafé, tägl. 21–4 Uhr; Brenner, s. o., Sa–Do; Keller, Bahnhofstraße 28, Landau-Godramstein, ☎ 6 03 33, Fr–Di, Wild und Fisch; Augustiner, Königstraße 26, ☎ 44 05, Do–Di, gutbürgerlich; Landauer Brauhof, Industriestraße 10, ☎ 8 50 09, Hausbrauerei.

Weinstuben: Hahn, Hauptstraße 50, Landau-Arzheim, ☎ 3 31 44, Do–Mo, frisch-regionale Küche; Raddegaggl, Industriestraße 9, ☎ 8 71 57, Di–So, urgemütlich-nostalgisch; Zur Blum, Kaufhausgasse 9, ☎ 8 48 00, Mo–So, stilvoll, auch vegetarisch.

Szene: Bäuerlein, Theaterstraße 2, ☎ 2 07 46, Mo–Sa, traditionsreich; Pierrot, Bistro, Ostbahnstraße 28,

☎ 2 02 06, originell; Café Central, Martin-Luther-Straße 45b, ☎ 47 54, Frühstücksbuffet, Live-Musik, Ausstellungen.

Kultur: Haus am Westbahnhof, Ecke An 44/Westbahnstraße, ☎ 8 64 36, Kleinkunst, Kurse; Augustinerkirche, Konzerte, Open air im Kreuzgang; Veranstaltungen in der Festhalle, dem Städtischen Kaufhaus usf., Info: Büro für Tourismus, s. o. **Feste:** Weintage, Mai/Juni, Wein, Sekt und Kunst; Landauer Herbstmarkt, 2. und 3. Septemberwochenende; Fest des Federweißen, 3. Oktoberwochenende (aus der Landauer Idee wurde ein Weinstraßen-Hit); Thomas-Nast-Nikolausmarkt, 1.–3. Advent, tägl. 11–20 Uhr.

Museen: Stadtmuseum im Haus Mahla, Marienring 8, Mo–Mi 8.30–12, 14–16, Do 8.30–12, 14–18 Uhr; Städtische Galerie Villa Streccius, Südring 20, Di–Fr 10–13, 14 –17, Sa, So 14–17 Uhr; Striefflerhaus, Löhlstraße 3, Fr–So 14–17 Uhr, Werke Heinrich und Marie Strieffhers, wechselnde Ausstellungen; Frank-Loebsches Haus, Kaufhausgasse 9, Di–Do 10–12, 14–17, Fr–So 10–12 Uhr, Geschichte der Juden und Sinti, Martha-Saalfeld-Gedächtnisraum; Kutschenkabinett, Maximilianstraße 6, Do 15–18, Führung nach Absprache, Info: Büro für Tourismus, s. o.

Freizeit: Erlebnisbad La Ola, Horstring 2, ☎ 5 51 15, ganzjährig, zählt zu den besten Bädern Deutschlands; Stadionfreibad, Prießnitzweg, Mai–Mitte Sept.; Zoo, Hindenburgstraße 12, Mai–Okt. 9–18, Nov.–Feb. 9.30–16 Uhr; Flugsport: Flugplatz Ebenberg, ☎ 0 63 40/3 08 oder Büro für Tourismus, s. o.; Golf: Landgut Dreihof, Mühlhausenstraße 3, ☎ 8 71 50, Fax 8 89 93, Schnupperkurse.

Verbindung: Bahnstation.

Im Wasgau

Reichsburg Trifels

Radtour im Kaiserbach-
und Klingbachtal

Berg- und Talbahn von
Birkweiler nach Gleiszellen

Kurstadt Bad Bergzabern

Wander- und Radtouren
im Bienwald

Schweigen –
Ende und Anfang

Romanische Nikolauskapelle bei Klingenmünster

Im Wasgau – Auf der zweiten Etappe der Südlichen Weinstraße

Abstecher nach Annweiler und auf Burg Trifels • Radtour zu Bächen, Orgeln und alten Orten • Entlang der wildmalerischen Wasgaulandschaft von Birkweiler bis Pleisweiler • Ausguck von der Kleinen Kalmit: atemberaubend schön, nicht nur für Steinzeitmenschen • Benediktinerkloster Klingenmünster und die geglückte Restaurierung der Jahresringe • Pfarrer Kneipps Liebling Bad Bergzabern • Geheimnisvoller Bienwald: Stille nach dem Kanonendonner • ›Dornröschen‹ Dörrenbach • Ende und Anfang am Deutschen Weintor in Schweigen

Für den Pfälzerwald charakteristisch sind die leuchtenden Farben des Buntsandsteins, die er allerdings meist unter einer dichten Vegetationsdecke verbirgt. Einblick ins Erdinnere gestatten Steinbrüche, die sich wie blutrote oder ins Gelbliche spielende Schrunden und Schrammen vor dem dunklen Waldhintergrund abzeichnen. Albersweilers stillgelegter aufgefüllter Steinbruch südlich der Bahnlinie, eine geologische Rarität ersten Ranges, gibt unter einer Lößschicht das Oberrotliegend (Perm-Karbon) und das etwa 450 Mio. Jahre alte Grundgebirgsgestein Gneis preis.

Die Route entlang der steilen Abbruchkante des Rheingrabens tangiert von Albersweiler bis zum Ende in Schweigen den Wasgau als den südlichen Teil des Pfälzerwaldes. Dort setzt er sich grenzüberschreitend in den Nordvogesen des Elsaß fort. Heftige, von Sturmfluten begleitete tektonische Vorgänge formten vor Jahrmillionen eine wildromantische Landschaft aus Bergrücken, Kegel und Felsen und durchzogen sie mit einem Netz von Bach- und Wiesentälern. Bizarre Buntsandsteinkolosse mit geheimnisvollen Namen wie »Teufelstisch« oder »Jungfernsprung« könnten weit hinein in den sagenumwobenen »Wasgenwald« locken. Ein Dorado für Kletterer!

Annweiler: Keyser'sches Haus
am Rathausplatz

Im Felsen hängend

Wo die Freiheit grenzenlos ist

Jungfernsprung, Braut und Bräutigam, Teufelstisch, Himmelsleiter oder einfach nur Asselstein – und Kletterherzen schlagen höher. Ungeheure Konzentration, aber auch Vertrauen auf die Kraft des Körpers und der Psyche, die Befriedigung des ›Gipfelstürmens‹ und das unbeschreibliche Glücksgefühl des Schwebens beim Abseilen von der Wand – der Natursport Klettern läßt nicht mehr los, hat man erst einmal Feuer gefangen. 80 frei stehende Türme, zum Teil bis zu 60 m hoch und 140 Massive aus rotem Buntsandstein hält das Annweiler und Dahner Felsenland im Wasgau bereit. Ca. 5000 Kletterrouten in den Schwierigkeitsgraden 1–9 und mit originellen Namen wie »Großer Backenzahn«, »Zehentanz«, »Ohrensausen«, »Drama in drei Akten«, »Hello Darkness« oder »Ich will nur leben« sind erprobt –

Annweiler und die »Burgdreifaltigkeit«

Von Landau (B 10), Siebeldingen oder Frankweiler aus erreicht man **Albersweiler.** Das einstige Reichsdorf zeigt exemplarisch, wie auf engstem Raum Herrschaftslinien verliefen. Albersweiler war pfalzzweibrückisch, sein Ortsteil St. Johann gehörte den Herren von Scharfeneck, später dem aus morganatischer Ehe entsprossenen Sohn des siegreichen Fritz (s. S. 40). Dessen Nachkomme Fürst Carl Thomas zu Löwenstein erbaute 1764 ein Rokoko-Schlößchen, das heute BASF-Schulungszwecken dient. Eingekeilt zwischen dem Orensberg und dem Hohenberg hat der Ort sich schon vor rund 1000 Jahren ins Queichtal eingenistet. Steinbrüche sind von jeher sein größtes Kapital. Seit 1291 werden hier Hartsteine abgebaut. 1689–91 wurde auf einem eigens angelegten Kanal Gneis für Landaus Festungsbau geliefert. Die Bahnstrecken der Südpfalz bezogen ihren Schotter von hier. Der stillgelegte südliche Bruch ist ein einmaliges Naturschauspiel, aus dem nördlichen wird weiterhin Gneis, Granit und Melaphyr geholt.

Burg Trifels und die Lage am Taleinschnitt der Queich als Pforte zum Westreich sicherten **Annweiler am Trifels** die Aufmerksamkeit der Stauferherrscher. Friedrich II. vergab 1219 an »Anevilre« die Rechte einer Freien Reichsstadt und machte es damit – nach Speyer – zur zweitältesten Stadt der

Erstbegeher dürfen sie benennen. Ein Merkmal des Klettergebiets ist, daß kaum Haken in die Felsen geschlagen sind, so daß man die eigene Sicherung selbst legen und wieder lösen muß.

Der Sport boomt – leider, sagen die Pfälzer Kletterer und sind auf diejenigen sauer, die mühsam ausgehandelte Kompromisse mit Behörden und Naturschutzverbänden durch egoistisches Verhalten gefährden, etwa durch Magnesia-Einsatz Breitspuren im Fels hinterlassen, mit Müll ihren Weg markieren und insbesondere Sperrschilder nicht beachten. Das bringt die Naturschützer in Rage, denn die Sperrungen geschehen zum Schutz brütender Wanderfalken, deren Wiederansiedlung bislang erfolgversprechend ist.

Anfänger sollten nicht alleine losziehen, sondern nur mit einem geübten, ortskundigen Kletterer. Kontakt: Vereinigung Pfälzer Kletterer, s. S. 223; Literatur: Udo Daigger/Hans-Jürgen Cron, Südpfalz, Klettern im Buntsandstein (die »Bibel« der Kletterer), Annweiler/Wissembourg 1996; Jürgen Wesely, Kletterauswahl Südpfalz, Niederwürzbach 1996; Gasthaus Zur Kletterhütte, ✆ 0 63 46/88 25, Di–So 10–19 Uhr.

Pfalz. 1330 von Ludwig dem Bayern mitsamt der Burg an die Kurpfalz verpfändet, eine Generation später herzoglich-pfalz-zweibrückisch, war seither, trotz fortwährenden Pochens auf Reichsunmittelbarkeit, der Abstieg zum Provinzstädtchen unvermeidlich. Anfang des 19. h. schleifte man freiwillig die beengende Stadtmauer. 1944 bei einem Bombenangriff schlug die Schicksalsstunde für die Altstadt. Dennoch läßt das Ambiente behutsam wiederaufgebauter Fachwerkhäuser und verwinkelter Gäßchen viel von Bürgerstolz und urbaner Anmut erahnen. Ein schmaler Durchgang in der malerischen Wassergasse, der »Schipka-Paß«, ist einer von vielen reizvollen Ansichten entlang der Queich. Wasserräder machen auf die Mühlentradition Annweilers aufmerksam, sind aber nicht nur Museumsstücke. Das Rad der ehemaligen Stadtmühle in der Gerbergasse liefert der dort untergebrachten Stadtbücherei über einen Generator elektrische Energie. Die Erinnerung an die bedeutendste Zunft der Stadt bewahrt die Gerberwerkstatt, die dem »Museum unterm Trifels« angegliedert ist.

Abschied vom Mittelalter nahm Annweiler mit dem Anschluß an die Bahnlinie Landau – Zweibrükken (1874/75). Der Aufbruch ins Industriezeitalter ist eng mit der Unternehmerfamilie Ullrich und ihren Email- und Maßstabfabriken (heute »Stabila«) verknüpft, die 1890–96 am östlichen Ortsrand eine Arbeitersiedlung aus rotem Sandstein baute. Als ältester geschlossener

Komplex dieser Art in Rheinland-Pfalz wird sie nun saniert.

Information in Albersweiler: Gästeinformation, 76857 Albersweiler, ☎ 0 63 45/3 01 00; **… in Annweiler:** Büro für Tourismus, Hauptstraße 20, 76855 Annweiler, ☎ 0 63 46/22 00, Fax 79 17, Führung: Mi 10 Uhr und nach Vereinbarung; Internet: http://www.annweiler.de.

Unterkunft in Albersweiler: Biologisches Landhotel Annahof, Schloßstraße 36, ☎ 9 42 40, Fax 94 24 44, DZ um DM 120–140; Gästehaus Meyer, Ringelsbergerstraße 13, ☎ 85 73, Fax 33 18, DZ um DM 80; **… in Annweiler:** Richard Löwenherz, Burgstraße 23, ☎ 83 94, Fax 85 38, DZ um DM 100; Pension Haus Bergterrasse, Trifelsstraße 8, ☎ 72 19, Fax 96 35 17, DZ um DM 80–90; **… in Gossersweiler-Stein:** Feriendorf Eichwald, ☎ 0 63 27/50 42, um DM 80–90 (2 Pers.).
Jugendherberge/Naturfreundehaus: Jugendherberge und Turnerheim Annweiler, Turnerweg 60, ☎ 92 91 00, Fax 92 91 01, Internet: Büro für Tourismus, s. o., Zeltplatz, zahlreiche Angebote, u. a. Ballonfahren; NFH Annweiler am Trifels, Victor-von-Scheffel-Straße 18, ☎ 81 98, Do–Di, Mehrbettzimmer.

Restaurants in Albersweiler: Annahof, s. o., Mi–So, Vollwert-Restaurant; Pfälzer Hof, Hauptstraße 94, ☎ 35 78, Di–So, Terrasse an der Queich; Zum Hirsch, Hauptstraße 11, ☎ 34 43, Do u. Sa–Di, Weine des Guts Gebrüder Nägle; **… in Annweiler:** S'Reiwerle, Flitschberg 7, ☎ 92 93 62, Flammkuchen und Heidschnucken; Zur

Alten Gerberei, Am Prangertshof 11, ☎ 92 91 90, Di–So; Storchentor, Altenstraße 18, ☎ 84 04, Mi–Mo; Burgrestaurant Trifels, ☎ 84 79, Di–So; Fronhof, in Queichhambach, Queichtalstraße 40, ☎ 92 91 76.

Kultur: Trifelsserenaden, Info: Büro für Tourismus, s. o.; Konzerte in der eindrucksvollen Klosterkirche Eußerthal (13. Jh.) der ehemaligen Zisterzienserabtei, von Albersweiler aus zu erreichen, Führung: ☎ 0 63 45/35 51. **Feste in Albersweiler:** Weinfest, 3. Juliwochenende; **… in Annweiler:** Historischer Straßenmarkt, Wochenende nach Pfingsten, mit Laientheater; Fest in der Wassergasse, 4. Augustwochenende.

»Burgdreifaltigkeit«: Trifels, Anebos und Scharfenberg

Museum: Museum unterm Trifels, Quodgasse, Gerberwerkstatt, trotz Umbau zu besichtigen, Info: Büro für Tourismus Annweiler, s. o.

Freizeit in Annweiler: Trifelserlebnisbad, August-Bebel-Straße, ☎ 30 13 30, Mai–Sept.

Blick: Burg Trifels (497 m); Krappenfels (390 m) am Großen Adelberg; »Victor-von-Scheffel-Bank«, Scheffelweg, zur Erinnerung an den Annweiler-Fan.

Verbindung nach Albersweiler: Bahnstation; **... nach Annweiler:** Bahnstation.

Ausflug zur »Burgdreifaltigkeit«

»Annweilers Berge seh ich wieder und ihre Burgdreifaltigkeit«, dichtete im 19. Jh. Joseph Victor von Scheffel (s. S. 65). Die Stauferburg **Trifels** über Annweiler hatte es ihm besonders angetan: »Ihr Turm mit der Kapelle Erker, / Der einst die Reichskleinodien barg, / Des Löwenherzen Richard Kerker / Wächst mächtig aus des Felsen Mark«. Scheffel hatte allerdings nicht den NS-Wiederaufbau zur

»nationalen Weihestätte« vor Augen, sondern eine Ruine. Nach dem Dreißigjährigen Krieg infolge einer Pestepidemie aufgegeben, setzte ihr 1602 ein Blitzschlag zu, danach verrottete sie als Steinbruch. Für romantische Pfalzreisende wie Scheffel war der in einen dreifach gespalteten Fels (»Trifels«) gerammte »Steinkoloß« Inbegriff der Sehnsucht nach des Stauferreichs Glanz und Herrlichkeit.

Machtpolitische Fäden wurden vom Trifels aus gesponnen wie im Fall des Richard Löwenherz, den 1193 auf dem Rückweg vom Dritten Kreuzzug Herzog Leopold von Österreichs wegen einer ihm im Heiligen Land zugefügten Beleidigung gefangennahm und an Kaiser Heinrich VI. ›verkaufte‹. Inzwischen gibt es allerdings Zweifel an einer fast einjährigen Geiselhaft des englischen Königs ausschließlich auf dem Trifels. Reisen mit dem Kaiser durch die Pfalzen gelten als wahrscheinlicher. Ins Reich der Fama gehört auch die Geschichte von dem Sänger Blondel de Nesle, der den im Kerker schmachtenden König durch ein nur beiden bekanntes Lied gefunden und befreit habe. Tatsächlich kehrte Richard 1194 gegen Zahlung eines hohen Lösegeldes nach England zurück, wobei er sein Reich als Lehen aus Heinrichs Hand nahm.

Die Vita Markwards von Annweiler (etwa 1140–1204) läßt sich genauer eruieren. Er brachte es vom Ministerialen zum Reichs-truchseß und gar zum Herzog von Ravenna, schlug 1195 für Heinrich VI. Schlachten in Sizilien wegen des Erbes der kaiserlichen Gemahlin Konstanze und brachte den normannischen Staatsschatz auf den Trifels, wo er die 1125–1298 verwahrten und von den Mönchen des nahen Klosters Eußerthal behüteten Reichskleinodien um einiges vermehrte. Heute sonnt sich die Burg auf dem Sonnenberg wieder im Glanz der Kleinodien, wenngleich nur des Abglanzes von Kopien. Schwert, Reichsapfel, Kreuz und Krone sind nach wie vor im Tresor der Wiener Hofburg. (Apr.–Sept. 9–18 Uhr, Okt.–März 9–17 Uhr, Dez. geschlossen, ☎ 0 63 46/ 84 70; Burgrestaurant Trifels, ☎ 84 79, Di–So.)

Die »Burgdreifaltigkeit« komplettieren die Ruinen **Anebos** (12. Jh.) und **Scharfenberg** (11. Jh.). Erstere war Sitz eines früh ausgestorbenen Rittergeschlechts und wurde bereits Mitte des 13. Jh. aufgegeben. Die Reichsburg Scharfenberg, deren 20 m hoher Bergfried noch steht, war womöglich einst Annweilers Münzprägestätte und heißt daher auch »Münz«. Ihr Erbauer, Ritter Konrad von Scharfenberg (gest. um 1224), machte als Hofkanzler Kaiser Konrads III., Bischof von Speyer und von Metz, Karriere.

Radtour im Kaiserbach-
und Klingbachtal

Radtour im Kaiserbach- und Klingbachtal

Länge: ca. 50 km; Karte: Deutsche Weinstraße, Top-Stern-Karte (1 : 50 000).

Wie im Norden der Weinstraße ist es auch im Süden reizvoll, dem Verlauf der Bäche zu folgen, die dem Pfälzerwald entspringen und die Ebene zum Rhein hin durchqueren. Wie dort wurde Wasser- in Mühlenkraft umgesetzt. Hügeligwelliges Land macht die Tour nicht gerade zum Spaziergang. Dennoch ist es ein Erlebnis, das toskanisch anmutende Fleckchen Erde zu

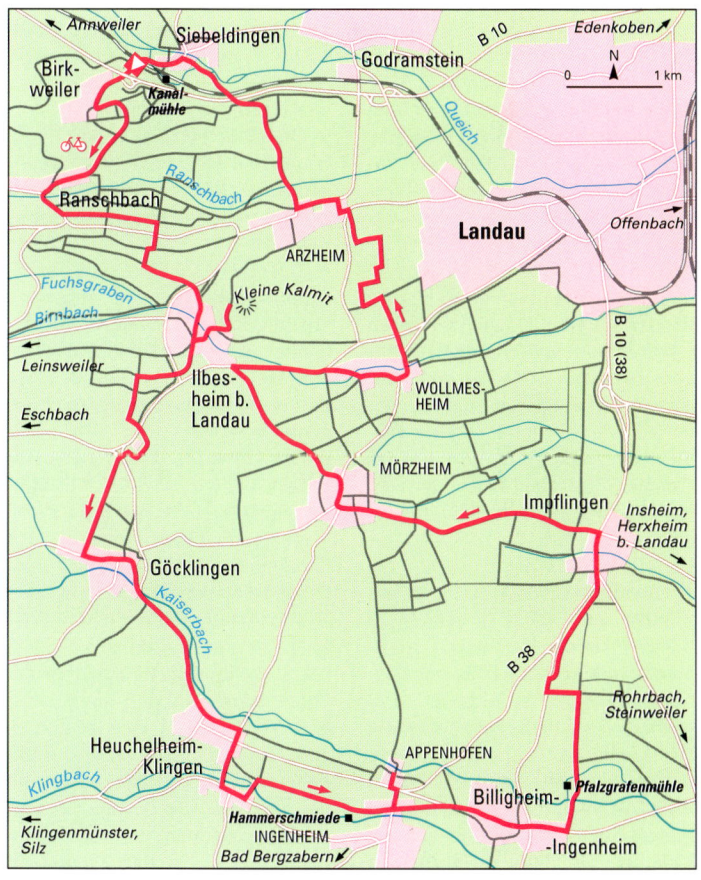

erfahren, vom Wasgau-Panorama gefesselt. Nebenher läßt sich so mancher Orts- und Kirchenschatz bewundern, u. a. gotische Wandmalereien und barocke Orgeln, deren Prospekt noch original, Pfeifen und Innenleben häufig modernisiert sind.

Vom Bahnhof **Birkweiler-Siebeldingen** aus startend, durchqueren wir **Birkweiler** (s. S. 194), fahren auf dem Radweg neben der Weinstraße nach **Ranschbach** (s. S. 194) und erreichen an dessen östlichem Ortsende den gleichnamigen Bach. Über befestigte Wege fahren wir im Zickzack südöstlich nach **Ilbesheim** (s. S. 197). Die Frühmeßstraße bei der Kirche führt zur **Kleinen Kalmit** (s. S. 197), einem Kalkhügel mit überwältigender Fernsicht, und wieder hinunter. Danach verlassen wir Ilbesheim in Richtung Göcklingen, benutzen zunächst den Radweg nach Eschbach, überqueren bei der Großkelterei »Kleine Kalmit« die Straße und umrunden das Gebäude, um den Wirtschaftsweg im Kreuzungsbereich nicht zu verpassen, der uns nach Süden ins Kaiserbachtal bringt.

Göcklingen wurde im 13. Jh. gegründet und besaß in der Folge mehrere Herren gleichzeitig, bis es gänzlich kurpfälzisch wurde. Im hübsch gestalteten Ortskern präsentiert sich die 1791 erbaute kath. Pfarrkirche St. Laurentius (offen) mit reichem Altarschmuck, einem Rokoko-Orgelprospekt und Befestigungsmauern um den begrünten Kirchhof. Ein Radweg führt nach

Heuchelheim, einem Reichsdorf (795), das wegen chronischen herrschaftlichen Geldmangels mehrfach weitergereicht wurde. Trotz alledem hat sich die alte Dorftradition bewahrt: Anheimelnde Innenhöfe, ein schmuckes Rathaus in Fachwerkbauweise (1592) und die prot. Kirche (Sa/So offen, Schlüssel: Wein und Obst Rohrberg, gegenüber), die mit einer üppigen gotischen Chorbemalung und einem Spätrokoko-Orgelprospekt für sich wirbt, sprechen für sich.

Die Tour setzt sich im Klingbachtal zu Heuchelheims Partnergemeinde **Klingen** fort. Die prot. Kirche mit der barocken Instrumentenkönigin auf der Empore rechtfertigt einen Stop (meist offen, Schlüssel: R. Wendel, nebenan), ehe wir dort in die Mühlstraße einbiegen, den Klingbach überqueren, zur Hammerschmiede aus dem 16. Jh. und schließlich weiter nach **Ingenheim** radeln.

Der Ort wird von der B 38 malträtiert, die wir ein Stück hochfahren müssen, falls wir im Ortsteil Appenhofen einen Abstecher zur Simultankirche (St. Johannes Baptist) einschieben, einem intim kleinen gotischen Bau auf einem Wiesengelände am Kaiserbach. (Schlüssel: E. Gaab, erstes Haus über der Bachbrücke von der Kirche aus, ☎ 0 63 49/73 67.) Wieder zurück zum Klingbach, bleiben wir bis **Billigheim** auf dem Rad-/Fußweg an der Nordseite des Baches. Im September feiert man hier den Purzelmarkt, den 1450 König Friedrich

III. als Markt am Dienstag nach St. Gallus initialisierte. Infolge mehrfacher Verpfändungen wurde der uralte Ort trotz königlicher Starthilfe wieder zum Dorf. Das Zentrum aber mit dem Marktplatz, dem Obertor und der gotischen prot. Kirche, deren Wandmalereien um 1900 phantasievoll ergänzt wurden, trägt noch immer die Züge einer mittelalterlichen Stadt. (Kirchenschlüssel: Haushaltswarengeschäft Hausdörfer, nebenan.)

Zurück zum Klingbach fahren wir auf dem Radweg nach Norden und an der Pfalzgrafenmühle vorbei nach **Impflingen.** Das einstige Reichsdorf war im Jahre 1702, als die Reichstruppen sich wieder einmal mit den Franzosen um Landau stritten, Hauptquartier von König Joseph I. (s. S. 177). Heute leidet Impflingen ebenso wie Ingenheim unter der B 38, die entlang stattlicher Winzerhäuser den Ort durchschneidet. Nur das barocke Ensemble des Rathauses, Pfarrhauses mit Freitreppe und der prot. Kirche, die sich mit einer Orgel aus dem 18. Jh. schmückt, kann sich dem einigermaßen entziehen. (Kirchenschlüssel: Pfarrhaus, ✆ 0 62 41/ 8 67 76.) Kurz vor **Mörzheim,** das wir auf der wenig frequentierten Straße erreichen, stehen Höckerlinien als Betonzeugen der Westwallvergangenheit (s. S. 201), zum Teil konvertiert zu Gärtchen.

Nach Durchquerung des Orts rollen wir auf der Straße nach Ilbesheim hinunter, genießen an der scharfen Kurve nochmals den Blick auf die Wasgauberge und die Kleine Kalmit und wählen am Ortsschild den Radweg rechts nach **Wollmesheim,** dessen prot. Kirche auf dem Kirchhofhügel den ältesten romanischen Turm der Pfalz (1040) präsentiert. Dort überqueren wir die Landstraße, radeln auf Weinbergpfaden nach **Arzheim** und von dort nach Siebeldingen zurück.

ℹ️ **Information für Billigheim-Ingenheim, Göcklingen, Heuchelheim-Klingen, Impflingen:** Büro für Tourismus Leinsweiler, s. S. 196; **... für die Ortsteile Mörzheim, Wollmesheim, Arzheim:** Büro für Tourismus Landau, s. S. 181.

🍴 **Restaurants in Ranschbach:** s. S. 196; **... in Ilbesheim:** s. S. 198; **... in Heuchelheim-Klingen:** Mühlengrund, Untermühle 1, ✆ 0 63 49/ 81 74, Mi–So; Klingener Faßweinstube, Klingbachstraße 31, ✆ 9 10 67, Mi–Mo, ab 16 Uhr; Zur Dorfschänke, Hauptstraße 61, ✆ 92 93 36, Flammkuchenpionier; **... in Billigheim-Ingenheim:** Pfälzer Hof, Hauptstraße 45, ✆ 0 63 49/70 45, Do–Di; Klosterhof, Firststraße 15, ✆ 35 37, Do–So, Ortsteil Appenhofen; **... in Impflingen:** Zum Alten Ochsen, Hauptstraße 10, ✆ 0 63 41/ 8 74 94, Di–So.

🎭 **Kultur in Billigheim:** Billigheimer Konzertwinter, prot. Kirche, Info: ✆ 0 63 49/64 35. **Feste in Billigheim:** Purzelmarkt, 3. Septemberwochenende, Festumzug, Reiterwettbewerbe auf der Festwiese; **... in Ilbesheim:** s. S. 198; **... in Impflingen:** Weinfest, 3. Augustwochenende.

🤸 **Freizeit in Klingen:** Historische Hammerschmiede, ✆ 0 63 49/ 17 57, B. Fehrenbach, Besichtigung möglich, Vorführung: ab 10 Pers. nach Vereinbarung; ... **in Ingenheim:** Freibad, Juni–Mitte Sept.

🚂 🚌 **Verbindung nach Göcklingen, Heuchelheim-Klingen, Billigheim-Ingenheim-Appenhofen, Impflingen, Mörzheim, Wollmesheim:** Bahnstation Landau, von dort Buslinie (SüdwestBus) Landau–Bad Bergzabern–Wissembourg; ... **nach Arzheim:** Bahnstation Landau, von dort Buslinie (SüdwestBus) Landau–Birkweiler.

Auf der ›Berg- und Talbahn‹ von Birkweiler bis Leinsweiler

Birkweiler, 1985 zum »schönsten Dorf« an der Weinstraße gekürt, verführt zum Schnuppern in malerische Winkel. Spätestens angesichts der Enge des Ortskerns sollte man das Auto stehen lassen, 200jährige, schön restaurierte Gehöfte in Augenschein nehmen und ein Gläschen »Kastanienbusch« probieren.

Daß ein Weindorf wie **Ranschbach** urplötzlich mit Wasser in die Schlagzeilen kommt, ist ein Kuriosum. Anfang der 80er geriet die Quelle am »Kaltenbrunnen«, wo noch Fundamente von der Wallfahrtskapelle »Unsere liebe Frau zum Kaltenbrunn« zeugen, in den Verdacht besonderer Heilkraft. Tausende fielen ein, pilgerten hinauf und standen mit Plastikkanistern Schlange. Heute ist der Rummel

vorbei und wieder beschauliche Ruhe im Dorf um die hübsche barocke Kirche samt ihrem spätgotischen Kirchturm (offen). Prozessionen zum Kaltenbrunnen und der Lourdesgrotte ja (Kath. Pfarramt, ✆ 0 63 45/34 59), doch verspürt man keinerlei Verlangen nach weiteren Wundern. Zwar trägt eine Weinlage den Namen »Seligmacher«, dennoch wird Wasser nicht zu Wein. Das war auch dem hier geborenen Peter Morio klar, weshalb er es vorzog, auf dem Geilweilerhof nüchtern wissenschaftlich eine neue Rebsorte zu züchten, die als Morio-Muskat ihren Siegeszug antrat.

»Verliebt in diesen Anblick zu verweilen«, wünschte sich 1777 der Maler und Dichter Friedrich Müller (s. S. 61) oben auf dem Felsen der Ruine **Neukastel** über Leinsweiler und pries die Sicht nach Mannheim, Speyer und Karlsruhe. Von der salisch-staufischen Reichsburg »Nikastel« (Neidkastel) und späteren Besitzung der Herzöge von Pfalz-Zweibrücken war schon damals kaum ein Stein auf dem anderen geblieben. Im Bauern- und Dreißigjährigen Krieg beschädigt, wurde sie im pfälzischen Schicksalsjahr 1689 von den französischen Truppen endgültig zerstört. 137 Jahre nach »Maler Müller« erlag Max Slevogt den üppigen Reizen der Landschaft und beschloß 1914 sein ›Verweilen‹ auf dem Neukasteler Hof unterhalb der Ruine, heute **Slevogthof.** Das Schlößchen aus dem 19. Jh., auf dem mit-

Slevogthof

telalterlichen Grund des Meierhofs
der Burg erbaut, umgeben von einem zauberhaften Garten, inspi-
rierte Slevogt in der Bibliothek und
dem Musikzimmer zu phantasti-
schen Ausmalungen (s. S. 62).
Streifzüge durch seine Wahlheimat
brachten eine Fülle pfälzischer Sujets in seinen Bildern hervor.

Slevogt sah wie Müller auf das
»im Dunkel zweier Berge schlum-
mernde« **Leinsweiler** hinab. Am
Ausgang des Birnbachtals schmiegen sich die Winzerhöfe des pitto-

resken Dorfs aneinander, führen
steile Gassen hinab zum Ortskern
mit Rathaus (1619) und Zehnthaus,
das statt der Amtsmiene herzögli-
cher Steuereintreiber nun fröhli-
chere Gesichter von Weingenie-
ßern beherbergt. Der Brunnen
(1581) nahebei ist ein Stück Kulturgeschichte: Trinkwasser aus dem
Rohr, Brauchwasser im großen
Becken, die vier kleinen tränkten
das Vieh. Zur prot. Martinskirche
(offen) führen zwei Wege: das »To-
tengässl« von der Ortsmitte oder
eine Sandsteintreppe von der Kirchstraße aus. Schlicht ist das Langhaus, kreuzgewölbt der gotische
Chor, verschwenderisch barock

der Orgelprospekt. Das Gotteshaus ist von einem Kirchhof umschlossen – ein Ort der Meditation drinnen wie draußen. Die Toten dürfen hier ›verweilen‹, der Sonnenuhr (1596) am Portal verwehren Bäume das Zeitmessen. Beschützt vom Kirchturm (13. Jh.) ruhen sie am Rand von Wingert und Wiese, zu Füßen des Slevogthofs, über dem Dorf und auf gleicher Höhe mit dem Leinsweiler Hof, der den Zeitgeist der 30er Jahre widerspiegelt.

Information: Büro für Tourismus Landau-Land, Rathaus, 76829 Leinsweiler, ☎ 0 63 45/35 31, Fax 24 57, Mo–Fr.

Unterkunft in Birkweiler: Gasthof St. Laurentius Hof, Hauptstraße 21, 76831 Birkweiler, ☎ 0 63 45/89 45, Fax 89 46, DZ um DM 120–150; **... in Leinsweiler:** Silencehotel Leinsweiler Hof, ☎ 40 90, Fax 36 14, DZ um DM 180–230; Castell Hotel, Hauptstraße 24a, ☎ 70 03, Fax 70 04, DZ um DM 140–175; Hotel Rebmann, Weinstraße 8, ☎ 89 99, Fax 77 28, DZ um DM 125–140; Ferienwohnung Kastanienhof, Weinstraße 13, ☎ 0 91 83/9 57 86, Fax 9 51 87, sehr schöne Ferienwohnungen, um DM 90–140 (2 Pers.); Feriendorf Sonnenberg, ☎ 91 91 60, um DM 80 (2 Pers.).

Restaurants in Birkweiler: St. Laurentius Hof, s. o., Di–So, gute Lammgerichte, auch vegetarisch; **... in Leinsweiler:** Leinsweiler Hof, s. o., Di–So; Rebmann, s. o., Do–Di; Slevogthof, ☎ 36 85, Sa–Mi 10.30–18 Uhr.

Weinstuben in Birkweiler: Zum Keschdebusch, Hauptstraße 1, ☎ 51 61, Mi–So; Zum Bacchusbrunnen, Hauptstraße 30, ☎ 13 52, Sa/So, spontane Live-Musik des Chefs (ehemaliger Opernsänger), Rauchen nur im sommerlichen Garten erlaubt; **... in Ranschbach:** Müller's Woidächel, Weinstraße 68, ☎ 0 63 45/71 87, Di, Mi, Fr–So, Haus urig, Essen deftig; **... in Leinsweiler:** Zehntkeller, Weinstraße 5, ☎ 30 75, Mi–Mo; Straußwirtschaft Heiner Keller, Kirchstraße 3, ☎ 13 92, März/Apr. und Okt./Nov., Sa/So, Faßwein und Wurst; Zum Kirschhölzel, Trifelsstraße 8, ☎ 28 47, Do–So.

Kultur in Leinsweiler: Leinsweiler Musikwochen, Ende August bis Mitte Oktober, Martinskirche, Info: Büro für Tourismus, s. o.; Slevogthof, ☎ 36 85, Führung: Karsamstag bis November, Mo–Mi 11.15 und 13.30, Sa/So auch 16 Uhr, ab 25 Pers. Sonderführung. **Feste in Birkweiler:** Weinfest, 4. Juliwochenende; **... in Ranschbach:** Seligmacherfest, 3. Juliwochenende; Brunnenfest, 1. und 2. Septemberwochenende; **... in Leinsweiler:** Brunnenfest, 4. Juliwochenende; Weinfest, 3. Augustwochenende.

Museum in Leinsweiler: Heimatmuseum; Zehnthaus, Schlüssel im Lokal.

Blick: Aussichtsturm Hohenberg; Slevogthof; Ruine Neukastel.

Wandertip: Länge: ca. 12 km; Dauer: ca. $3^{1}/_{2}$ Stunden (ohne Neukastel/Trifels/Madenburg); Karte: s. S. 218. Von Leinsweiler zum Slevogthof (PWV-Zeichen: grünes Dreieck) und einem möglichen Abstecher zur Ruine Neukastel (30 Min., einfach, Blick!) wandert man auf dem Höhenweg (blaue 14) bis zum Parkplatz unterhalb der Ruine »Münz«, macht eventuell einen Abstecher dorthin und zur Burg Trifels, läuft auf der Straße (grünes Dreieck) zum Parkplatz Windhof (370 m) und zur Wegkreuzung, wo der »Cramerweg« (gelber Balken) beginnt. Dieser führt am Loogfels vorbei und endet am Parkplatz zur Ruine Madenburg (Abstecher: ca. 20 Min., einfach). Danach läuft man (gelber Balken) nach Leinsweiler hinab. Auch für Mountainbiker geeignet.

Verbindung nach Birkweiler: Bahnstation; **... nach Ranschbach, Leinsweiler:** Bahnstation Landau, von dort Buslinie (SüdwestBus) Landau–Birkweiler.

Abstecher nach Ilbesheim und zur Kleinen Kalmit

Ilbesheim und die Kleine Kalmit werden häufig in einem Atemzug genannt. Unzweifelhaft profitiert das Winzerdorf von seiner Lage am Fuße des Kalkbergs, der mit seinen 270 m alle anderen Vorhügel überragt, aber wesentlich niedriger ist als die Namensschwester im Pfälzerwald. Auch geologisch unterscheidet sich die Kleine Kalmit von der Kalmit. Die Bruchscholle aus Ton-, Tonmergel- und Kalksandsteinschichten wurde vor ca. 35 Mio. Jahren von Meer umgeben. Kalkeinschwemmungen, Kalkschalen von Muscheln und Landschnecken sowie Ausscheidungen von Kalkalgen lagerten sich auf der Westseite ab, verkarsteten und versteinerten zum harten Kalmitkalk. Über Jahrhunderte hinweg waren Abbau und Kalkbrennereien ein bedeutender regionaler Wirtschaftsfaktor, auch Landaus Festungsbau

verschlang einiges an Ressourcen. Seit 1950 schließen sich die dem Berg zugefügten Wunden unter naturgeschützter Flora. Nie bewaldet, die wasserdurchlässige Kalkkuppe verhinderte dies, ist er auch kulturhistorisch bedeutsam. Steinzeitfunde lassen vermuten, daß schon die ersten Siedler ihn als Aussichtspunkt nutzten.

Viele Wege führen auf die Kleine Kalmit. Noch immer kann, nun von der Kapelle aus, der Blick rundum frei schweifen, nimmt gen Osten hin Landau, die Ebene und die Kraichgau-Berge ins Visier. Die westliche Sicht auf die Wasgau-Hügel mit der Madenburg über Eschbach, Neukastel und Slevogthof bei Leinsweiler und hinunter nach Ilbesheim ist atemberaubend schön. Dunst, der zuweilen alles umhüllt, darf nicht mit dem ›Geist des Weins‹ verwechselt werden, der ganz gewiß über dem Ort schwebt, seinen Gassen, Häusern des 18. Jh. und dem Fachwerk-Rathaus mit offener Bogenhalle (1558). Die Gebietsgenossenschaft »Deutsches Weintor«, eine der größten der Pfalz, Weingüter und Brennereien, die Südpfalz-Obst in feine Destillate verwandeln, geben ihm Nahrung. Die Kochzunft wurde hellhörig, als die Landjugend Ilbesheim Safran nach 500 Jahren wieder heimisch machte, ihm an den Ortseingängen Gärtchen absteckte: Safran – heute ein Luxusgewürz, das bekanntlich »den Kuchen geel« macht, aber auch einer Bouillabaisse den letzten Kick gibt.

197

Information: Vereinigung Gast + Wein, Weingut Schmitt, Arzheimer Straße 24, 76831 Ilbesheim, ☎ 0 63 41/3 34 42, Fax 3 33 89.

Restaurant: Der kleine Prinz, Kalmitgasse 1, ☎ 3 34 73, Do–Di.

Weinstube: St. Hubertushof, Arzheimer Straße 5, ☎ 36 35, Di–So.

Feste: Kalmitfest, Ende Juli; Weinkerwe, Anfang September.

Blick: Kleine Kalmit, bei der Kapelle »Trost der armen Seelen«.

Verbindung: Bahnstation Landau, von dort Buslinie (SüdwestBus) Landau–Birkweiler.

Weiter auf der ›Berg- und Talbahn‹ von Eschbach bis Pleisweiler

Eschbach war bischöflich-speyerisches Territorium und wird von der **Madenburg** gekrönt, die sich an exponierter Stelle auf dem Rothenberg (476 m) erhebt und einen Blick ins Rheintal freigibt. Im 11. Jh. als Reichsburg errichtet, wechselte sie mehrfach die Besitzer. Noch als Ruine (seit 1693) läßt sie Glanz und Elend des Rittertums erahnen. (Vom Waldparkplatz etwa 20 Min. Fußmarsch, Di–So geöffnet.)

Die Berg- und Talbahn setzt sich in **Eschbachs** verwinkeltem Ortskern fort. Dort verweilt man nur zu gerne in der Dorfidylle des spät-

gotischen Brunnens, Zehnthauses (1547) und der kath. Pfarrkirche St. Ludwig, die 1832 anstelle einer kleineren Vorgängerin erbaut wurde (offen). Immaculata und St.-Nepomuk-Figur, beide pures Rokoko, standen lange nicht vor der Kirchenpforte. Anno 1795 im Friedhof vergraben, blieben sie dort, bis man 90 Jahre später dem Frieden wieder traute.

Klingenmünster – geballte, vorzugsweise mittelalterliche Geschichte und eine bezaubernde Landschaft. Um sie auf sich wirken zu lassen, gehe man am besten am nördlichen Ortseingang (gegenüber der Abzweigung zur Nervenklinik Landeck) einen Pfad hinauf in die Weinberge. Dort entfaltet sich das Wasgau-Panorama in unbeschreiblicher Intensität, mit der romanischen Nikolauskapelle im Vordergrund und der Ruine Landeck darüber. Im Wald verstecken sich Ruinenreste des salischen »Schlössel« (s. S. 49), im Ort die ehemalige Benediktinerabtei. Vermutlich 626 zu Zeiten König Dagoberts I. von iroschottischen Mönchen gegründet, nach einem Brand (9. Jh.) vom zuständigen Mainzer Erzbischof Hrabanus Maurus wiederaufgebaut, dann dem Auf und Ab pfälzischer Geschichte unterworfen, wurde das Kloster 1490 in ein weltliches Stift umgewandelt und 1567 aufgelöst. Das um 1150 von der Wormser Bauschule erstellte Westwerk mit den Treppentürmen und der Abtskapelle integrierte 1737 der kurpfälzische Bau-

Blick auf Burg Landeck

meister Kaspar Valerius in die barocke kath. Kirche St. Michael. Die Mauern des Schiffs blieben bis zur Dachtraufe erhalten, die alten Steine wurden für den Turm verwendet. Der Konvent, u. a. als Kuhstall und Gesindekammer genutzt, wurde 1988–95 nach akribischer Untersuchung restauriert, wobei man die Jahresringe der Bauepochen bis in die Fensterformen hinein weitgehend beließ. Das Ergebnis: ein faszinierendes Denkmal, das auch als Pfarrzentrum lebendig bleibt. Im Dormitorium rekapituliert ein kleines Museum die Baugeschichte. (Führung: Kath. Pfarramt, ☎ 0 63 49/59 44, ab 5 Pers.)

»Zu Landeck auf der Feste saß König Dagobert«, behauptete Klingenmünsters Dichter August Becker (s. S. 65). Der Merowingerkönig konnte das ganz sicher nicht, da die Reichsburg **Landeck** (305 m)

erst um 1200 zur Stauferzeit entstand. Ihr wechselvolles Schicksal, 1222 Lehen der Grafen von Leiningen-Landeck, später Ganerbenburg der Kurpfalz und des Bistums Speyer, endete 1689 als Ruine. Holzbrücke, Ringmauern und ein 23 m hoher Bergfried sind aber erhalten geblieben bzw. restauriert. Der Turm kann bestiegen werden, das Schloßgespenst erscheint auf Knopfdruck, der Ausblick ist frappant – ein Familienvergnügen garantiert. (Nov.– März Di–So, sonst tägl., Führung: Sa 15–16 Uhr, ☎ 0 63 49/85 06; Burggaststätte, ☎ 87 44, Di–So 10–18 Uhr.)

»Die liebste Buhle, die ich han, die liegt beim Wirt im Keller, sie hat ein hölzern Röcklein an, und heißt der Muskateller«. In **Gleiszellen** hat der Muskateller, den so manches Volkslied besingt, noch Tradition. Vor allem in der Winzergasse, wo ein hübsches Fachwerkhaus neben dem anderen steht, wird er in rebenumrankten Stuben und Kellern ausgeschenkt. Die

199

geistlichen Herren des Hochstifts Speyer wußten Gleiszellen und Gleishorbach, die 1136 (Glizencella) und 1304 (Horbach) Erwähnung fanden, denn auch zu schätzen, mußten beide jedoch an Zweibrücken-Bitsch und später an die Kurpfalz abgeben.

Zur Regierungszeit Kurfürst Karl Theodors ersetzte Kaspar Valerius die baufällige kath. Pfarrkirche St. Dionysius durch einen Neubau (1746–48) auf der Anhöhe zwischen beiden Dörfern. Im Innern des Gotteshauses ist u. a. ein Rokoko-Hochaltar erhalten, der eine Schöpfung Bruchsaler Hofkünstler sein könnte. (Führung: Kath. Pfarramt Klingenmünster, ✆ 0 63 49/59 44.)

Die fränkische Gründung **Pleisweiler,** im Schicksal eng verknüpft mit Kloster Klingenmünster, hat zwei Sehenswürdigkeiten zu bieten. Zunächst die von Hugenotten im 16. Jh. erbaute Wappenschmiede im Tal des Horbach, ein technisches Kulturdenkmal, das man hinter einem tristen Parkplatz kaum vermutet. Das Wasserrad vor der Kulisse eines idyllischen Weihers läßt dies rasch vergessen. Die kath. Pfarrkirche St. Simon und Juda am Ortsende Richtung Bad Bergzabern ist eine der schönsten barocken Kirchen an der Weinstraße. Das Langhaus (1755–57) verrät die Handschrift des kurpfälzischen Hofbaumeisters Franz Wilhelm Rabaliatti. Der frei stehende Turm (um 1200) wurde 1758 erhöht und erhielt eine barocke Haube. (Führung: ✆ 0 63 43/93 93 29.)

ℹ **Information für Eschbach:** Büro für Tourismus, Leinsweiler, s. S. 196; **... für Klingenmünster, Gleiszellen-Gleishorbach, Pleisweiler-Oberhofen:** Büro für Tourismus, Bad Bergzabern, s. S. 207.

🛏 **Unterkunft in Gleiszellen:** Hotel Südpfalz-Terrassen, Winzergasse 42, 76889 Gleiszellen, ✆ 0 63 43/ 20 66, Fax 59 52, DZ um DM 120–220; Hotel Garni Gleiszeller Weinhaus, Winzergasse 51, ✆ 77 20, DZ um DM 90–100; Hotel zum Lam̃, Winzergasse 37, ✆ 93 92 12, Fax 93 92 13, DZ um DM 70–140; **... in Pleisweiler:** Gästehaus Schloßbergkeller, Im Bienengarten 22, 76889 Pleis-weiler–Oberhofen, ✆ 0 63 43/39 16, Fax 6 15 62, DZ um DM 90; Gästehaus Albrecht, Schloßstraße 49, ✆ 17 64, rollstuhlgeeignet, DZ um DM 70.

🍴 **Restaurants in Eschbach:** Zehnthaus, Weinstraße 43, ✆ 0 63 45/ 16 85, Mo–Sa; Zur Madenburg, Weinstraße 55, ✆ 28 68, Mi–Mo; Madenburg, ✆ 71 10, Di–So, Ruinen-Gaststätte; **... in Gleiszellen-Gleishorbach:** Zum Lam̃, s. o., Do–Di, u. a. Lamm und »Fleeschknepp«; Südpfalz-Terrassen, s. o., Di–So; Rebmeerinsel, Kirchbergstraße 11, ✆ 81 50, Di–So; Brunnenstubb, Hauptstraße, ✆ 41 18, Do–Di; **... in Pleisweiler:** Schoggelgaul, Schäfergasse 1, ✆ 79 00, Di–So; Wappenschmiede, Wappenschmiedstraße 22, ✆ 13 31.

🍷 **Weinstuben in Klingenmünster:** Porzelt, Steinstraße 91, ✆ 0 63 49/81 86; **... in Gleiszellen:** Muskatellerhof, Winzergasse 41, ✆ 46 00; Winzerhaus, Winzergasse 4, ✆ 23 44; **... in Pleisweiler:** Beim Holzappel, Hauptstraße 11, ✆ 42 45, Di–So, gemütlich.

🎭 **Feste in Eschbach:** Weinfest, 2. Augustwochenende; **... in Klin-**

genmünster: Landeck-Fest, letztes Juni-wochenende, Ritterspiele; Weinfest im Stiftsbereich, 1. Augustwochenende; **... in Gleiszellen:** Fest in der Winzergasse, 2. Septemberwochenende; Fest des Federweißen, 3. Oktoberwochenende; **... in Pleisweiler:** Weinfest in den Winzerhöfen, letztes Juniwochenende; Fest des Federweißen, 2. Oktoberwochenende.

Museum in Eschbach: Madenburg, Eröffnung nicht vor 1998; **... in Klingenmünster:** August-Becker-Museum, Steinstraße 2, ☎ 85 06, Sa 13–14.30, So 11–12 Uhr, Geburtshaus des Dichters, Führung nach Vereinbarung.

Freizeit: Wild- und Wanderpark Südliche Weinstraße, bei Silz, 15.3.–15.11. ab 9 Uhr, 16.11.–14.3. ab 11 Uhr jeweils bis Einbruch der Dunkelheit, großes Freigehege, ca. 6 km von Klingenmünster.

Blick: Ruinen Madenburg und Landeck.

Verbindung nach Eschbach: Bahnstation Landau, von dort Buslinie (SüdwestBus) Landau– Annweiler, **... nach Klingenmünster, Gleiszellen-Gleishorbach, Pleisweiler-Oberhofen:** Bahnstation Bad Bergzabern, von dort Buslinie (SüdwestBus) Bad Bergzabern–Landau.

Pfarrer Kneipps Liebling Bad Bergzabern

»Hätte ich nicht in Wörishofen begonnen, hier müßte ich es tun«, soll Pfarrer Sebastian Kneipp 1896, ein Jahr vor seinem Tod, beim Besuch Bergzaberns gesagt haben. Die Stadtväter hörten solches Lob gerne, zeigte es doch einen Ausweg aus dem Dilemma, eine beliebte Sommerfrische zu sein, im Winter aber leere Betten zu verwalten. Eine Industrieansiedlung hätte den Werbefaktor Nummer eins, die staubfreie, emissionsarme Luft, aufs Spiel gesetzt. Schon Anfang der 1890er wurden so mit einer Kaltwasseranstalt die Weichen in Richtung Kneippbad gestellt. Am Ausgang des Erlenbachtals gelegen, mild und sonnenverwöhnt, durch die Hausberge Petronell und Liebfrauenberg verschont von Kaltfronten, ist Bergzaberns Reizklima tatsächlich ideal zum Kneippen. 1928/29 schließlich spürte ein Wünschelrutengänger am Fuße der Petronell die ersehnte Heilquelle auf. Die Bohrung ergab eine Natrium-Chlorid-Therme. Das Kurtal nahm Konturen an. Ein behäbiges Städtchen träumte von »Bad« Bergzabern.

Statt dessen folgte zunächst ein Alptraum. Der Westwallbau (ab 1938) wurde zum Vorboten des Zweiten Weltkriegs. Bergzabern, die Dörfer südlich davon und entlang des Bienwalds überzog ein System von Panzerwerken, Bunkern, Höckerlinien, Gräben und Minenfeldern. 1939 wurde die Bevölkerung der »Roten Zone« nach Oberfranken evakuiert. Fast ein Jahr lang war auch Bergzabern eine Geisterstadt. Je nach Frontverlauf, mancherorts selbst nach Kriegs-

Blick auf Bad Bergzabern

ende, mußte Hab und Gut noch mehrmals auf Monate hin verlassen werden.

Erst 1975 sollte sich der Kneippheilort auch Staatsbad nennen dürfen mit Kuranwendungen speziell bei Herz-, Kreislauf-, Stoffwechselerkrankungen, Rheuma, Nervenleiden und chronischen Katarrhen. Ein Ort der Erholung also für uns »arme Menschen«, die »wir unter allen Creaturen, die unter der Sonne sind, die arbeitsseligsten und müheseligsten« sind, wie im 16. Jh. Dr. Jacob Theodor befand, der sich nach seinem Geburtsort »Tabernaemontanus« nannte. Dem Leibarzt von Kurfürst Johann Casimir, Hieronymus-Bock-Schüler, Kräuter- und Heilwasserkundigen errichteten die Bergzaberner als wahrem Sohn eines Kurbads einen Gedenkstein nahe dem Schwanenweiher im Kurtal.

Rundgang

Den Wert des Wassers erkannten auch die Grafen von Zweibrücken, nutzten es aber militärisch: Der Erlenbach speiste im 13. Jh. die Gräben ihrer Wasserburg. Zabern, wie der Ort damals hieß, war ummauert, seit König Rudolf I. von Habsburg ihm 1286 Stadtrechte verlieh. Die Grafen aus dem Hause Wittelsbach, 1410 zu Herzögen von Pfalz-

Zweibrücken aufgestiegen, rissen 1526 die Wasserburg ab und erbauten in mehreren Etappen ein vierflügeliges **Schloß,** das, durch »vielfältige Krieg verwüstet und zerstört«, 1725 der Schwede Jonas Erikson Sundahl von Grund auf sanierte. Die Wahl des Architekten kam nicht von ungefähr: 1681 erbten die Pfalz-Kleeburger, inzwischen Könige geworden im hohen Norden, das verwaiste Herzogtum Zweibrücken. Damit war die Stadt

etwa ein halbes Jahrhundert schwedisch.

1744, die Pfalz-Birkenfelder waren an der Macht, zog die Herzoginwitwe Karoline ins Schloß ein. Häufiger Gast war Tochter Karoline Henriette von Hessen-Darmstadt, Goethes »Große Landgräfin«, die in Darmstadt einen Literaturkreis um sich scharte und auch Friedrichs des Großen Wertschätzung genoß. Gleich ihrer Schwägerin Maria Louisa Albertina (s. S. 84)

wußte sie außerdem ihre Kinder gut zu verheiraten, mit direkter Auswirkung auf das Schicksal einer Pfarrersenkelin aus Oberotterbach.

Im 19. Jh. wurde im Südflügel des Schlosses Bier gebraut, jetzt ist es Sitz der Verbandsgemeinde und mit seinen zwei mächtigen Rundtürmen (1527) Bergzaberns Wahrzeichen. In Sichtweite steht das zweite markante Renaissancegebäude (1556–79) und prächtigste der Pfalz – dreigeschossig und mit

Erkern, Obelisken und Voluten geschmückt. Das **Gasthaus Zum Engel,** optisch ausgewiesen durch sein kunstvolles Wirtshausschild, war einst pfalzgräflicher Verwaltungssitz und bis 1802 Adelssitz. Schloß und Gasthof sind schon von ihrer Größe her die herausragenden Gebäude im Zentrum, alles andere ringsum ist kleinstädtisch, erhielt aber durch Restaurierung und Anstrich einen südländischheiteren Charakter. Deutlich zeigt sich das bereits in einem der ältesten Wohnviertel, »Auf dem Berg«, zu dem die Kirchgasse führt. Die dortige **Bergkirche** wurde 1720–30 für die lutherische, größtenteils in der »Schwedenzeit« zugezogene Gemeinde nach Plänen Sundahls erbaut (Führung: s. Information). Ins Ensemble von Rokoko-Kanzel und Holzempore paßt sich die kunstvolle Orgel (1780–82) ein, die ein Werk des Annweilerer Orgelbauers Johann Carl Baumann ist. Entlang hübsch renovierter Häuschen in der Oberen Berggasse kommt man zum ehemaligen refor-

mierten Pfarrhaus in der Pfarrgasse, von dessen Hof bzw. der Straße aus der **Dicke Turm** (13. Jh.) sichtbar wird, ein Relikt der Stadtmauer.

Die Pfarrgasse führt zum **Marktplatz,** wobei im Hinuntergehen als erstes das **Wilmssche Haus** (1723) auffällt, ein prachtvolles, erkerbestücktes Barockgebäude und eine Besonderheit dazu, vereint es doch die gleichnamige Buchhandlung und deren privates Zinnfigurenmu-

Bad Bergzabern 1 Schloß 2 Gasthaus Zum Engel mit Stadtmuseum 3 Bergkirche 4 Dicker Turm 5 Wilmssches Haus mit Zinnfigurenmuseum 6 Prot. Marktkirche 7 Altes Rathaus 8 Marktapotheke 9 Kath. Pfarrkirche St. Martin 10 Böhämmerbrunnen 11 Büro für Tourismus, Kurmittelhaus 12 Aussichtsturm 13 Schwanenweiher 14 Böhämmerhütte

seum unter einem Dach, letzteres in einem Gewölbekeller aus dem 13./14. Jh. Mit dem Obergeschoß verbunden, ansonsten durch eine Passage getrennt, behauptet sich nebenan die prot. **Marktkirche** (Glastür) in der Enge des Platzes. Im 14. Jh. erbaut, wobei ein Wehrturm zum frei stehenden Kirchturm umgestaltet wurde, erfuhr sie manche Veränderung, zuletzt 1897. **Marktapotheke** (um 1740), in der

seit 1826 Gesundheit verkauft wird, und **Altes Rathaus** unterstreichen den barocken Charakter des Platzes. Eng aber nicht engherzig – das Zentrum wirkt an Werktagen äußerst lebendig. Cafés und Läden in der Fußgängerzone, durchstreift von Einkaufs- und Kurbummlern, die sich gelegentlich in Gäßchen wie die Neugasse verirren, wo sich Häuschen an die (unsichtbare) Stadtmauer schmiegen. In entge-

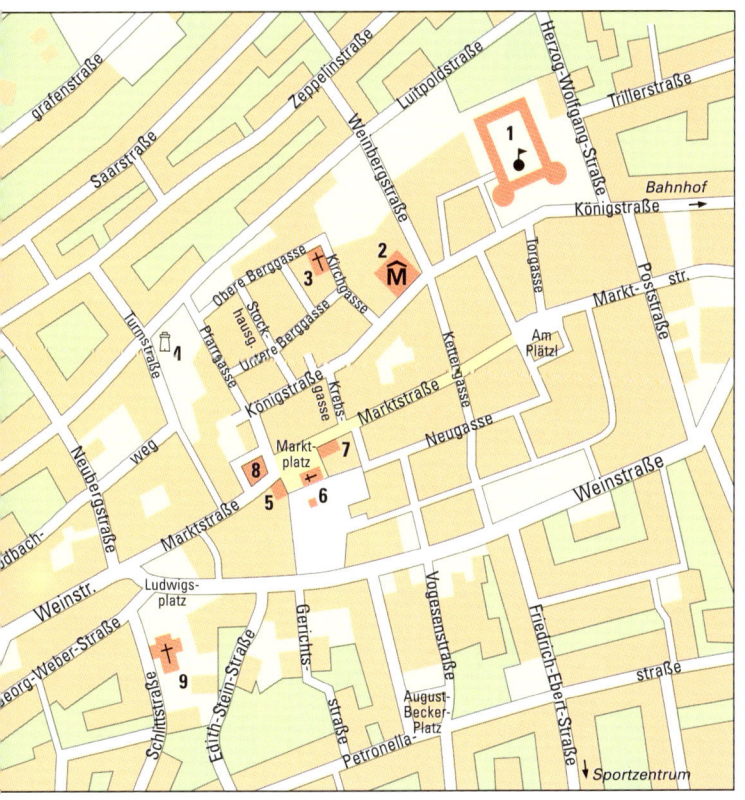

Hans Trapp

Eine pfälzisch-elsässische Geschichte

Hans Trapp mit dem struppigen Bart, in ein Bärenfell gehüllt, die nordelsässische Variante Knecht Rupprechts, zieht als Begleiter des Christkinds am vierten Advent in Wissembourg ein, um unartige junge Franzosen mit Kettengerassel und furchtbaren Lauten das Fürchten zu lehren. Selbstverständlich hindert ihn in letzter Minute das Christkind an der Bestrafung reuiger kleiner Sünder.

500 Jahre zurück gab es keine Autorität, um Hans von Dratt, die wahrscheinliche Urfigur des »wilden Gesellen«, zu stoppen. Kurfürst Philipp II. von der Pfalz belehnte seinen Feldmarschall widerrechtlich 1480 mit der Burg Berwartstein, obwohl sie der Abtei Weißenburg gehörte. Der Rückendeckung des Kurfürsten gewiß, der das Kloster in seinen Besitz bringen wollte, entpuppte sich der Burgherr als Raubritter und Wegelagerer, ließ sogar die Wieslauter stauen, um Weißenburg ›auszutrocknen‹, und wurde zum allgegenwärtigen Schrecken. Trotz Exkommunikation verübte er Untaten bis zu seinem Tod im Jahre 1503. Der ehemaligen Reichsburg (12. Jh.) gaben im 14. Jh. die Berwartsteiner, Ministeriale und gleichfalls Räubergesindel, den Namen. Nach Besitzwechseln und Kriegseinwirkungen in desolatem Zustand, wurde sie 1895 teilweise wiederaufgebaut und ist heute die einzige bewohnte Burganlage der Pfalz.

Von Bergzabern aus kommt man durchs Erlenbachtal dorthin (13 km). Neuerdings eskortieren Elsässer und Südpfälzer jeweils am

gengesetzter Richtung kommt man vom Marktplatz zur kath. Pfarrkirche **St. Martin** (1879/80, offen), in der sich 1922 Edith Stein taufen ließ, die in Auschwitz ermordet wurde.

Am Eingang zum **Kurviertel** erinnert der **Böhämmer-Brunnen** Ludwig Becks an die winternächtliche Pirsch mit Glutpfannen, Rohr und Tonkugeln auf Bergfinken (s. S. 115), die auf dem Flug gen Süden in Bergzaberns bucheckernreichen Wäldern eine Zwischenstation einlegten. Dicht gedrängt auf Bäumen sitzend, waren sie geübten Schützen bis zum Jagdverbot (1908) eine schmackhafte Beute. Die Tradition setzt der Böhämmer-Club folkloristisch fort, in dessen **Böhämmerhütte** (Am Wonneberg) man sich im Blasrohrschießen üben kann (So 10–12 Uhr), allerdings nurmehr auf Glühbirnen.

Burg Berwartstein

28. Dezember Hans Trapp in einem 16 km langen Fußmarsch von Wissembourg zurück auf den Berwartstein. (Burg Berwartstein, ✆ 0 63 98/ 2 10, März–Nov., tägl. 9–18 Uhr; Mitte Juni findet eine weitere Wanderung Wissembourg – Berwartstein statt; Anmeldung zu den Wanderungen: Office de Tourisme Wissembourg, ✆ 00 33/3 88 94 10 11.)

Das Kurviertel wirbt mit dem **Haus des Gastes** (1984), dessen Wandelhalle und Wassertretanlagen sowie dem spektakulären Spiegel-Design des Thermalbads. Großbürgerliche Villen aus dem 19. Jh. säumen das Kurtal, und der Philosophenweg geleitet zum idyllischen **Schwanenweiher,** auf dem man sich kahnfahrend die Sonne auf den Bauch scheinen lassen kann.

Information: Büro für Tourismus, Kurverwaltung, Kurtalstraße 25, 76887 Bad Bergzabern, ✆ 0 63 43/ 93 40 15, Fax 93 40 40, Führung (inklusive Bergkirche): Ostern–Nov., Mo u. Sa 14 Uhr, und auf Anfrage, Treff: Glokkenturm Marktkirche.

Unterkunft: Hotel Seeblick, Kurtalstraße 71, ✆ 70 40, Fax 70 41 00, DZ um DM 150–180; Hotel Petronella, Kurtalstraße 47, ✆ 10 75, Fax 53 13, DZ um DM 135–150; Hotel Pfälzer Wald, Kurtalstraße 77, ✆ 10 56,

Fax 48 93, DZ um DM 125–150; Hotel Rebenhof, Weinstraße 58, ☎ 9 36 70, Fax 93 67 55, DZ um DM 120–155; Hotel Zur Linde, Schlittstraße 1, ☎ 93 95 19, DZ um DM 100; Hotel Augspurger Mühle, Kurtalstraße 87–91, ☎ 75 91, DZ um DM 95–125; Hotel Rössel, Schlittstraße 2, ☎ 15 58, DZ um DM 75–100.
Jugendherberge: Altenbergweg, ☎ 83 83, Fax 51 84.

Restaurants: La Casserole, Hotel Petronella, s. o., Feinschmeckerlokal; Theiss, Kurtalstraße 21, ☎ 15 33; Zum Engel, Königstraße 45, ☎ 49 33, Mi–So.

Weinstuben: Bock, Georg-Weber-Straße 13, ☎ 31 54, Fr–Mi; Koch, Am Plätzl 8, ☎ 15 96, Di–So; Zur Reblaus, Königstraße 62, ☎ 76 05, Mo–Sa; Elwetritsch, Weinstraße 39, ☎ 41 47, originell.

Kultur: Haus des Gastes, Info: Kurverwaltung, s. o. **Feste:** Altstadtfest, 1. Juniwochenende; Böhämmerfest auf der Böhämmerhütte, 2. Julisonntag, mit Blasrohrschießen.

Museen: Zinnfigurenmuseum, Marktplatz, Mo–Fr 8.30–12 und 14–18, Sa 8.30–12 Uhr; Heimatmuseum, Königstraße 45 (Zum Engel), Ostern–Nov., Mi und Sa 16–18 Uhr, Gedächtnisraum Martha Saalfeld/Werner vom Scheidt; Bunkermuseum, Kurfürstenstraße, in zwei denkmalgeschützten Westwallbunkern, Eröffnung voraussichtlich Frühjahr 1998, Info: Büro für Tourismus, s. o.

Freizeit: Freibad, Friedrich-Ebert-Straße, Mai–Sept.; Thermalbad, Kurtalstraße 25; Schwanenweiher, Boote, Mai–Sept.

Blick: Aussichtsturm Neuberg, offen.

Wandertip: Länge: ca. 9 km; Dauer: 3 1/2 Stunden; Karte: s. S. 218. Man startet vom Parkplatz hinter dem Kurpark, läuft (PWV-Zeichen: schwarzer Punkt im weißen Balken) hoch bis zur Kolmerkapelle, im 16. Jh. Einsiedelei und nun Wallfahrtskapelle (1760/1810) mit Kreuzwegstationen (Wallfahrtsfest im September), und befindet sich schon oberhalb Dörrenbachs. Hat man (grünes Dreieck) die Wegspinne »Am Bild« erreicht, ist von dort aus ein Abstecher (grünes Dreieck) zum Aussichtsturm auf dem Stäffelsberg (481 m) wegen des großartigen Rundumblicks (Orientierungstafeln) unbedingt zu empfehlen. Wieder »Am Bild« zurück, führt rechts der Weg (15) hinab nach Dörrenbach. Auf dem Wanderweg Deutsche Weinstraße (grüne Traube) durch den Ort, in die Wiesenstraße hinein und beim 1000-Jahre-Jubiläumsstein ins Tal des Dörrenbach, kommt man durch die Weinberge nach Bad Bergzabern zurück.

 Verbindung: Bahnstation.

Dornröschen und Königskinder – Dörrenbach und Oberotterbach

Dörrenbach, das »Dornröschen der Pfalz«, blüht wenige Kilometer abseits der Weinstraße im verborgenen. Früh schon hat es verstanden, mit den Pfunden seines alten Ortskerns zu wuchern und dafür Preise eingeheimst. Romantik im Rosenduft, worüber man gerne die

Dornen vergißt, die es zwecks Selbstverteidigung gegen jeden potentiellen Eindringling richtete. Anno 992 Besitz des Klosters Selz (Elsaß), wurde es im 13. Jh. samt dem Reichsgut Guttenberg den Grafen von Leiningen als Lehen zugesprochen. Um 1300 entstand der einzigartige, von Rundtürmen umschlossene Wehrfriedhof mit dem Kirchenbollwerk darinnen. Die Anlage, mitunter lediglich zurechtgeflickt, wurde Anfang des 20. Jh. nach Norden hin erweitert, um Platz für neue Grabstätten zu schaffen. In jene Zeit zurück, als man vor Feinden noch in Kirchen Zuflucht suchte, weist die um 1300 erbaute, gotisch wandbemalte Kirche St. Martin, seit 1684 simultan. Ihrem Wehrturm wurde im 16. Jh. ein Stockwerk aufgesetzt. (Führung: G. Schmitt, s. u.).

Auch in Dörrenbach wurde zu ›Westwallzeiten‹ (s. S. 201) gekämpft und bombardiert, trotz erheblicher Verwüstungen blieben wie durch ein Wunder Kirche, Friedhof und Rathaus unversehrt. Das Renaissance-Kleinod (1590/91) mit reichverziertem Fachwerk und hochgemauertem rundbogigem Erdgeschoß kann sich so noch immer als Zentrum des Gemeindelebens präsentieren.

Wieder auf der Deutschen Weinstraße kommt **Oberotterbach** in der Talmulde des Otterbach in Sicht. 1938 war der Höhenzug oberhalb des Orts unterbunkert, mit Höckerlinien und Panzergraben bestückt. Trotz alledem wurde

Oberotterbach mittlerweile 1000 Jahre alt, pflegt stattliche Winzerhäuser und blickt zuversichtlich in die Zukunft. Die romanisch-gotische prot. Kirche mit der kostbaren Barockorgel konnte sich erhalten, ebenso das »Schlössel« (18. Jh.), einst Amtshaus der Grafen von Pfalz-Zweibrücken und bis vor kurzem ein Wirtshaus, pfalzweit das einzige mit einer echten Grisaille-Tapete (1820) in der Gaststube (Weinstraße 6, ☎ 0 63 42/72 86, Besichtigung möglich, nicht So/feiertags). Vom Zehnthaus (1552) steht nur noch der Keller, der »Musikantebuckl« dort ist ein heißer Tip für Kleinkunstfreaks.

Vom ehemaligen Pfarrhaus nahe der Kirche, das 1732 Pfarrer Johann Schweppenhäuser erbaute, nahm eine echte Regenbogenpressen-Story ihren Ausgang. Die Pfarrersenkelin Salomea, des öfteren zur Gesellschaft der Töchter der »Großen Landgräfin« (s. S. 203) ins Bergzaberner Schloß eingeladen, begleitete eine der hessischen Prinzessinnen 1773 zur Hochzeit mit dem russischen Thronfolger nach Petersburg, blieb am Zarenhof und heiratete einen Grafen von Haucke. In ihre Enkelin Julie, eine Hofdame der Zarin, verliebte sich Prinz Alexander von Hessen und ließ sich 1851 mit ihr trauen. Nach Abflauen des hessischen Familienprotests wurde Julie zur Gräfin von Battenberg ernannt. Ihr Sohn trat in britische Dienste, wurde Admiral und nannte sich Louis Mountbatten, die Töchter heirateten in den

Oberotterbach

Hochadel ein. Großbritanniens Prinzgemahl Philip, Spaniens König Juan Carlos und Schwedens Königshaus haben letztlich ihre Wurzeln in Oberotterbach.

Südöstlich der Hohen Derst steht, wie aus dem Felsen herausgewachsen, die **Ruine Guttenberg,** Rest einer Stauferburg, auf der vermutlich Ulrich von Guttenburg (s. S. 64) einst die Minne besang. Zeitweise leiningisches Lehen in der Herrschaft Guttenberg, später in Kurpfälzer und Pfalz-Zweibrükker Hand, wurde sie wohl im Bauernkrieg (1525) zerstört, ihr Mauerwerk danach als Steinbruch benutzt. Über Ringmauerresten ragt der Bergfried-Stumpen wie ein erhobener Zeigefinger empor.

ℹ Information in Dörrenbach: Verkehrsverein, Im Rödelstal 26, 76889 Dörrenbach, ✆ 0 63 43/48 64 oder 13 12; Führung: G. Schmitt, ✆ 13 85, Mai–Okt., Di 16 Uhr und nach Vereinbarung; **... in Oberotterbach:** Verein für Tourismus, Wein und Kultur, Weißenburger Straße 9, 76889 Oberotterbach, ✆ 0 63 42/78 77, Führung: W. Fischer, ✆ 70 45.

Unterkunft in Dörrenbach: Pension Waldruhe, Wiesenstraße 6, ☏ 15 06, DZ um DM 80; Gasthof Sonnenhof, Kastanienstraße 4, ☏ 81 68, DZ um DM 40.

Restaurants in Dörrenbach: Keschtehäusel, Hauptstraße 4, ☏ 87 97; Sonnenhof, s. o., Fr–Mi; Zum Rathaus, Hauptstraße 85, ☏ 41 46; ... **in Oberotterbach:** Schützenhaus, Oberdorfstraße 74, ☏ 75 22, Mi–So, im Tal des Otterbach.

Weinstuben in Dörrenbach: Altdeutsche Weinstube, Hauptstraße 14, ☏ 15 05, Di–So; Spundloch, Übergasse 4, ☏ 83 32, Mi–Mo; ... **in Oberotterbach:** Winzerstube, Unterdorfstraße 9, ☏ 73 05, Fr–So; Otto Hey, Weinstraße 7, ☏ 70 23, Fr/Sa, Gruppen nach Vereinbarung.

Szene in Oberotterbach: Musikantebuckl, Herrengasse 5, ☏ 2 40, Fr ab 20.30 Uhr, Kleinkunst und Live-Musik, Sa und So Flammkuchen.

Kultur in Dörrenbach: Kirchenkonzerte, ☏ 4 79 48. **Fest in Oberotterbach:** Weinfest, Pfingsten.

Museum in Oberotterbach: Heimatstube, Unterdorfstraße 4, zweimal monatl. So 14–16 Uhr, Info: W. Fischer, ☏ 70 45.

Blick: Stäffelsberg-Aussichtsturm; Ruine Guttenberg.

Wandertip: Länge: ca. 15 km; Dauer: ca. $4^1/_2$ Stunden; Karte: s. S. 218. Vom Waldparkplatz des Oberotterbacher Schützenhauses (Oberdorfstraße) aus läuft man am skurrilen »Waldgeisterweg« Volker Dahls entlang (für Rollstuhlfahrer möglich) bis an dessen »Schnecken«-Ende. Dann geht's (PWV-Zeichen: gelb-grüner Balken) allmählich steiler hoch. Nach dem Abstecher zur Ruine Guttenberg (Frankreich-Blick) wandert man (schwarzer Punkt im weißen Balken) durch deutsch-französische Geschichte. Der »Mundatwald«, 1949 einschließlich der Burg aus dem deutschen Hoheitsgebiet ausgegliedert, 1986 von Frankreich zurückgegeben, ist typisches Grenzland: französische »Schanzen« von 1704 am Wege, Grenzsteine. Zeitweilig führt der Pfad hart an der »grünen Grenze« entlang. Beim Austritt aus dem Wald fasziniert der Blick auf den Bienwald, auf Schweigen und Wissembourg. Auf dem Schweigener Weinlehrpfad, durch den Ort und das Deutsche Weintor kommt man zum Wanderweg Deutsche Weinstraße (grüne Traube) und nach Oberotterbach zurück.

Verbindung nach Dörrenbach, Oberotterbach: Bahnstation Bad Bergzabern, von dort Buslinie (SüdwestBus) Landau–Bad Bergzabern–Wissembourg.

Wander- und Radtouren im Bienwald

Unbekümmert schlängelt sich das mäanderreiche Grenzflüßchen Lauter durch Schilf und dichte Erlenbuschwälder. Vogelgezwitscher ertönt dann und wann, Pirol, Eisvogel und Neuntöter lassen sich mit etwas Glück aufspüren. Mächtige Kiefern, Buchen, archaische Eichen hüten so manches Geheimnis von Mord und Totschlag, Blutrache und Schuld. Quellen und Brunnen, an denen Wanderer, Förster, Wilddiebe, Schmuggler und allerlei lichtscheues Gesindel ihren Durst löschten. Zauberwald Bienwald – keine Menschenseele weit und breit und eine Stille, in der Blätter hörbar zu Boden fallen.

Das riesige Waldgebiet erstreckt sich im äußersten Winkel der Südpfalz von Schweighofen im Westen bis Berg, Hagenbach und Wörth im Osten, setzt sich im Süden auf französischer Seite im Mundat- und Bruchwald fort und bildet im Norden eine saftiggrüne Kulisse für die Dörfer entlang seines Saums beinah bis zum Rhein. Ein Wanderer- und Radler-Dorado, von vielerlei Pfaden und nur wenigen schmalen Straßen durchzogen. Kaum zu glauben, daß noch fast bis zur Mitte unseres Jahrhunderts Schlachtengetümmel den dunklen Forst erfüllte. Die Blutspur längst überwachsen, die Schreie Verwundeter verstummt, die Requisiten mörderischer Kriege aber sind zum Teil noch sichtbar.

Von Schweighofen aus die Bahnlinie nach Wissembourg überquerend, gelangt man, grenzenlos auf französisches Gebiet wechselnd, zu mächtigen Erdwällen. Ein Spaziergang darauf (Radfahren ist dort nicht erlaubt) bedeutet kilometerweite Einsamkeit ringsum, Idylle – und zwiespältige Gefühle. Die »Weißenburger Linien« sind hier noch durchweg zu rekonstruieren, auf deutscher Seite nur partiell. Auf ca. 26 km Länge ließ Ludwig XIV. 1706 im Lautertal zwischen Wissembourg und Lauterbourg Erdwälle und Redouten (Erdschanzen) anlegen, um vor allem der Festung Landau Rückendeckung zu geben. Dämme und Schleusen sollten im Bedarfsfall das Lautertal überfluten. Noch im Krieg von 1870/71 waren die Linien heftig umkämpft. Wir Grenzgänger zwischen zwei Welten haben indessen das Privileg, nach rund 8 km aus der Vergangenheit auszusteigen und in die Bienwaldmühle einzukehren. Dort lassen sich auch solch trübe Gedanken abschütteln, daß der Bienwald noch Jahre nach dem Zweiten Weltkrieg für Spaziergänger tabu war. Die Kriegsstrategen hatten aus ihm ein einziges Minenfeld gemacht. Sollte das nichts nützen – hielt der Westwall (s. S. 201) nicht –, so hatte man Panzersperren in der Hinterhand. Südwestlich von Steinfeld, bei Mörzheim und Göcklingen stehen die Höcker noch in Reih und Glied. Letzte Zeugen einer langen Tragödie zweier Völker? – Hoffentlich! Ein ermutigendes Beispiel unter vielen: »Vélo sans frontières« – »Radeln ohne Grenzen«! Am jährlichen Trip durchs Lautertal beteiligen sich Zehntausende von hüben und drüben, von nah und fern. Die Regionen Pfalz, Baden und Elsaß wachsen unter dem PAMINA–Dach (**Pa**latinat-**Mi**ttelrhein-**N**ord- **A**lsace) sichtbar zusammen. Gemeinsame Radwege (Europaflagge) stehen das ganze Jahr über offen – wie die Schlagbäume!

ⓘ **Information:** Deutsch-französischer Verkehrsverein, Schweigen, s. S. 215.

Restaurant: Bienwaldmühle, ☏ 0 72 77/2 76, Mi–So, Lamm und Fisch, keine Hütten-Preise.

Weinstube: Geiger, Hauptstraße 21, ☏ 0 63 40/4 12, Sa/So, unverfälscht pfälzisch.

Freizeit: Schweighofen, Flugplatz, Info: ☏ 0 63 41/94 04 08, Rundflüge und Fallschirmspringen; Steinfeld, Kakteenland, Wengelspfad 1, März–Okt., Mo–Fr 8–18, Sa/So 9–17 Uhr, Nov.–Feb., tägl. 9–17 Uhr, über 1000 verschiedene Kakteenarten.

Anmerkung: Wegen Fehlens öffentlicher Verkehrsmittel sollte man eventuell für einen Rücktransport von der Bienwaldmühle Vorsorge treffen.

Kerwebuwe in Schweigen–Rechtenbach

Radtip: Deutsch-französischer Radwanderweg; »Radeln ohne Grenzen« im Lautertal, Sept., Info: Deutsch-französischer Verkehrsverein, s. o.

Verbindung: Bahnstation Schweighofen.

Schweigen – Ende und Anfang

Die Grenze ist offen, das **Deutsche Weintor** endlich ohne falschen Zungenschlag ein »Tor des Friedens«. Nach 1945 hat man ihm das Hakenkreuzemblem ausgekratzt, es blickt nicht mehr mit ›hungrigen Augen‹ ins Elsaß. Als deutliches Versöhnungssignal ist in ihm heute der Deutsch-französische Ver-

Bockiges Schweigen

Am 19./20. Oktober 1935 wurde die »Deutsche Weinstraße« aus der Taufe gehoben. Vater des Täuflings, Pate und erster Tourist war Josef Bürckel, NSDAP-Gauleiter der Saarpfalz, seine Fahrt am 20. Oktober von Schweigen bis Grünstadt an der Spitze einer Autokolonne ein einziger Triumphzug. 1936 sollte sich dies, als die Strecke anläßlich der Einweihung des Deutschen Weintor in Schweigen bis Bockenheim erweitert wurde, wiederholen. Als nun 1984 zur »Größten Weinprobe der Welt« entlang eben jener fast 90 km langen Straße für das folgende Jahr ein nicht minder festliches 50jähriges Jubiläum angekündigt wurde, fand die überregionale Presse die Idee zur Überraschung der Pfälzer Marketing-Strategen und lokalen politischen Prominenz gar nicht lustig. Das 1935er Festmenü aus Winzerfleiß und Feierseligkeit mit einer braunen Soße zubereitet? Das war peinlich und lange erfolgreich totgeschwiegen worden. Man reagierte ausgesprochen bockig: Mit dem Gauleiter und Initiator der Deutschen Weinstraße Josef Bürckel habe man nichts am Hut. Außerdem sei dessen Urheberschaft nicht bewiesen, die Idee habe schon lange vorher in der Luft gelegen.

Wer war Josef Bürckel? 1895 in Lingenfeld (bei Germersheim) geboren, im Ersten Weltkrieg Freiwilliger, Volksschullehrer u. a. in Mußbach, seit 1921 NSDAP-Mitglied, seit 1926 Gauleiter, Vertrauter Hitlers, hatte 1935 eben die Saar »heim ins Reich« geholt. 1938 organisierte er den Anschluß Österreichs. 1940, nach der Deportation der Pfälzer Juden ins südfranzösische Konzentrationslager Gurs, konnte dieser Jo-

kehrsverein untergebracht. Gemeinsam von Schweigen, Rechtenbach, Oberotterbach und Dörrenbach erstellt, war das Tor im Oktober 1936 mit großem Pomp eingeweiht worden, die Weinkeller der Winzergenossenschaft darunter füllten sich. Der Monumentalbau entsprach voll dem Geschmack der herrschenden Klasse. Das Landauer Architektenteam Peter und Mittel hatte es sich eher im Stil einer Weinlaube vorgestellt, mußte aber die Entwürfe auf Druck von oben umarbeiten. 1937 wurde die Gaststätte darin eröffnet.

So ganz konnte sich **Schweigen-Rechtenbach** nach 1945 nicht aus der Politik ausklinken. Winzer aus Schweigen, das als einstiger Gutshof (seit 802) des Klosters Weißenburg eine Zeitlang zum Elsaß gehörte, hatten während wechselnder Grenzziehungen Besitz auf französischem Gebiet erworben. Das Sequester-Problem, die Zwangsver-

sef Bürckel dem »Führer« die Saarpfalz als ersten Gau »judenfrei« melden. Die Deutsche Weinstraße war ein propagandistisch genialer Schachzug des Tribuns Bürckel, denn er stand bei den Winzern im Wort, die dazu beigetragen hatten, die NSDAP schon bei der Reichstagswahl im Juli 1932 mit 43,7 % pfalzweit (Reich: 37,3 %) zur stärksten Partei zu machen. Die Weinstraßen-Proklamation kostete nichts, löste nichts – weder die wirtschaftlichen Probleme der französischen Besetzung (bis 1930), die Ausschaltung der jüdischen Weinhändler (80 %) seit 1933 und infolgedessen den Zusammenbruch der Faßwein-Vermarktung, noch die vollen Keller der 1934er und 35er Rekordernten (der Jahrgang 1935 hieß »Rassereiner«!). Aber sie schuf Hoffnung. Sie rückte das gebeutelte Grenzland Pfalz geschickt ins Zentrum des Reichs. Zudem wußte Bürckel, daß reichsweite Programme wie »Kraft-durch-Freude«-Tourismus, »Patenwein«-Aktionen (Ausschank in Partnerstädten) und die »Woche der deutschen Traube und des Weins« greifen und die Lage auf dem Weinmarkt bald entspannen würden. Die Konsumenten schluckten brav Pfälzer Wein und dessen Produzenten willig das Blut-und-Boden-Gebräu Bürckelscher Reden, das sie als tapfere Grenzwächter deutschen Volkstums pries.

Die Deutsche Weinstraße, landschaftlich zauberhaft, bewohnt von Menschen, die zu feiern verstehen und es jedem Fremden leichtmachen, sich heimisch zu fühlen, Teil eines demokratischen Landes und Herz eines werdenden Europas, hat sich längst von ihrem braunen Schatten gelöst. Die Versuchung ist verständlich, ihn einfach wegzuradieren. Aber läßt sich Zukunft aufbauen, wenn man die Vergangenheit negiert – auch wenn die Erinnerung daran noch so schmerzlich ist?

waltung der Grundstücke durch den Nachbarstaat, wurde 1986 vertraglich gelöst. Seither bewirtschaften die Südpfälzer Winzer ihre Güter in Pacht.

Welche Nationalität hat hier der Wein? Folgt man der Straße nach Schweighofen, so sind kurz vor dem Windhof die Weinberge hüben deutsch, drüben französisch. Von beiden läßt sich naschen, ohne der Grenzverletzung bezichtigt zu werden. Hoheitszeichen beider Staaten ja, aber keine Drohgebärde, und die Gewißheit, daß das Grenzland auf beiden Seiten doch noch zur Ruhe gekommen ist.

Information: Deutsch-französischer Verkehrsverein, Büro im Deutschen Weintor, 76889 Schweigen-Rechtenbach, ☎ 0 63 42/63 21, Apr.–Okt., Di–Sa 10–12 Uhr (sonst: ☎ 78 07).

Unterkunft: Hotel Garni Am Deutschen Weintor, Bacchusstraße 1, ☎ 73 35, Fax 62 87, DZ um DM

Deutsches Weintor in Schweigen

90–130; Hotel Schweigener Hof, Hauptstraße 2, ✆ 92 50, DZ um DM 80–150;
Pension Zur Traube, Gartenstraße 7, ✆
72 64, DZ um DM 80; Gasthof Zur Linde, Pauliner Straße 2, ✆ 72 51; Rebstöckel, Längelsstraße 16, ✆ 71 51, DZ
um DM 70.

❌ Restaurants: Deutsches Weintor,
Weinstraße 4, ✆ 73 52; Schwei-
gener Hof, s. o., Di–So; Sonnenberg,
Sonnenberg 3, ✆ 78 79.

🍷 Weinstuben: Rebstöckel, s. o.,
Do–Di; Jülg, Hauptstraße 1, ✆

91 90 90, Sa–Do; Zum Alten Zollberg,
✆ 70 46; Winzerkeller, Hauptstraße 21,
✆ 7318, Di–So.

🎭 Feste: Rebblütenfest, 1. Juliwochenende; Weinfest am Sonnenberg, 4. Augustwochenende; Wissembourg: Trachtenfest und Pferderennen,
Pfingstmontag.

🏃 Freizeit: Erster Weinlehrpfad
Deutschlands, 1969 angelegt,
Führung: Deutsch-französischer Ver-
kehrsverein, s. o.

**🚆 🚌 Verbindung nach Schwei-
gen-Rechtenbach:** Bahnsta-
tion Bad Bergzabern, von dort Buslinie
(SüdwestBus) Landau–Bad Bergzabern–
Wissembourg.

Nützliche Tips und Adressen

Informationsstellen

Umfassende Informationen erhält man bei der Pfalz-Tourist-Information für das gesamte Gebiet der Pfalz, beim Verein Deutsche Weinstraße e. V. für den nördlichen Bereich von Bockenheim (einschließlich Zellertal) bis Neustadt und beim Verein Südliche Weinstraße e. V. von Maikammer bis Schweigen-Rechtenbach. Darüber hinaus gibt es noch zahlreiche Informationsstellen zu speziellen Themen, die unter dem entsprechenden Stichwort nachzuschlagen sind.

Pfalz-Tourist-Information
Landauer Straße 66
67434 Neustadt/Weinstraße
✆ 0 63 21/3 91 60
Fax 0 63 21/39 16 19

Deutsche Weinstraße e. V.
Wein und Tourismus
Chemnitzer Straße 3
67433 Neustadt/Weinstraße
✆ 0 63 21/91 23 33
Fax 0 63 21/1 28 81

Südliche Weinstraße e. V.
An der Kreuzmühle 2
76829 Landau/Pfalz
✆ 0 63 41/94 04 07
Fax 0 63 41/94 05 02

Internet-Surfer können von der Homepage des Vereins Deutsche Weinstraße e. V. zahlreiche Informationen abrufen:
http://www.deutsche-weinstrasse.de

Touristenprogramme wie »SÜW-Familientour« (Familienurlaub) oder »Roll over SÜW« (Motorroller-Urlaub und Verleihstellen) erfreuen sich wachsender Beliebtheit in der Angebotspalette der Südlichen Weinstraße e. V. Pauschalangebote verschiedener Art findet man auch in der Broschüre »Deutsche Weinstraße, ein Stück vom Glück« des Vereins Deutsche Weinstraße e. V.

Karten

Bei den zentralen Informationsstellen (s. o.) und den örtlichen Tourist-Informationen bzw. Verkehrsämtern sind die Übersichtskarten mit den Markierungen »Deutsche Weinstraße« und »Wanderweg Deutsche Weinstraße« erhältlich. Sinnvoll für die Planung von Radtouren, Bahn- und Busreisen ist der »Wegweiser für Feriengäste«, der ebenfalls bei den genannten Informationsstellen zu beziehen ist.

Vor Ort fahren Radwanderer gut mit: Deutsche Weinstraße, Top-Stern-Karte, Pietruska Verlag Rülzheim/Pfalz (1 : 50 000).

Wanderer orientieren sich mit topographischen Karten des Landesvermessungsamts Rheinland-Pfalz im Maßstab 1 : 25 000, und zwar von Bockenheim bis Neustadt mit der Karte »Wandern und Radwandern zwischen Rhein und Pfälzerwald«, von Neustadt bis Schweigen mit »Wandern und Radwandern in der Südpfalz«. Wer den Pfälzerwald intensiv erwandern und eigene Routen ausprobieren will, sollte die folgenden drei Karten des Landesvermessungsamts im Maßstab 1 : 25 000 wählen: »Bad Dürkheim und Umgebung«, »Neustadt a. d. Weinstraße, Maikammer, Edenkoben, Landau i. d. Pfalz« und »Bad Bergzabern mit elsässischem Grenzgebiet«. Alle fünf vorgenannten Pläne sind zugleich Wanderkarten des Pfälzerwald-Vereins mit sämtlichen Markierungszeichen.

Das Auffinden von Kneippanlagen erleichtert die Karte »Kneipp-Wanderweg Pfalz«, vom Kneipp-Bund Rheinland-Pfalz herausgegeben und bei den zentralen Informationsstellen (s. o.) zu bekommen.

Reisezeit

Der Frühherbst, der hier besonders milde Tage und anhaltende Schönwetterperioden beschert, die Landschaft mit einem vielfarbigen Kleid überzieht, wo die Rebstöcke vollhängen und die Weinlese in vollem Gange ist, ist die bevorzugte Reisezeit. Unterkünfte sind dann restlos belegt, Buchungen lange vorher also unumgänglich. Für eine Nacht findet man kaum etwas.

Auch das Frühjahr hat seine Reize. Zwar haben die Rebstöcke dann erst ganz zarte Triebe angesetzt, doch ist die Baumblüte um so farbenprächtiger. Bereits Ende März blühen die Mandelbäume.

Der Sommer erinnert mit trockener Hitze und viel Sonnenschein stark an den Süden. Eine Juli-Mitteltemperatur von 18 °C aufwärts braucht die Weinrebe, das ist hier gegeben. Spitzenwerte erreichte dieser Monat 1991 mit durchschnittlich 21,6 °C.

Spätherbst und Winter können knackiges, sonnenkaltes Wetter bringen, aber auch eine Reihe trüber Tage, die sich unangenehm in Inversionsnebeln äußern. Häufig bleiben diese aber in der Ebene haften und verschonen die Haardthügel. Lang liegender Schnee wie 1996/97 ist ein Jahrhundertereignis.

Anreise

... mit dem Auto

Die Deutsche Weinstraße ist gut ans Autobahnnetz angeschlossen. Man erreicht sie über die A 6 (Ausfahrt Grünstadt), die A 650 (Bad Dürkheim) oder über die A 65 (Neustadt-Landau).

Eine Anreise am letzten Augustsonntag zwischen 10 und 18 Uhr sollte man tunlichst vermeiden. Dann findet der »Erlebnistag Deutsche Weinstraße« statt, und die Weinstraße wird zugunsten von Radfahrern und Wanderern für den Autoverkehr gesperrt. Bisher ist die Strecke von Kirchheim bis Schweigen betroffen, ab 1998 soll der gesamte Norden bis Bockenheim eingebunden sein.

... mit Bahn und Bus

Die gesamte Region ist ins Fernnetz eingebunden. Mannheim als IC-/ICE- und IR-Knotenpunkt spricht für sich. Die Strecke Mannheim – Kaiserslautern – Saarbrücken führt nach Neustadt, dort steigt man in Regionalbahnen um.

In den Norden kommt man mit der **Regionalbahn** der Linie Neustadt – Bad Dürkheim – Freinsheim – Grünstadt – Bockenheim. Grünstadt – Bockenheim läßt sich auch von Frankenthal aus erreichen (Umsteigen in Freinsheim).

Nach Süden nimmt man die Linie Neustadt – Landau – Winden – Wissembourg. Von Karlsruhe aus erreicht man Landau und Neustadt direkt, nach Bad Bergzabern muß man in Winden umsteigen. Nach Siebeldingen bzw. Annweiler wechselt man in Landau zur Linie Richtung Pirmasens.

Im »Rheinland-Pfalz-Takt« sind die Anschlüsse so aufeinander abgestimmt, daß man beim Umsteigen kaum Zeit verliert. Landesweit verkehren die Züge, auch die Regionalbahnen an der Weinstraße, zumindest zwischen 6 und 21 Uhr stündlich oder sogar halbstündlich. Beim Verkehrsverbund Rhein-Neckar (VRN) kann ein ›persönlicher Fahrplan‹ angefordert werden, der Busanschlüsse mitberücksichtigt. Info: Verkehrsverbund Rhein-Neckar, B1, 3–5, 68159 Mannheim; telefonische Anfrage: im Verbundgebiet unter ✆ 0 18 02/ 1 94 49, außerhalb dessen unter ✆ 06 21/1 07 70 28; Internet-Adresse: http://www.vrn.de. Als Vorinformation ist die Karte »Wegweiser für Feriengäste« nützlich, auf der auch Buslinien verzeichnet sind, sie ist über die zentralen Informationsstellen (s. S. 218) zu beziehen!

... mit Bahn und Fahrrad

IR-Fahrradplätze müssen vorher gebucht werden. Im IC/EC ist die Radmitnahme nicht mehr gänzlich ausgeschlossen, ICE-Reisenden ist sie verwehrt, das Fahrrad muß dann per Bahn verschickt werden. Die Regionalbahnen ermöglichen problemloses Ein- und Aussteigen.

Übernachtungsmöglich-keiten im Überblick

Während die Pfalz-Tourist-Information Auskünfte über die gesamte Pfalz gibt, informieren die Vereine Deutsche Weinstraße e. V. und Südliche Weinstraße e. V. (s. Informationsstellen) gezielt über Hotels, Pensionen, Ferienwohnungen, Gästehäuser, Privatquartiere und Winzerhöfe an der Weinstraße. Auch Gruppen- und Pauschalangebote sind dort erhältlich.

Die 1996 gestartete Aktion einer kontrollierten Selbsteinstufung in 1 bis 5 Sterne ist noch nicht flächendeckend durchgeführt, daher wurde im Routenteil auf entsprechende Angaben verzichtet. Für die Hotelübernachtung muß man derzeit im Doppelzimmer (Du/Bad/WC) mit einem Zimmerpreis von 90 bis 300 Mark rechnen, wobei der Weinstraßen-Suden im Durchschnitt etwas günstiger ist. Fast durchweg komfortabel und dazu preiswerter sind Privatquartiere.

Daneben bieten immer mehr **Winzerhöfe** Übernachtungsmöglichkeiten an. Sie sind in den Broschüren unter der Rubrik »Ferienwohnungen« zu finden. Bei der Pfalz-Tourist-Information (s. Informationsstellen) kann man eine speziellen Katalog »Urlaub auf Bauern- und Winzerhöfen in Rheinland-Pfalz« erhalten. Ausgehängte gelb-grüne Fahnen sollen ab 1998 Spontanreisende als »Gäste auf Bauern- und Winzerhöfe« locken.

Jugendherbergen

Die Jugendburg in **Altleiningen,** ✆ 0 63 56/15 80, steht zur Renovierung an, die DJH **Neustadt** ist deswegen bis April 1998 geschlossen.

Jugendherberge und Turnerheim **Annweiler,** Turnerweg 60, 76855 Annweiler, ✆ 0 63 46/92 91 00, Fax 0 63 46/92 91 01, Internet: http://www.annweiler.de; DJH **Bad Bergzabern,** Altenbergweg, 76887 Bad Bergzabern, ✆ 0 63 43/83 83, Fax 0 63 43/51 84; Kurpfalz-Jugendherberge und Jugendgästehaus, Geibstraße 5, 67346 **Speyer,** ✆ 0 62 32/7 53 80, Fax 0 62 32/62 18 83, alle Zimmer mit Du/WC, modernste Tagungsräume, familienfreundlich.

Weitere Infos: Deutsches Jugendherbergswerk, Landesverband Rheinland-Pfalz, In der Meielache 1, 55122 Mainz, ✆ 0 61 31/3 74 46 12, Fax 0 61 31/3 74 46 22.

Naturfreundehäuser

Naturfreundehäuser sind eine äußerst preiswerte Alternative. Hotelähnlich übernachtet man im Rahnenhof bei Hertlingshausen (1 Jahr Vorbuchung) und in Elmstein; Doppelzimmer mit Etagen-Du/WC findet man in Groß-Eppental (Bad Dürkheim), im Oppauer Haus (Wachenheim) und im Sauermilchtälchen (Edenkoben); in Mehrbettzimmern schläft man im Heidenbrunnertal (Neustadt) und in Annweiler. Alle Naturfreundehäuser sind bewirtschaftet. Info: Touristenverein Die Naturfreunde, Hohenzollernstraße 14, 67063 Ludwigshafen, ✆ 06 21/ 52 31 91.

Wanderheime des Pfälzerwald-Vereins (PWV)

Übernachten kann man in der Edenkobener Hütte am Hüttenbrunnen und in der Lichtenstein-Hütte bei Neidenfels. Weitere Infos: Pfälzerwald-Verein, Fröbelstraße 26, 67433 Neustadt/Weinstraße, ✆ 0 63 21/ 22 00, Fax 0 63 21/3 38 79.

Camping/Wohnmobile

Gnade vor den Augen der ADAC-Tester haben drei Campingplätze gefunden. Der KNAUS-Camping-Park

in Bad Dürkheim schnitt dabei am besten ab.

Campingplatz Im Burgtal, 67157 Wachenheim, ✆ 0 63 22/26 89, Fax 0 63 22/6 08 59; KNAUS-Camping-Park, 67098 Bad Dürkheim, ✆ 0 63 22/6 13 56, Fax 0 63 22/81 61, auch für Wohnmobile; Gemeindecampingplatz Klingbachtal, 76831 Billigheim-Ingenheim, ✆ 63 49/ 62 78.

Wohnmobilstellplätze: Edenkobens Kirchbergplatz verfügt über ca. 40 Stellplätze mit Versorgungsstation; Info: Büro für Tourismus Edenkoben, ✆ 0 63 23/95 92 22, Fax 0 63 23/ 95 92 88. Ansonsten bieten Weingüter überall entlang der Weinstraße Stellplätze in begrenzter Zahl an (im Durchschnitt drei bis fünf Plätze).

»Die Pfalz, Camping- und Reisemobilstellplätze«, bei den zentralen Informationsstellen (s. S. 218) erhältlich, ist eine vorzügliche Informationsquelle zu Camping-/Wohnmobilplätzen samt Ausstattung.

Sportliche Aktivitäten

Infos zum Ballonsportzentrum an der Weinstraße erhält man über das Verkehrsamt Wachenheim, Weinstraße 16, 67157 Wachenheim, ✆ 0 63 22/ 95 80 32, Fax 0 63 22/95 80 59. Ballonfahren bietet auch an: Ballooning F & K, Anton-Dengler-Straße 9,

6 73 46 Speyer, ✆ 0 62 32/7 71 7, Fax 0 62 32/7 90 86.

Drachen-/Gleitschirmfliegen

Gäste können in den Genuß des Drachenfliegens (Madenburg, Hohenberg) bzw. des Gleitschirmfliegens

(Förlenberg, Orensfels, Adelberg) kommen, sofern sie sich vorher anmelden. Kontakt: Stefan Seibel, Prälat-Sommer-Straße 34, 76846 Hauenstein, ✆ 0 63 92/35 53, tägl. 10–11 Uhr.

Flugsport

Motor- und Segelfliegen, zum Teil auch Fallschirmspringen ist bei den Flugsportvereinen in Grünstadt, Bad Dürkheim, Neustadt, Landau und Schweighofen möglich. Die Adressen sind im Serviceteil der Routen angegeben.

Golf

Die Anlage bei Essingen/Südliche Weinstraße (Golf- und Country-Club Landgut Dreihof, ✆ 0 63 48/42 82) wird derzeit auf 18 Loch erweitert. Der Golf-Club Pfalz unterhält in Neustadt-Geinsheim eine 18-Loch-Anlage (✆ 0 63 27/9 74 20). Im ›Reben- und Streuobstwiesen-Paradies‹ golft man bei Dackenheim (Golfclub Deutsche Weinstraße e. V., ✆ 0 63 53/98 92 10).

Kanusport

Geführte Touren werden abseits der Weinstraße im Wasgau auf der Wieslauter angeboten. Informationen erhält man bei der Tourist-Information Dahner Felsenland, ✆ 0 63 91/58 11, Fax 0 63 91/13 62.

Klettern

Die Vereinigung Pfälzer Kletterer konnte in Absprache mit Naturschutzverbänden und Behörden zahlreiche Felsen im Wasgau für den Klettersport freihalten. Geltende Regeln, vor allem Sperrungen während der Brutzeit der Wanderfalken (Februar–Juli), sind unbedingt zu beachten!

Indoor-Kletterkurse bietet die Wasgau-Kletterschule an. Einen ›Klettergarten‹ hat die »Naturfreunde«-Ortsgruppe Lambrecht auf dem Steinbruchgelände im Beerental angelegt.

Kontakte: Vereinigung Pfälzer Kletterer e. V., Habichtweg 1, 76744 Wörth, ✆ 0 72 71/63 24; Wasgau-Kletterschule, Bahnhofstraße 22, 76846 Hauenstein, ✆ 0 63 92/23 90; Die Naturfreunde, Peter Müller, ✆ 0 63 25/24 30 oder Wolfgang Mildner, ✆ 0 63 25/23 33.

Radfahren

Die zentralen Informationsstellen (s. S. 218) erteilen Auskünfte zu geführten Touren, Hotels bzw. Weingüter, die Räder an Gäste verleihen und/ oder Radwandern im Pauschalangebot haben und zu Radverleihstellen. Ist man durch die »Radtips« des Routenteils auf den Geschmack gekommen, bringt das »Radspass«-Heft des ADFC, das die Pfalz-Tourist-Information bereithält, weitere Anregungen.

Ausgewiesene Radwege sind oft nichts anderes als Wirtschaftswege, aber gut befahrbar, landschaftlich reizvoll und verkehrssicher. Wenn irgend möglich, versäume man nicht den »Erlebnistag Deutsche Weinstraße« (letzter Augustsonntag) oder das »Radeln ohne Grenzen« (September). Radsportler seien an den Veranstaltungskalender für Radtouristik-Fahrten des BDR verwiesen. Info: Bund Deutscher Radfahrer e. V., Referat Breitensport, Otto-Fleck-Schneise, 60528 Frankfurt a. M., ✆ 0 69/96 78 00 20.

Die rheinland-pfälzisch ministerielle Androhung, den Pfälzerwald für Mountainbiker zu sperren, steht noch im Raum. Man sollte daher nicht über Stock und Stein fahren, sondern nur breite Waldwege benutzen. Kontakt zum Mountainbike-Club in Silz vermittelt Roland Schwarzbäcker, ✆ 0 63 92/99 32 11.

Reiten

Reitervereine gibt es allerorten. Kontakt: Verband Pfälzischer Reit- und Fahrvereine, Heinrich Kindler, Litzelhorststraße 37, 76863 Herxheim bei Landau, ✆ 0 72 76/55 21. Reiten im Wald ist nur auf den vorgegebenen Reitwegen erlaubt.

Wandern

Das Gebiet um die Weinstraße ist ein Dorado für Wanderer, unzählige Pfade verknoten sich im Pfälzerwald, u. a. markiert durch die Zeichen des Pfälzerwald-Vereins (PWV). Dessen verschiedenfarbige Punkte, Kreuze, Dreiecke und Balken, auf Baumstämme gemalt, geleiten auch ungeübte Fährtenleser durch den ›Walddschungel‹. Die Hütten des PWV und auch die des Touristenvereins Die Naturfreunde laden zur Rast, manche auch zum Übernachten ein.

Wer die gesamte Weinstraße geführt erwandern will, kann die Angebote der Volkshochschule Wachenheim (Weinstraße 16, 67153 Wachenheim, ✆ 0 63 22/95 80 51) aufgreifen. Diese ist seit Jahren führend mit ihren im Frühjahr und Herbst angebotenen fünftägigen Wanderungen auf dem »Wanderweg Deutsche Weinstraße« von Bockenheim bis Schweigen (ca. 110 km). Frühzeitige Buchung notwendig! Im übrigen finden geführte Wanderungen kleineren Umfangs in kommunaler oder privater Regie an zahlreichen Plätzen statt, vor Ort kann man sich danach erkundigen.

Informationen von A bis Z

Ärztliche Notfalldienste

Die bundesweite Telefonnummer der Rettungsleitstellen des Deutschen Roten Kreuzes (DRK; ✆ 1 92 22) kann im Landkreis Südliche Weinstraße ohne Vorwahl angewählt werden. Im Norden der Weinstraße trifft das nur auf Bad Dürkheim, Grünstadt und Neustadt zu. Von allen anderen Orten wird man bei vorheriger Anwahl der Vorwahlnummer einer der vorgenannten drei Städte (egal welcher) mit der nächsten Rettungsleitstelle im Einzugsbereich verbunden. Alle Rettungsleitstellen helfen mit Rettungsdiensten, Krankentransporten und geben Auskunft zu ärztlicher Hilfe.

Landkreis Südliche Weinstraße
DRK-Rettungsleitstelle: ✆ 1 92 22

Bad Dürkheim
DRK-Rettungsleitstelle:
✆ 0 63 22/1 92 22
Grünstadt
DRK-Rettungsleitstelle:
✆ 0 63 59/1 92 22
Neustadt
DRK-Rettungsleitstelle:
✆ 0 63 21/1 92 22

Ärztliche Notfalldienstzentrale:
✆ 0 63 21/1 92 92 (Sa–Mo, Mi, Feiertage)

Autopannenhilfe

Notruf des ADAC-Pannendienst:
✆ 0 18 02/22 22 22.

Bahn und Bus

Bahnstationen sowie die nächstliegenden Zusteigmöglichkeiten sind im Routenteil jeweils angegeben. Alle beschriebenen Orte sind ans Busnetz angeschlossen, manchmal mit mehreren Haltestellen. Zur Planung von Ausflügen ist die Karte »Wegweiser für Feriengäste« nützlich. Sie ist bei den zentralen Informationsstellen (s. S. 218) und den meisten Touristik-Büros vor Ort erhältlich.

Dem Verkehrsverbund Rhein-Neckar (VRN) sind alle Weinstraßenorte angeschlossen mit insgesamt günstigen Konditionen. Für Familien oder bei mehreren Fahrten am Tag empfiehlt sich das preislich abgestufte 24-Plus-Ticket. Es gilt für bis zu 5 Personen 24 Stunden lang (montags bis freitags ab 9 Uhr) bzw. ein ganzes Wochenende (ohne Zeitbegrenzung), nicht jedoch im IC/EC, ICE und IR.

Einkäufe und Souvenirs

Wein steht natürlich an erster Stelle, wobei viele Winzer sich bei Sonderabfüllungen der Kreativität von Glasdesignern bedienen. Originalität verrät auch die Verpackung qualitativ hochwertiger Wein- und Obstbrände, Weinessig oder Traubenkernöl. Edle Tropfen verstecken Brenner und Konditoren in köstlichen Pralinés.

Pfälzer Wurstwaren brauchen den Vergleich mit anderen Regionen nicht zu scheuen. Deftige Hausmacherprodukte, also Schwartenmagen, Leber- und Griebenwurst (Blutwurst), die fast überall auch in Dosen verkauft werden, sind eine Delikatesse.

Hat man die Elwetrittch, den Pfälzer Nationalvogel, ins Herz geschlossen, so wird man u. a. in der Neu-

stadter »Töpferstube« (Am Klemm-
hof, Badstubengasse 5, ℰ 0 63 21/
3 01 62) fündig.

Feste

Weinfeste, die ausgesprochen gern
auch von jungen Leuten besucht
werden, sind zum Teil aus der »Kerwe« (Kirchweih) entstanden, viele
aber wie auch die Blütenfeste sind
jüngeren Datums. Daneben gibt es
eine Reihe klassischer, schon sehr alter Feste. Dazu gehören Bräuche des
Wintervertreibens wie »Stabaus« in
Neuleiningen (3. So vor Ostern), bei
dem eine Strohpuppe, den Winter
symbolisierend, verbrannt wird oder
das »Hansel-Fingerhut-Spiel« in Forst
(ebenfalls 3. So vor Ostern). Der
»Wurstmarkt« in Bad Dürkheim, aus
dem Michaelimarkt erwachsen, hat
eine über 550 Jahre alte Tradition (2.
Septemberwochenende Fr–Di; 3.
Septemberwochenende Fr–Mo). Der
Billigheimer »Purzelmarkt« geht auf
ein 1450 durch König Friedrich III.
verliehenes Marktrecht zurück (3.
Septemberwochenende Fr–Mo). Deidesheim verlangt seit fast 600 Jahren
bei der »Historischen Geißbockversteigerung« am Pfingstdienstag den
Lambrechtern als Ausgleich für Wei-
derechte einen Geißbock ab, der
dann versteigert wird. In Weisenheim
a. Bg. werden beim »Stutzenfest« auf
St. Martin (11. Nov.) Neubürger durch
dreimaliges Stoßen auf einen Stein in
die Gemeinschaft aufgenommen.

Die Vielfalt an Festen, wobei die
schönsten in den Routenteil aufge-

nommen wurden, beweist zur Ge-
nüge die Feierseligkeit der Pfälzer.
Informationen zu weiteren Festivitäten liefert die Broschüre »Die Pfalz –
Feste und Veranstaltungen«, die bei
den Touristikzentralen und örtlichen
Verkehrsbüros erhältlich ist. Die Angabe »Wochenende« bedeutet meist
Freitag bis Montag.

Der alljährliche autofreie »Erlebnistag Deutsche Weinstraße« am
letzten Augustsonntag (10–18 Uhr)
ist für Hunderttausende ein einziges
Fest. Neben ungestörtem Radeln und
Wandern sind Pausen mit Essen und
Trinken an Ständen, in Höfen von
Weingütern und Winzergenossen-
schaften sowie Musik allerorten mindestens ebenso wichtig.

Freizeitangebote

»VIS-À-VIS«, ein Kalender der Touri-
stik-Gemeinschaft Baden-Elsaß-Pfalz
e. V., informiert über alles, was diesseits und jenseits der Grenze läuft.
Wie dieser sind »66 Freizeittips
(idées découvertes)« bei der Pfalz-
Tourist-Information erhältlich. Im »Er-
lebnisführer« der Südlichen Weinstraße e. V. findet man neben allerlei
Wissenswertem über die Region
auch einen Terminkalender (Adressen s. Informationsstellen). Einen
Überblick über Feste vermittelt das
Informationsheft »Die Pfalz – Feste
und Veranstaltungen« (s. auch Feste).
Auf Aktuelles weist »LEO«, ein Ma-
gazin der Donnerstagsausgabe der
Tageszeitung »Die Rheinpfalz« hin.
Die Veranstaltungen des »Kultursom-

mer Rheinland-Pfalz« führen zu ›Offenen Ateliers‹ und vereinen alljährlich die Vielfalt landesweiter Kultur unter einem Motto. Näheres erfährt man bei den örtlichen Touristikbüros. Auskünfte gibt es außerdem über das Kultursommerbüro in Mainz, tägl. 8.30–17 Uhr, ✆ 0 61 31/28 83 80, Fax 0 61 31/28 83 88, Internet http://www.kuso.de, für Veranstaltungen ✆ 0 18 05/22 59 69 .

Eintritt für soziale Einrichtungen) auf Anfrage.

Der **Landauer Zoo,** der älteste Zoo der Pfalz, zeigt auf dem ehemaligen Forstgelände etwa 500 heimische und exotische Tiere in artgerechter Umgebung, darunter einen Streichelzoo und ein Braunbärengehege. Hindenburgstraße 12, 76829 Landau, ✆ 0 63 41/1 31 61; Sommerzeit tägl. 9–18 Uhr, Winterzeit 9–16 Uhr.

Freizeit- und Naturparks

Im ganzjährig geöffneten, großräumigen **Kurpfalz-Park** bei Wachenheim trifft man u. a. auf Bären, Wölfe und Luchse. Fahrgeschäfte (Roller-Bob-Bahn, Bumperboats, Sessellift u.v.a.) sowie Greifvogel-Flugvorführungen nur während der Saison vom 1. Mai bis 3. Okt., ✆ 0 63 25/20 77, Fax 0 63 25/83 58, tägl. 9–17 Uhr.

Der **Wild- und Wanderpark Südliche Weinstraße** bei Silz mit seinen Rundwanderwegen bietet die Möglichkeit, einen großen Wildbestand in natürlichem Umfeld zu beobachten. ✆ 0 63 46/55 88; 15. März bis 15. Nov. tägl. ab 9 Uhr und 16. Nov. bis 14. März ab 11 Uhr bis Anbruch der Dunkelheit.

Bei Haßloch bietet der **Holiday Park** als großer Unterhaltungspark Superwirbel, Donnerfluß, Teufelsfässer, Shows und vieles andere mehr. ✆ 0 63 24/5 99 39 00, Fax 0 63 24/59 93 50; Ende März bis Okt. 10–18 Uhr, während der Ferien und an Feiertagen 9–19 Uhr; Gruppenermäßigung und ›Rosa Wochen‹ (freier

Heilbäder

Das Staatsbad Bad Bergzabern ist Kneipppheilbad, heilklimatischer Kurort und Thermalbad mit Heilanzeigen gegen Herz- und Kreislauferkrankungen. Neuralgien, Ischias, Migräne, vegetative Störungen und rheumatische Beschwerden werden positiv beeinflußt, desgleichen chronische Erkrankungen der Atmungsorgane. Info: Kurverwaltung, Kurtalstraße 25, 76887 Bad Bergzabern, ✆ 06343/9 34 00, Fax 06343/93 40 40.

Bad Dürkheim ist Staatsbad mit Heilanzeigen gegen Rheuma, Bandscheiben- und Wirbelsäulenschäden sowie chronische Erkrankungen der Atemwege, chronischen Magenkatarrh und Darmträgheit als auch Frauenleiden. Info: Kurverwaltung, Kurbrunnenstraße 14, 67098 Bad Dürkheim, ✆ 0 63 22/96 40, Fax 0 63 22/96 41 07.

Zahlreiche Kneipp-Einrichtungen und Schwimmbäder an der Weinstraße, unter dem Stichwort »Gebiet Bacchus« auf der Karte »Kneipp-Wanderweg Pfalz« zu finden, sind ein Barometer für den hohen Gesundheitswert der Region. Die Karte ist über die Pfalz-Tourist-Information (s. Informationsstellen) zu beziehen.

Kirchen

Laut Beschluß der Evangelischen Kirche der Pfalz (Protestantische Landeskirche) sollen sich Kirchen und Gemeinden wegen der Bedeutung der Speyerer Protestation von 1529 protestantisch nennen. Anderslautende Presbyteriumsbeschlüsse werden respektiert. Um Irritationen zu vermeiden, wurden in diesem Reiseführer alle evangelischen Kirchen protestantisch genannt.

Die Kirchen sind meist nur während der Saison (Ostern bis Ende Oktober) auch außerhalb der Gottesdienste offen. Kontaktadressen finden Sie unter dem entsprechenden Ort im Routenteil.

Literatur

Aktuelle Tendenzen greift seit 1994 das »Rheinland-Pfälzische Jahrbuch für Literatur« auf, Verlag Brandes & Apsel, Band 1, 1994.

Spuren der Dichter-Prominenz hat Karl-Heinz Schauder verfolgt in »Sie waren hier«, Arbogast-Verlag, 1996.

Der Comic »Karl« läßt in »Ballon Bonaparte« und »Lord am Rhein« historische Ereignisse an Vorderpfälzer Schauplätzen spielen (Apitz-Kunkel Verlag, 1995/1996).

Mundart lernt man mit Paul Tremmels »1000 Worte pfälzisch«, Meininger Verlag, 1996.

Märkte

Außer auf den Wochenmärkten in Grünstadt (Mi/Sa), Bad Dürkheim (Mi/Sa), Bad Bergzabern (Di/Do), Neustadt (März–Okt.: Di/Do/Sa, Nov.–Feb.: Di/Sa) und Landau (Di/Sa) kann man sich auf Bauernhöfen und im Straßenverkauf mit frischem Obst und Gemüse eindecken.

Die Karte »Gesund einkaufen, Wegweiser und Landkarte für Rheinland-Pfalz/Saarland« führt unter Angabe von Adressen zu Biohöfen, Wochen- und Bauernmärkten; zu beziehen bei: Bioland Landesverband Rheinland-Pfalz/Saarland, Rüdesheimer Straße 60–63, 55545 Bad Kreuznach oder im Buchhandel.

Weihnachtsmärkte haben sich allerorten etabliert; besonders schön sind sie in Deidesheim, Freinsheim, Neustadt, Neustadt-Mußbach (Herrenhof) und Landau.

Museen

Pfalzmuseum für Naturkunde
Hermann-Schäfer-Straße 17 (Herzogmühle)
67098 Bad Dürkheim
☎ 0 63 22/9 41 30
Di–So 10–17, Mi 10–20 Uhr
Das vorbildliche Museum lockt mit Anschauungsmaterial auf fünf Stockwerken zu einem Spaziergang durch

die pfälzischen Lande. Schulklassen werden museumspädagogisch betreut, Kindergeburtstage lassen sich hier feiern. Integriert ist auch ein Forschungs- und Informationszentrum des Naturparks Pfälzerwald.

Heimatmuseum im Haus Catoir
Römerstraße 20
67098 Bad Dürkheim
✆ 0 63 22/98 07 14
Di–So 14–17 Uhr
Neben regelmäßigen Sonderschauen präsentieren Dauerausstellungen gekonnt Archäologie, Stadtgeschichte, Volkskunde, Weinbau und Werke Dürkheimer Künstler. Klingendes Prunkstück ist ein Welte-Mignon-Reproduktionsklavier.

Museum für Film- und Fototechnik
Weinstraße 33
67146 Deidesheim
✆ 0 63 26/65 68
März–Dez., Mi–So 16–18.30 Uhr
Das Museum zeigt die Entwicklung optischer Geräte, u. a. von Film- und Fernsehkameras, Fotoapparaten (als Rarität eine Brieftaubenkamera), Projektoren, Laterna magica usf.

Museum für Weinkultur
Altes Rathaus
67146 Deidesheim
✆ 0 63 26/61 40
Mi–So 16–18 Uhr
Siehe Wein … Weinmuseum

Eisenbahnmuseum
Neustadt/Weinstraße
Schillerstraße
67434 Neustadt/Weinstraße
✆ 0 63 21/3 03 90
Sa, So, Feiertage 10–16 Uhr
Bahnenthusiasten stellen im historischen Lokschuppen am Hauptbahnhof Neustadt Dampfrösser, Personen- und Güterwagen aus, die nicht nur ein Stück Eisenbahngeschichte verkörpern, sondern als Museumsbahn »Kuckucksbähnel« (Info: ✆ 0 63 25/86 26) auf der Strecke Neustadt – Elmstein von Mai bis Oktober zum Teil auch fahrbereit sind. Hierzu liefern auch Aushänge an den Bahnhöfen Informationen.

Hambacher Schloß
67434 Neustadt-Hambach
✆ 0 63 21/3 08 81
März–Nov., Mo–So 9–18 Uhr
Die Burg auf dem Bergkegel über Neustadt-Hambach ist Heimstatt einer Dauerausstellung zur deutschen Demokratiegeschichte, speziell zum Hambacher Fest, das hier am 27. Mai 1832 stattfand. Daneben bietet sie auch Raum für wechselnde Ausstellungen.

Schloß Villa Ludwigshöhe
67480 Edenkoben
✆ 0 63 23/9 30 16
Apr.–Sept., Di–So 9–12.15 Uhr und 14–17 Uhr; Okt.–März, Di–So 9–12.15 Uhr und 14–16.15 Uhr, Dez. geschlossen
Neben der Besichtigung der ehemaligen Sommerresidenz König Ludwigs I. von Bayern oberhalb Edenkobens interessiert die hier ausgestellte Sammlung von Werken des Impressionisten Max Slevogt aus dessen Nachlaß.

Museum für Weinbau- und Stadtgeschichte
Weinstraße 107
67480 Edenkoben
✆ 0 63 23/8 15 14
Nov.–März, So 14–17Uhr; Apr.–Okt., zusätzlich Fr 16–19 Uhr und Sa 15–18 Uhr
Im historischen Gebäude mit sehenswerten Lambrismalereien wird Stadt- und Weingeschichte vom fränkischen Grab bis zum Laden der 20er Jahre modern in Szene gesetzt.

Frank-Loebsches Haus
Blumgasse 8
76829 Landau
✆ 0 63 41/8 64 72
Di–Do 10–12 Uhr und 14–17 Uhr, Fr–So 10–12 Uhr
Im Geburtshaus des Großvaters von Anne Frank informiert eine ständige Ausstellung zur Geschichte der Landauer Juden und Sinti, in einem Gedächtnisraum wird an die Landauer Dichterin Martha Saalfeld erinnert. Zudem finden wechselnde Kunstausstellungen statt.

Historisches Museum der Pfalz
Domplatz 4
67346 Speyer
✆ 0 62 32/1 32 50; bei Ausstellungen ✆ 0 62 32/62 02 22
Di–So 10–18 Uhr, Mi bis 20 Uhr
Zweifellos das bedeutendste Museum für die Region. Hier werden nicht nur spektakuläre Großausstellungen organisiert, sondern auch die umfangreichen ständigen Sammlungen in zeitgemäßer Aufmachung präsentiert, u. a. frühgeschichtliche und römische Funde (auch der Weinstraße), pfälzische Geschichte, Gemälde von der Renaissance bis ins 19. Jh. und im angeschlossenen Weinmuseum sogar der älteste Traubenwein der Welt.

Technik-Museum
Geibstraße 2
67346 Speyer
✆ 0 62 32/6 70 80
tägl. 9–18 Uhr
In Hallen und im Freien ist von Automobilen über Flugzeuge bis zum U-Boot und der größten Tanzorgel der Welt alles zu sehen, was mit Technik zu tun hat. Daneben sorgt das Imax-Kino (Info: ✆ 0 62 32/67 08 50) mit einer 20m × 26 m großen Leinwand und naturwissenschaftlich fundierten Filmen für zusätzlichen Unterhaltungswert.

Öffnungszeiten

Die meisten **Restaurants** haben nachmittags von 14–17 Uhr Ruhepause. **Weinstuben** öffnen werktags in der Regel ab 17/18 Uhr, manche an Wochenenden und Feiertagen bereits vormittags ab 10/11 Uhr, andere nur an den Wochenenden. Das gilt auch für **Straußwirtschaften**, in denen Winzer vier Monate im Jahr eigenerzeugten Wein sowie einfache Speisen offerieren. Die Angabe »So« schließt Feiertage mit ein.

Bei den **Ladenöffnungszeiten** ist auch an der Weinstraße vieles im Fluß. Während in Bad Dürkheim und Bad Bergzabern wieder durchgängig die abendliche Schließung um 18.30 Uhr eingeführt wurde, bemüht sich der Einzelhandelsverband in den Innenstädten Neustadts, Landaus und Grünstadt um Öffnungen bis 19 Uhr (Sa bis 16 Uhr; Landau: Do bis 20 Uhr). In Touristenorten wie St. Martin findet man Souvenirläden auch an Sonntagen offen.

Pfälzer Mundart und Gaumenfreuden

Ein Pfälzer Dialog kann bei aller Redseligkeit prägnant kurz sein, wie das folgende berühmte Beispiel zeigt:
Ein Kunde kommt in die Bäckerei und blickt sich suchend um.
Kunde: Weck weg?
Bäcker: All all.
Kunde: Wer war'dn do do?
(Übersetzung: Sind keine Brötchen mehr da? Die sind alle verkauft. Wer hat sie mir denn weggeschnappt?)

Allgemeines

Alla   von französisch »allons«, im Sinne von »auf geht's«, eines der wichtigsten pfälzischen Wörter. Übliche Verbindungen sind: **alla servus** (neuerdings **alla tschüs**) bei der Verabschiedung; **alla gut** (also gut), wenn man sich den Argumenten des Gesprächspartners geschlagen gibt; **alla hopp** als Aufforderung, etwas zu tun; **na alla** als Äußerung des Protests
Baam, Bääm   Baum, Bäume
Belzenickel   Nikolaus

Broschd   Prosit
Dibbelschisser   Pedant (Dibbel = kleiner Punkt)
Ebbes   etwas
Färz   abgehende Blähungen; häufig in Verbindung mit »mach' koo Färz« (hör auf damit)
Heckeschisser   Uzname für Pfälzerwald-Wanderer
Hinnerpälzer   Uzname für die Bewohner der Westpfalz
Hiwwel   Hügel
Keerch   Kirche
Kerwe   Kirchweih
Kopp   Kopf
Malad   krank
Mersi   danke (auch in der Verdoppelung: **mersi dankschee**)
Pädel   Pfad, auch Bezeichnung für die Gassen in Edenkoben
Parrer   Pfarrer
Palz   Pfalz
Peif   Pfeife
Redd   Rede, Ansprache, z. B. **Kerweredd** (humorvolle Rede beim Kirchweihfest; auch in der Verbindung **halt dei Redel** (jetzt sei mal still)
Rieweniggel   Mensch mit Durchsetzungsvermögen
Schubkarch   Schubkarre
Sprooch   Sprache

Speisen

Dampnudle   (s. S. 232), Dampfnudeln werden häufig mit **Woisoß** (Weinsoße), **Grumbeeresupp** (Kartoffelsuppe), eingemachtem Obst oder **Quetschekuche** (Zwetschgenkuchen) serviert

Dampnudle mit Woisoß

Dampfnudeln mit Weinsoße

Dampnudle:
1 kg Mehl
2 Päckchen Hefe
etwa ½ l Milch
1 Ei
1 EL Zucker
Salz
Öl
1 (größere) Tasse Wasser

Woisoß:
3 Eier
100 g Zucker
1 TL Speisestärke
¼ l Weißwein (Morio Muskat)
2 TL Zitronensaft
½ TL abgeriebene Zitronenschale

Das Mehl in eine Schüssel geben, in einer Kuhle die Hefe mit Zucker und warmer Milch angehen lassen. Die restliche Milch, das Ei, eine Prise Salz dazugeben, einen geschmeidigen Teig kneten, Scheiben abschneiden und zu Kugeln formen, auf ein bemehltes Backbrett setzen, an einem zugfreien, warmen Ort gehen lassen. In eine hohe Pfanne mit schwerem Glasdeckel daumenbreit Öl und eine Tasse warmes Wasser geben, eine Prise Salz darüberstreuen, die Dampfnudeln nebeneinander einsetzen, Deckel darauf. Auf die Kochstelle setzen und so garen, daß das Wasser nicht über die Dampfnudeln schwappt. Nach Verdunsten des Wassers (Zischen und Krachen) die Pfanne vom Feuer nehmen, kurz rütteln, damit sich die Wassertropfen vom Deckel lösen, diesen so abheben, daß kein Tropfen auf die Dampfnudeln fällt. Die Kruste sollte kroß sein. Nach Abtrocknen des Dekkels unter Auffüllung von Öl, Wasser und Salz die nächste Portion in die Pfanne geben.

Für die Weinsoße 2 Eier trennen, Eiweiß zu Schnee schlagen. Im Wasserbad die anderen Zutaten verrühren: Ei, Zucker, Speisestärke, Wein, Zitronensaft, Zitronenschale. Zum Schluß das Eiweiß darunterheben.

Fleeschknepp Fleischklöße
Gebreedeldes (Gebräteltes) Bratkartoffeln
Gequellde Pellkartoffeln
Grieweworscht Blutwurst
Handkäs mit Musik »Weißer Käs«
(gestockte Milch) im Steinguttopf

gereift und mit einer Mischung aus Zwiebel, Wein, Essig, Öl, Salz, Pfeffer, Paprika, Kümmel bestrichen
Hooriche Knepp Klöße aus rohen
Kartoffeln
Keschde (Keschte) Eß-/Edelkastanien

Lewwerworscht Leberwurst

Saumaache (Saumage) Schweinemagen, gefüllt mit einer Mixtur aus Schweinefleisch-, Bauchlappen-, und Bratwursthack, sowie geschnittene Kartoffeln, Ei und Zwiebeln, mit Majoran und Muskat gewürzt

Servela Bockwurst

Weck Brötchen

Worscht Wurst

Wutz Sau, auch Schimpfname

Wein

Bitzler Wein im Gärungszustand: noch deutliche Süße, mehr Kohlensäure, Prickeln auf der Zunge, cremig-gelb

Drollschobbe letzte Schoppenrunde (ein Glas für alle Tischgenossen) vor dem Aufbruch

Dubbeglas Tupfenglas mit kreisrunden Einbuchtungen

Federweißer Wein im Gärungszustand: weißfarben, hohe Kohlensäurewerte, weniger Süße, mehr Alkohol

Herbschte Weinlese

Jungwein Hefe am Boden abgesetzt, Zucker völlig vergoren

Neier Woi (Wei) Neuer Wein

Raddegaggel (Raddegiggel) saurer Wein

Schobbe Schoppen, in der Pfalz ein halber Liter

Schluzze (schlozze) schlürfen

Schubkärchler Weinstände-Betreiber auf dem Dürkheimer Wurstmarkt

Sesel Winzermesser

Süßer Wein im Gärungszustand: weitgehend noch Traubenmost, wenig Alkohol, leichtes Prickeln, bernsteinfarben

Verdel 1/4 l Wein

Wingert Weingarten, Weinberg

Woi (Wei) Wein

Woihaiselscher Weinhäuschen, Buden mit Bewirtung

Pfälzerwald-Verein (PWV)

Die Sektionen des Vereinsbewirtschaften zahlreiche Hütten im Pfälzerwald. Einige große öffnen an Werktagen, die meisten allerdings haben nur an Sonn-und Feiertagen und während der Sommerferien in Rheinland-Pfalz auch an Samstagen geöffnet.

Der Verein hat die Wanderwege im Pfälzerwald hervorragend gekennzeichnet und damit die Möglichkeit einer einfachen Orientierung geschaffen (s. auch Sportliche Aktivitäten/Wandern)

Infos: Pfälzerwald-Verein, Fröbelstraße 26, 67433 Neustadt/Weinstraße, ✆ 0 63 21/22 00, Fax 0 63 21/3 38 79.

Sesselbahn

Die Fahrt mit der Rietburgbahn bei Rhodt, der einzigen pfälzischen Sesselbahn, ist auch wegen des anschließenden Blicks von der Burgterrasse ein besonderes Erlebnis. ✆ 0 63 23/18 00; ab März, So; Karfreitag–1. Nov. tägl. 9–17 Uhr.

Wein und alles, was damit zu tun hat

Zu Weinseminaren, Weinproben, Weinbergsbegehungen, Weinwanderungen, Weinfesten, Kutsch- und Planwagenfahrten durchs Rebenland informieren die zentralen Informationsstellen (s. S. 218) bzw. die örtlichen Verkehrsbüros. Die Möglichkeit zur Mithilfe bei der Weinlese, bisher nur vereinzelt angeboten, ergibt sich eventuell bei Einquartierung im Winzerhof über den persönlichen Kontakt.

Weinlehrpfade

Der Weinlehrpfad in Edenkoben informiert in mehreren Stationen über Rebsorten und die Geschichte des Weins am ›lebenden Objekt‹, u. a. auch über die für die Südpfalz wichtigen Kammertanlagen. Ungsteins römischer Weilberg gibt ebenfalls Anschauungsunterricht über alte und neue Rebsorten. In Schweigen ist der älteste Weinlehrpfad der Pfalz sehr schön in die Landschaft integriert. Im übrigen legen immer mehr Orte Lehrpfade an, die zum überwiegenden Teil jedoch sehr klein oder erst im Wachsen begriffen sind.

Weinmuseen

Sie vermitteln einen besonders intensiven Eindruck von der Region, die auch kulturell vom Wein geprägt ist. Neben dem klassischen Ausstellungsort im Historischen Museum der Pfalz in Speyer (s. Informationen von A bis Z/Museen) ist hier das Museum für Weinkultur im Deidesheimer Alten Rathaus zu rühmen, das Religion, Wissenschaft, Medizin, Wirtschaft, Kunst und Politik anschaulich in Beziehung zum Wein setzt (✆ 0 63 26/61 40, Mi–So 16–18 Uhr).

Öko-Weinbau

Kontakt zu Winzern, die an EcoVin, Bioland oder Naturland angeschlossen sind, vermittelt Bernd Pflüger, Gutleutstraße 48, 67098 Bad Dürkheim, ✆ 0 63 22/6 31 48.

Destillerie Pfälzer Edelbrand e. V.

Kontakt zu Brennern, die ohne Zusatz von Essenzen Edelbrände herstellen, bekommt man über Dieter Ziegler, Weinstraße Nord 41, 67487 Maikammer, ✆ 0 63 21/50 01 oder die Staatliche Lehr- und Forschungsanstalt für Landwirtschaft, Weinbau und Gartenbau, Breitenweg 71, 67435 Neustadt-Mußbach, ✆ 063 21/ 67 11, Fax 0 63 21/67 12 22.

Pfälzer Barrique-Forum

Adressen von Winzern, die Wein im Barrique-Faß ausbauen sowie Informationen zum Forum erhält man bei Reinhard Stölzel, Richard-Wagner-Straße 9, 67098 Bad Dürkheim, ✆ 0 63 22/98 16 66, Fax 0 63 22/ 98 03 42.

Abbildungsnachweis

Archiv für Kunst und Geschichte, Berlin S. 39 (2)

Frank, Reiner, Freinsheim S. 139

Hartkopf, Herbert, Edenkoben S. 41

Heimatmuseum im Haus Catoir, Bad Dürkheim S. 108

Historisches Museum der Pfalz, Speyer S. 42

Jeiter, Michael, Morschenich S. 146/147, 216

Lenz, Norbert, Schifferstadt S. 13

Saarland Museum, Saarbrücken S. 62

Schmeckenbecher, Karlheinz, Landau S. 74, 188/189, 207

Stadtarchiv Mühlheim a. d. Ruhr S. 84

Universitätsbibliothek Heidelberg S. 65

Werbeagentur Lang, Rheingönheim Vignette, S. 167

Zanettini, Fulvio, Köln Umschlagvorderseite, Innenklappe vorne und hinten, Rückseite oben und unten, S. 2/3, 8, 10/11, 15, 18, 22, 23, 25, 26, 28, 30/31, 32, 34, 36/37, 48, 50/51, 52, 55, 56, 59, 68, 70/71, 76, 80, 86, 91, 92, 95, 97, 98/99, 101, 103, 104/105, 111, 112, 114, 117, 119, 121, 123, 128/129, 132, 135, 136, 141, 142, 144, 148, 150/151, 152, 157, 158/159, 160/161, 165, 171, 173, 176/ 177, 179, 182/183, 185, 195, 199, 202/203, 210, 213

Karten und Pläne

artic, Duisburg/Karlsruhe, © DuMont Buchverlag, Köln

Zitate

S. 9: aus: Bunte Bilder, Jahresgabe 1977 des Literarischen Vereins der Pfalz, Neustadt 1977, © Dr. Berthold Roland, Mannheim

S. 69: aus: Hermann Sinsheimer, eine Auswahl aus dem Gesamtwerk, hrsg. von Gert Weber und Rolf Paulus, Landau 1986

Register

Orte

Albersweiler 184, 186
Albsheim 82, 88
Altleiningen 51, 67, **93**
Anebos, Ruine 190
Annweiler am Trifels
14, 40, 48, 53, 60,
186ff.
Asselheim 17, 34, 58,
77

Bad Bergzabern 14,
51, 61, **201ff.**
Bad Dürkheim 14, 20,
33, 38, 40, 48, 57,
59, 60, 65, 66,
106ff., 108f., 112f.
Battenberg 93
Berwartstein, Burg 206
Bienwald 211f.
Billigheim 59, 60
Birkweiler 25, 194
Bissersheim 85
Bobenheim am Berg 94
Bockenheim 33, 41,
48, 54, 60, 67, **73ff.**
Burrweiler 59, 165f.

Colgenstein 58, 60, **87**

Dackenheim 58, 97
Dagobertshecke 168
Deidesheim 14, 33,
35, 39, 49, 53f., 59,
66, **122ff.**
Deutsches Weintor
213f.

Diedesfeld 141
Dirmstein 61, 87
Dörrenbach 34, 53,
60, **208f.**
Dürkheim s. Bad
Dürkheim
Duttweiler 141

Eckbachtal 82ff.
Edenkoben 14, 21, 35,
46, 54, 66, **153ff.**
Edesheim 34, 60, 67,
164
Eisbach 82, 89
Eistal 87f.
Elmstein 138
Eschbach 198
Essingen 60

Forst 33, 41, **120ff.**
Frankweiler 168
Freinsheim 14, 17, 33,
34, 35, 59, 66, **97ff.**

Geilweilerhof 170
Geinsheim 141
Gerstenberg 72, 75, 77
Gimmeldingen 33,
127
Gleisweiler 148, 166ff.
Gleiszellen 24, 61,
199f.
Göcklingen 192
Großkarlbach 35, 60,
85ff.
Grünstadt 14, 34, 48,
64, **78ff.**
Guttenberg, Ruine 210

Haardt 33, 49, **127f.**
Haardt (Landschaft)
14, 21, 72
Hainfeld 35, 60, **163**
Hambach 42ff., 44,
50, 60, **140f.**
Heidesheim 87
Heilsbruck, Kloster
40, 41, **153f.**
Herxheim (bei Landau)
59, 67
Herxheim am Berg 34,
60, **95f.**
Heuchelheim 60, 192

Ilbesheim 197
Impflingen 193
Ingenheim 192

Kaiserbachtal 192
Kallstadt 33, 61, **102**
Kalmit, Berg 160f.
Kirchheim 84f.
Kleine Kalmit, Hügel
176, 192, **197**
Kleinkarlbach 82, **83f.**,
93
Klingbachtal 192f.
Klingen 61, 192
Klingenmünster, Abtei
38, 41, 58, **198f.**
Königsbach 60, 126f.

Lachen-Speyerdorf
141f.
Landau 14, 40, 41, 44,
47, 48, 54, 59, 60,
63, 64, **173ff.**

Personen und Sachen